# O TOQUE de MIDAS

POR QUE ALGUNS EMPREENDEDORES ENRIQUECEM — E A MAIORIA NÃO CHEGA LÁ

— *Edição Revista e Atualizada* —

DONALD J. TRUMP
ROBERT T. KIYOSAKI

PREFÁCIO DE MARK BURNETT

ALTA BOOKS
EDITORA
Rio de Janeiro, 2017

**Toque de Midas: Por que alguns empreendedores enriquecem — e a maioria não chega lá**
Copyright © 2017 da Starlin Alta Editora e Consultoria Eireli. ISBN: 978-85-508-0129-2



Impresso no Brasil — 2017 — Edição revisada conforme o Acordo Ortográfico da Língua Portuguesa de 2009.

**Publique seu livro com a Alta Books. Para mais informações envie um e-mail para autoria@altabooks.com.br**

**Obra disponível para venda corporativa e/ou personalizada. Para mais informações, fale com projetos@altabooks.com.br**

**Produção Editorial**
Editora Alta Books

**Produtor Editorial**
Claudia Braga
Thiê Alves

**Gerência Editorial**
Anderson Vieira

**Supervisão de Qualidade Editorial**
Sergio de Souza

**Produtor Editorial (Design)**
Aurélio Corrêa

**Editor de Aquisição**
José Rugeri
j.rugeri@altabooks.com.br

**Marketing Editorial**
Silas Amaro
marketing@altabooks.com.br

**Vendas Corporativas**
Sandro Souza
sandro@altabooks.com.br

**Vendas Atacado e Varejo**
Daniele Fonseca
Viviane Paiva
comercial@altabooks.com.br

**Ouvidoria**
ouvidoria@altabooks.com.br

**Equipe Editorial**
Bianca Teodoro
Christian Danniel
Ian Verçosa
Illysabelle Trajano
Juliana de Oliveira
Renan Castro

**Tradução (1ª edição)**
Eliana Bussinger

**Copidesque (atualização)**
Wendy Campos

**Revisão Gramatical (atualização)**
Thamiris Leiroza

**Diagramação (atualização)**
Joyce Matos

**Erratas e arquivos de apoio:** No site da editora relatamos, com a devida correção, qualquer erro encontrado em nossos livros, bem como disponibilizamos arquivos de apoio se aplicáveis à obra em questão.

Acesse o site www.altabooks.com.br e procure pelo título do livro desejado para ter acesso às erratas, aos arquivos de apoio e/ou a outros conteúdos aplicáveis à obra.

**Suporte Técnico:** A obra é comercializada na forma em que está, sem direito a suporte técnico ou orientação pessoal/exclusiva ao leitor.

CIP-Brasil. Catalogação-na-fonte.
Sindicato Nacional dos Editores de Livros, RJ

T791t

Trump, Donald, 1946-
O toque de Midas : entenda como alguns empreendedores enriquecem e por que a maioria deles não chega lá / Donald J. Trump e Robert T. Kiyosaki ; tradução Eliana Bussinger. - Rio de Janeiro: Alta Books, 2017.

Tradução de: Midas Touch
ISBN: 978-85-508-0129-2

1. Sucesso nos negócios. 2. Riqueza. I. Kiyosaki, Robert T., 1947-. II. Título.

12-1368.

CDD: 650.1
CDU: 65.011.4

ALTA BOOKS
EDITORA

Rua Viúva Cláudio, 291 — Bairro Industrial do Jacaré
CEP: 20.970-031 — Rio de Janeiro (RJ)
Tels.: (21) 3278-8069 / 3278-8419
www.altabooks.com.br — altabooks@altabooks.com.br
www.facebook.com/altabooks — www.instagram.com/altabooks

## Outros Best-sellers da Série *Pai Rico*

*Pai Rico, Pai Pobre*

*Independência Financeira*

*O Poder da Educação Financeira*

*O Guia de Investimentos*

*Filho Rico, Filho Vencedor*

*Aposentado Jovem e Rico*

*Profecias do Pai Rico*

*Histórias de Sucesso*

*Escola de Negócios*

*Quem Mexeu no Meu Dinheiro?*

*Pai Rico, Pai Pobre para Jovens*

*Pai Rico em Quadrinhos*

*Empreendedor Rico*

*Nós Queremos que Você Fique Rico*

*Desenvolva Sua Inteligência Financeira*

*Mulher Rica*

*O Segredo dos Ricos*

*Empreendedorismo Não Se Aprende na Escola*

*O Toque de Midas*

*O Negócio do Século XXI*

*Imóveis: Como Investir e Ganhar Muito Dinheiro*

*Irmão Rico, Irmã Rica*

*Como Comprar e Vender Empresas e Ganhar Muito Dinheiro*

## *Dedicatória*

---

*Aos empreendedores de hoje que se esforçam, se empenham e conseguem fazer o que planejaram e aos empresários de amanhã, que vislumbrarão oportunidades nas quais outros enxergarão apenas obstáculos...*

*Visionários, todos que agem corajosamente e imprimem sua marca ímpar, seu Toque de Midas, no cenário econômico mundial.*

---

# Notas e Agradecimentos dos Autores

Gostaríamos de agradecer a todas as pessoas que contribuíram para a nossa permanente paixão pelo aprendizado do empreendedorismo. Sem elas, este livro, que se baseia em nossas experiências, não teria sido possível.

Também gostaríamos de agradecer às nossas vitórias e perdas, aos nossos sucessos e fracassos, porque sem o equilíbrio dos altos e baixos da vida e o crescimento pessoal e profissional que vêm com isso, não estaríamos onde estamos hoje.

Um agradecimento especial vai para Meredith McIver e Kathy Heasley, pela assistência editorial. Agradecimentos especiais também para Allen Weisselberg, Michael Cohen, Rhona Graff, Jonathan Gross e Kacey Kennedy, da *Trump Organizations*, e para Mike Sullivan, Marian Van Dyke, Anita Rodriguez, Michael Joe, Rhonda Hitchcock e Mona Gambetta, da *Rich Dad Company* e da *Plata Publishing*. Seus esforços de colaboração e conhecimentos empresariais nos ajudaram a dar vida à nossa visão de Toque de Midas.

Finalmente, gostaríamos de agradecer a todos os empreendedores que estão inovando, assumindo riscos e superando todos os obstáculos para melhorar suas vidas, as de suas famílias e as de bilhões de pessoas em todo o mundo.

Não há nada mais nobre que o empreendedorismo, e nós aplaudimos você pelos seus esforços, pelo seu sucesso e por suas contribuições para o mundo.

# APRESENTAÇÃO

***por Mark Burnett***

Os empresários têm um dinamismo singular que os leva para onde planejam ir. É um foco tão intenso que nada pode tirá-los do caminho ou atrapalhar seus planos.

Anos atrás, muito antes de conhecer Donald, li seu primeiro livro, *A Arte da Negociação*. Na época, eu estava vendendo camisetas na praia, em Los Angeles. Entre um e outro cliente, eu lia constantemente aquele livro. Particularmente apreciei o fato de ser um livro escrito para alguém como eu, que nunca tinha frequentado uma escola de negócios. Fiquei totalmente maravilhado com esse magnata do mercado imobiliário, Donald Trump, e nunca acreditei que um dia fosse vê-lo pessoalmente, muito menos conhecê-lo. E, certamente, nunca imaginei que faria negócios com ele.

Uma das histórias mais memoráveis de que me lembro de *A Arte da Negociação* foi a de como Donald é capaz de identificar "um perdedor". Ele explicou que um perdedor é a pessoa com um anúncio de venda em um carro sujo. Embora isso pareça óbvio, é incrível o número de pessoas que faz exatamente isso, de maneiras variadas, em diversos negócios.

Robert já vendeu bem mais de 30 milhões de livros em todo o mundo. Ele, obviamente, transmite uma mensagem que as pessoas querem ou precisam ouvir. Ele se vê primordialmente como um professor, e admito que vejo Donald também como um. O programa *O Aprendiz* tem um subtexto educacional que ele executa muito bem, e acho que é uma razão para que venha tendo a repercussão e longevidade que tem. Esses dois professores, esses dois titãs dos negócios têm uma mensagem para todos nós.

Como o livro *O Toque de Midas* pontua, o empreendedorismo tornou-se um tipo de responsabilidade nos dias de hoje, ou assim deveria ser. É por isso que este livro é tão oportuno. Precisamos de pessoas que tenham talento para criar postos de trabalho. Aqueles que possuem as habilidades ou a capacidade para serem empresários precisam desenvolver esses talentos a fim de contribuir para a nossa sociedade. Este livro foi escrito por dois empresários muito bem-sucedidos, com histórias e experiências de vida muito diferentes, que abordam os fundamentos sob diversas perspectivas. Qualquer pessoa que queira entrar nas esferas do empreendedorismo deveria ler este livro na íntegra.

Os empreendedores se caracterizam pelo foco singular e pelo poderoso dinamismo. Percebi esse aspecto no Donald há muito tempo, e Robert também o tem. Posso lhe afirmar que a energia deles é palpável. Eles não param e os sucessos que alcançaram são notáveis. Espero que você se disponha a ouvir o que eles têm a dizer.

PREFÁCIO

# SONHADORES... OU EMPREENDEDORES

Um empreendedor, um homem que desde a infância demonstrou habilidades para a mecânica, vislumbrou sua chance de mudar o mundo. Ele imaginou uma maneira de fazer do mundo um lugar melhor para as pessoas em toda parte. Então, ele iniciou um negócio, não para construir fortuna, mas para construir o sonho de um novo estilo de vida para as pessoas comuns.

Ele lutou contra os desafios de aperfeiçoar sua ideia, criando inúmeras versões de protótipos de seu produto — cada uma ligeiramente melhor que a anterior — e construindo sua empresa. Mas sua maior luta foi contra pessoas que não conseguiam enxergar sua visão, expandir seu foco e ver as coisas como poderiam ser, em vez de como eram. Foram muitas batalhas, mas ele não desistiu. Ele duvidou de si mesmo, fez muitos sacrifícios ao longo do caminho e se desviou dele muitas vezes. Fracassou bastante e, porque sempre amou provérbios famosos, chamou o fracasso de "a oportunidade para começar de novo — de maneira mais inteligente".

Ele não era bom aluno e aprendeu pouco na escola, mas realmente gostava de desmontar coisas para ver como funcionavam. "Desmontar relógios" era o passatempo favorito. Como não tinha um diploma avançado, frequentou a escola noturna para aprimorar suas habilidades. Tinha uma mente brilhante e tornou-se um professor muito querido em sua área. Atraiu alunos que eram, assim como ele, entusiastas. Altas horas da noite, esses alunos ofereciam seu tempo para trabalhar nos projetos do professor e aprender no processo. Sua capacidade de atrair talentos e trabalhar com os outros eram invejáveis. Cercou-se de pessoas que sabiam o que ele não sabia.

Ele foi bem-sucedido em levantar capital junto a investidores que acreditaram em seu produto. O problema é que nem sempre acreditavam em sua visão e ele acabava decepcionado porque eles só focavam o dinheiro. A certa altura, foi demitido de sua própria companhia, a empresa que levava seu nome. Um homem mais fraco teria desistido e procurado um emprego.

Anos antes, ele havia desistido de um emprego estável em uma empresa notável. O empreendedorismo não remunerava bem, então ele se mudou com a família inúmeras vezes para vizinhanças cada vez mais modestas. Ironicamente, enquanto ainda estava no emprego, a inspiração veio de seu empregador icônico, um homem que havia idolatrado desde a infância e teve a honra de conhecer um dia, apenas por um momento. Em alguns traços rápidos, ele rascunhou sua inovação. O homem à sua frente bateu com o punho na mesa e disse: "Meu jovem, é isso. Você está certíssimo. Vá em frente."

"Aquele soco na mesa significou o mundo para mim", disse o empresário à sua paciente esposa. "Você não vai me ver muito durante os próximos doze meses." Na verdade, o sucesso levou mais de um ano. Levou décadas.

As respostas raramente vêm em um momento eureca, e não veio para Henry Ford. Ele observou o mundo a sua volta e lentamente conseguiu alcançar sua grande oportunidade e seu propósito. Demonstrou que um empreendedor não precisa ser o inventor de uma nova tecnologia. Seu imenso sucesso ocorreu por conta de algo mais valioso — uma marca. Carros customizados, o padrão da época, não se alinhavam com a visão que Henry Ford tinha do mundo. Ele queria dar a todos um luxo pelo qual só os ricos podiam pagar até então.

Ford queria mudar o mundo e acreditava que o segredo era um automóvel com motor de combustão, montado em uma linha de montagem em que um carro era igual ao seguinte. Seu herói e empregador famoso, Thomas Edison, também acreditava nisso. É por isso que ele bateu com o punho na mesa, revigorando Henry e levando-o a não desistir, apesar dos muitos anos e muitos fracassos.

Henry se atreveu a sonhar grande. Em um domingo, ele ouviu seu ministro pregar, "Engate seu vagão a uma estrela", e disse a sua irmã: "É o que eu vou fazer." Isso foi em 1893. Dez anos depois, em 23 de julho de 1903, o dentista, dr. Ernst Pfenning, de Chicago, comprou da *Ford Motor Company* seu primeiro modelo A.

Henry Ford tinha conseguido. Não era mais um sonhador, era um empreendedor.

# SUMÁRIO

# GUIA PARA DESENVOLVER SEU TOQUE DE MIDAS

DONALD J. TRUMP & ROBERT T. KIYOSAKI

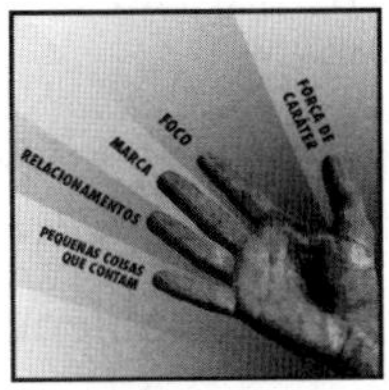


INTRODUÇÃO

# EMPREENDEDORES SÃO DIFERENTES

Este é um livro sobre empreendedores e sobre por que eles são diferentes. É um livro para aquelas pessoas que já são empreendedoras ou que gostariam de ser.

Este não é um livro escrito por professores universitários que ensinam empreendedorismo. Não é otimista, nem fornece uma receita passo a passo para o sucesso. Isso é irreal, e este livro é muito realista porque foi escrito por empreendedores que venceram, que falharam e lutaram para vencer novamente. Nele, contamos abertamente nossas histórias.

A capacidade do empreendedor de sonhar, ganhar, perder e novamente ganhar é muitas vezes chamada de *espírito empreendedor*. É o que distingue o empreendedor de todas as outras pessoas do mundo dos negócios. Também é o que separa aquelas que querem ser empreendedoras das que podem ser.

Este livro é o resultado de quase três anos de trabalho. Persistimos com nossos esforços porque acreditamos que só os empreendedores criam postos reais de trabalho. E, quando se está experimentando níveis sem precedentes de desemprego, postos de trabalho são do que este mundo mais precisa.

Desemprego crônico provoca agitação social, que pode levar à revolução. Os tumultos de 2011 no Oriente Médio são exemplos disso. São levantes alimentados por pessoas capazes, desejosas e dispostas a trabalhar, mas que não têm oportunidade. Elas vivem em sociedades com nível cronicamente elevado de desemprego. A China estremece ao pensar na desaceleração de suas exportações e fica horrorizada com a possibilidade de milhões de trabalhadores desempregados. O governo dos Estados Unidos compartilha preocupações semelhantes e gasta bilhões tentando criar empregos por meio de leis e de programas governamentais.

O problema é que nenhum governo cria postos reais de trabalho. Só empreendedores podem fazer isso. Somente eles podem ver o futuro e transformá-lo em realidade — arriscando, perdendo e ganhando — incontáveis vezes. No processo, os empreendedores criam novas indústrias e oportunidades para as pessoas em todo o mundo.

Outra questão é que as escolas não criam empreendedores. Elas são projetadas para formar funcionários. É por isso que as pessoas dizem: "Vá à escola para conseguir um bom emprego." A maior parte dos estudantes, mesmo graduados em programas de MBA, vira empregado, não empreendedor. Milhões de alunos saem da escola cronicamente endividados, incapazes de encontrar emprego. Hoje, muitas pessoas, jovens e velhas, estão procurando emprego ou têm medo de perder os seus. Precisamos de mais empreendedores que possam criar empresas e empregos.

Desde a crise do mercado, que começou em 2007, a maior desde a Grande Depressão, muitos esperam que a economia volte a ser o que era. A economia vai se recuperar, mas não será mais a mesma. A velha economia da Era Industrial está morrendo, e uma nova economia, da Era da Informação, está emergindo. As regras dessa nova economia, uma economia internacional, não serão as mesmas. E as velhas ideias da Era Industrial — segurança do emprego vitalício, pensões, benefícios e sindicatos trabalhistas — não sobreviverão na nova Era da Informação.

Muitas das empresas de hoje, citadas no ranking *Fortune 500*[1], que nasceram na Era Industrial vão desaparecer. As empresas da lista *Fortune 500* de amanhã emergirão dessa crise lideradas por uma nova classe de empreendedores e em uma nova era de empreendedorismo.

Este livro é escrito por esse tipo de empreendedor, para as pessoas que querem ser como eles. Este livro não é sobre negócios. Trata do que é preciso para se tornar um empreendedor de sucesso.

Como empreendedores, compartilharemos com vocês nossos pensamentos e crenças, vitórias e perdas acumuladas ao longo de décadas. Você vai aprender

1 Ranking das 500 maiores empresas americanas, publicado anualmente pela revista Fortune.(N. E.)

o que nos faz ter sucesso, em situações em que 9 em cada 10 empreendedores falham. Vamos compartilhar como conseguimos ir além do sucesso e da riqueza, transformando nossas empresas em marcas internacionais, um feito sonhado por muitos empreendedores, mas que poucos conseguem. Mais importante, compartilharemos com vocês o que nos mantêm progredindo quando outros desistem e a razão por estarmos sempre procurando desafios ainda maiores. Neste livro, o nosso segundo juntos, compartilharemos o que nos dá o Toque de Midas, a capacidade de transformar as coisas que tocamos em ouro, e como você também pode consegui-lo.

Dividimos este livro em cinco capítulos, cada um representando um dos cinco dedos da mão de Midas. Em cada capítulo, seguindo as nossas histórias individuais, incluímos uma seção chamada de "Destilação" — que seria a extração dos elementos essenciais e que oferece uma revisão objetiva dos pontos-chave. "Pontos a Lembrar; Coisas a Fazer" completa cada capítulo com os itens de ação que você pode aplicar à sua própria vida.

Os cinco dedos representam os cinco fatores-chave que cada empreendedor que esteja sonhando com o sucesso deve dominar. Esses fatores não são ensinados na escola.

A mão de Midas é a metáfora ideal para representar os atributos críticos para o sucesso empresarial. Aprenda cada lição e você descobrirá a magia por trás do grande sucesso de alguns empreendedores — e do insucesso da maioria.

O polegar representa a força de caráter. Sem ela, os empreendedores não conseguem resistir aos fracassos e decepções inevitáveis que vêm com a criação de algo a partir do nada. Um território desconhecido é cheio de perigos.

O dedo indicador representa o foco. Os empreendedores devem ter foco adequado para realmente ter sucesso.

O dedo médio, o mais longo, trata da marca, que reflete o que você representa. Sem uma marca sólida e a vontade de que o mundo a conheça, não terá o Toque de Midas.

O dedo anelar é sobre relacionamentos: como encontrar um bom parceiro, ser um bom parceiro e construir diferentes tipos de relacionamentos para alcançar o sucesso.

Finalmente, o dedo mindinho é sobre as pequenas coisas. Não se trata de apenas dominar os detalhes. Você verá que pequenas coisas podem se tornar grandes coisas que o colocam no curso do sucesso exponencial. Você aprenderá a encontrar o pequeno detalhe que pode ser a grande diferença para seus clientes e para seu negócio.

Cada um desses fatores tem sua própria importância. Juntos, quando a percepção, a habilidade de aprendizado e o conhecimento estão em suas mãos, eles fazem o poder verdadeiro do Toque de Midas realmente resplandecer. E o nosso mundo está precisando de brilho empresarial. Na verdade, para resolver os problemas globais do desemprego e da falta de segurança financeira e de trabalho, o mundo precisa de mais empreendedores. Em particular, daqueles de grande sucesso e que tenham o *Toque de Midas*.

Donald J. Trump

Robert T. Kiyosaki

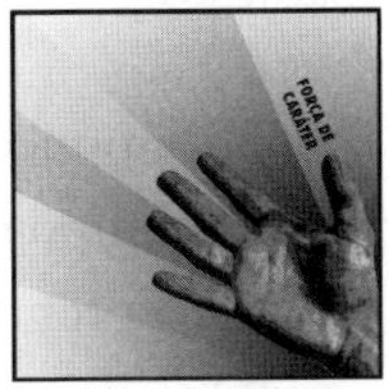

CAPÍTULO 1

# O POLEGAR
# FORÇA DE CARÁTER

---

*A vida é como uma pedra de amolar. Se ela o desgasta ou o afia, depende do que você é feito."*

*— Anônimo*

---

## Transformando Má Sorte em Boa Sorte

*Robert Kiyosaki*

No início de 2000, eu estava na zona rural australiana, longe da civilização, de férias com alguns amigos, sem o conforto habitual, em uma das mais belas partes do mundo. Foi preciso quase uma semana para eu chegar ao remoto acampamento na Austrália.

Certa noite, meu telefone por satélite tocou. Era minha esposa, Kim, que havia retornado para nossa casa em Fênix.

"Adivinha?", perguntou ela animadamente. "O produtor da Oprah ligou, e ela quer você em seu programa, em Chicago."

"Isso é ótimo", respondi. "Mas por que eu?"

"Ela quer falar sobre sua história e seu livro, *Pai Rico, Pai Pobre*."

"Isso é bom", falei. "Mantenha-me informado."

"Ela quer você em seu programa em poucos dias."

"Em poucos dias?", resmunguei. "Acabei de chegar aqui. Você sabe quanto tempo a viagem levou? Dois dias de voo e quase quatro dirigindo. Não podemos programar para uma data posterior?"

"Não. Estamos trabalhando muito para responder a todas as perguntas deles. O produtor até ligou para o filho do pai rico para verificar se a história de seus dois pais era verdade. Eles estão animados e querem você agora." Kim fez uma pausa antes de continuar: "Não deixe esta oportunidade passar. Dê um jeito. Você terá novas passagens esperando por você no aeroporto de Sydney."

Seis dias depois, cheguei a Chicago.

O programa da Oprah foi televisionado de seu próprio estúdio, *Harpo Productions*. A adorável jovem assistente me acompanhou da sala verde para o estúdio onde os fãs de Oprah já estavam sentados.

Havia vibração no ar. Os fãs esperavam por Oprah ansiosamente. Por um momento, esqueci a razão de estar ali. Esqueci que estava prestes a aparecer na televisão com a mulher mais poderosa do *show business*. Eu sabia que a audiência do programa dela era estimada em mais de 20 milhões de pessoas somente nos Estados Unidos, com distribuição para mais de 150 países em todo o mundo.

Olhando ao meu redor, vi duas cadeiras no meio do palco. Pensei: "Para quem será a segunda cadeira?" Meu coração congelou quando me dei conta de que… a segunda cadeira era para mim!

A sala, de repente, irrompeu em aplausos quando Oprah subiu ao palco. Ela era muito mais impressionante na vida real. Depois que ela disse algumas palavras para a plateia e para os telespectadores, o assistente tocou delicadamente meu cotovelo e disse, baixinho: "Vamos."

Respirei fundo e pensei: "É tarde demais para ensaiar alguma coisa."

O programa acabou uma hora depois. A multidão aplaudiu, e Oprah se despediu dos telespectadores. Uma vez que as câmeras foram desligadas, ela se virou para mim, apontou, sorriu e disse: "Pai rico, acabei de vender um milhão de exemplares de seu livro para você."

Naquela época, *Pai Rico, Pai Pobre* era uma edição publicada de forma independente, o que significava que eu não tinha de dividir os lucros com uma editora. Embora nunca tenha sido bom em matemática, entendia de dinheiro.

Após as despesas, o lucro era de US$5 por livro. Se a estimativa de Oprah estivesse correta sobre a venda de um milhão de exemplares, em matemática simples, o que ela me disse é que eu ganhara US$5 milhões em uma hora, antes de descontados os impostos. Foi um dia proveitoso em vários aspectos. Eu não sabia disso na época, mas, em uma hora, eu tinha deixado de ser um desconhecido para me tornar mundialmente famoso. Como você deve saber, a fama pode ser muito mais sedutora que o dinheiro.

A razão de eu ter publicado *Pai Rico, Pai Pobre* de forma independente foi o fato de ele ter sido recusado por todas as editoras às quais enviei o manuscrito. A maioria dos editores foi educada, mas me disse que não tinha interesse no livro. Dois pareceram meus professores de inglês me dizendo que eu precisava aprender a escrever. Um editor disse: "Sua história é um absurdo! Nenhum leitor jamais acreditará nela." Um editor especializado em livros financeiros rejeitou-o, dizendo: "Você não sabe o que está falando." Ele estava se referindo à minha lição do livro *Pai Rico, Pai Pobre*, em que digo: "Sua casa não é um ativo." É claro que, após a crise do *subprime*[1], que resultou em milhões de execuções hipotecárias e de casas valendo menos que suas dívidas imobiliárias, me pergunto se esse editor gostaria de reavaliar a minha mensagem em *Pai Rico, Pai Pobre*.

Aceitando a rejeição com tranquilidade, Kim e eu publicamos 1.000 exemplares do livro de forma independente e o lançamos na minha festa de aniversário, em abril de 1997.

De 1997 a 2000, a venda de *Rich Dad, Poor Dad* no mercado americano cresceu no boca a boca. Amigos presenteavam amigos e familiares. O livro escalou lentamente seu caminho para a lista dos mais vendidos do *New York Times*, o único livro publicado de forma independente da lista na época. O produtor da Oprah ligou logo após o livro entrar para a lista dos mais vendidos do *New York Times*. Dez anos depois, em 2010, estimei que o programa da Oprah me ajudou a vender mais de 22 milhões de exemplares de *Pai Rico, Pai Pobre*, em mais de 100 países. Ele já foi traduzido para mais de 50 idiomas. Esse é o poder da Oprah.

1 Expressão pela qual ficou conhecida a crise financeira internacional que abalou o mundo em 2008, *subprime* são títulos de alto risco.

Logo após o programa ter ido ao ar, a imprensa começou a me procurar. A maioria adorou a história simples dos meus dois pais. Alguns foram céticos, críticos ou desaprovaram.

## *O Fracasso Leva ao Sucesso*

Vários apresentadores de televisão e artigos em revistas me rotularam de "sucesso instantâneo". Toda vez que eu ouvia ou lia essas palavras, eu ria. Ainda que fosse verdade que eu saíra do anonimato para a fama mundial em uma hora, eu estava longe de ser um sucesso repentino. Em 2000, eu tinha 53 anos. Em boa parte deles, eu estivera longe de ser bem-sucedido.

Thomas Edison, inventor da lâmpada elétrica e fundador da General Electric, certa vez disse: "Eu não falhei. Descobri 10 mil soluções que não deram certo."

A citação de Edison resume por que a maioria das pessoas não se torna um empreendedor bem-sucedido. A frase também explica por que a maioria dos empreendedores não consegue desenvolver seu Toque de Midas. Ou seja, grande parte das pessoas não se torna bem-sucedida porque não fracassa o suficiente.

No Toque de Midas, o polegar representa sua maturidade emocional e sua força de caráter. Sem o polegar, falta a estabilidade necessária para que os outros quatro dedos lidem com os desafios diários, os altos e baixos, as vitórias e as derrotas que todos os empreendedores enfrentam diariamente.

## *O que Falta em Você?*

Muitas pessoas dizem que duas coisas impedem o sucesso de novos empreendedores:

1. A falta de capital.
2. A falta de experiência de negócios na vida real.

A partir de minha experiência, eu acrescentaria uma terceira:

3. A falta de maturidade emocional e força de caráter.

Dessas, acredito que a terceira, a falta de maturidade emocional e de força de caráter, seja a principal razão para as pessoas fracassarem como empreendedoras.

O mundo está cheio de pessoas talentosas, inteligentes e bem formadas que não conseguem desenvolver as habilidades que Deus lhes deu. Com que frequência o aluno eleito "o mais promissor" não consegue ter sucesso? A maioria de nós conhece pessoas cujas vidas são contos de aflição, tragédia ou traição, que culpam os outros por seus fracassos ou pelo mau começo na vida. Todos conhecemos pessoas que têm grandes ideias sobre como fazer ganhar milhões, mas são preguiçosas demais para sair do sofá. Todos conhecemos pessoas que vivem no futuro e não agem hoje. Há milhões de pessoas que querem mudar o mundo, mas não conseguem mudar as condições de suas próprias vidas. E todos conhecemos pessoas que mentem, enganam, furtam e que, ainda assim, mentem a si próprias, acreditando que são íntegras. Sem a maturidade emocional e a força de caráter representadas pelo polegar, a maioria das pessoas não tem acesso ao Toque de Midas.

### *Se Soubesse Antes o que Sei Agora...*

Quando palestro para um grupo de "aspirantes" a empreendedores, muitas vezes começo dizendo: "Se eu soubesse o quanto não sabia, provavelmente não teria me tornado empreendedor." Também digo: "Se eu soubesse o quão difícil seria, provavelmente também não teria dado esse passo." Mas para dar a eles alguma "alegria futura", costumo acrescentar: "Fico feliz por que não sabia, porque poderia não ser bem-sucedido hoje." Em seguida, começo a descrever meus fracassos, porque eles foram o meu caminho para o sucesso.

### *Pare de Ler*

Nas páginas seguintes, compartilho algumas experiências da vida real sobre dor e fracasso. Por que quero contar a vocês sobre minha dor e meus fracassos? A resposta é simples. Se isso desanimá-lo a se tornar um empreendedor, então lhe fiz um grande favor.

Embora quase todo mundo tenha a *capacidade* de se tornar um empreendedor, nem todo mundo *precisa* se tornar um. Há maneiras mais fáceis de viver a vida.

A vida e o sucesso parecem fáceis para algumas pessoas, mas não conheço qualquer uma delas. Como o pai rico costumava dizer: "O sucesso exige sacrifício." Ainda não encontrei uma pessoa bem-sucedida que não tenha se sacrificado tremendamente para ter sucesso. Estudantes de Medicina, por exemplo, pagam um preço exorbitante em termos de tempo, energia, dinheiro e relacionamentos para se tornarem médicos. Assim como a maioria dos atletas de alto rendimento, das estrelas de cinema, ídolos da música, líderes políticos e líderes sociais. Sucesso nos negócios não é diferente.

O sacrifício é o preço que as pessoas pagam para ter sucesso. Infelizmente, a maioria delas não está disposta a pagar esse preço. É mais fácil ficar na média, viver uma vida confortável e segura, um pouco abaixo do sucesso.

## Histórias de Minha Estupidez

Albert Einstein disse certa vez: "Somente duas coisas são infinitas — o universo e a estupidez humana. E eu não estou certo a respeito da primeira."

Sou a prova viva da percepção de Einstein. Minha estupidez é infinita.

A seguir, cito exemplos de minha estupidez, quando comecei meu primeiro negócio, chamado *Rippers*, uma carteira de náilon e velcro para surfistas, que se tornou um grande negócio. Para começar, antes da *Rippers* eu já havia criado outras pequenas empresas, mas nenhuma tinha me levado a um nível internacional como fez o negócio da carteira de náilon. O interessante é que eu não queria ter me envolvido nesse empreendimento. Entrei nisso por causa de minha estupidez.

### História #1: Um Tolo e Seu Dinheiro

Como a maioria das pessoas sabe, a principal habilidade de um empreendedor é a capacidade de vender, *porque vendas representam lucro*. Dado que eu não sabia como vender, acatei o conselho do meu pai rico e consegui um emprego para trabalhar na Xerox Corporation, aos 26 anos, não porque eu gostasse de copiadoras, mas porque a Xerox tinha um excelente programa de treinamento de vendas. Embora eu não fosse bom em vendas, estudei, pratiquei, tive aulas extras e, devagar e sempre, consegui, depois de três anos, ser um dos melhores vendedores da empresa e, realmente, comecei a fazer algum dinheiro. De 1974 a 1976, consegui poupar US$27 mil (que na época era muito dinheiro) para começar meu primeiro negócio.

Há um ditado que diz: "Um tolo e seu dinheiro logo se separam." Bem, eu era um tolo, e meu dinheiro foi logo embora. Veja como meu dinheiro e eu nos separamos.

Um amigo me ligou para perguntar se aceitaria investir em sua empresa. Ele me prometeu que eu teria o dinheiro de volta em um mês, acrescido de juros de 20%. Meu amigo John tinha sido um empreendedor muito bem-sucedido (ênfase nas palavras "tinha sido"). Na época, acreditava que ele era inteligente, bem-sucedido e que cuidaria bem do meu dinheiro pelos próximos 30 dias. Além disso, 20% de retorno era tentador. Então, lhe entreguei o dinheiro, e ele me deu uma nota promissória.

Um mês depois, liguei para ele para recolher meus US$27 mil, mais US$5.400 de juros. Como você já deve ter adivinhado, ele não tinha o dinheiro. Ele culpou seu diretor financeiro, Stanley, um contador, pela confusão.

"Eu disse a Stan para comprar mais produtos para que pudéssemos enviá-los aos nossos revendedores", disse John, "mas, ele pagou algumas contas antigas em vez disso. Agora não temos produtos, nem dinheiro, e nem lucros. Se Stanley tivesse comprado os materiais, como eu lhe disse para fazer, eu teria o dinheiro para pagá-lo."

Ainda que a explicação de John fizesse sentido empresarial, tive um mau pressentimento. Eu deveria ter dito alguma coisa, mas mordi a língua e engoli sua história. Na realidade, acreditei na história porque precisava acreditar. Precisava acreditar em John. Caso contrário, temi, não receberia meu dinheiro de volta.

Obviamente, Stanley, o contador, não conhecia as lições de meu pai rico. Mas não era só ele que as desconhecia. A maioria das pessoas faz exatamente o que Stanley fez. Elas trabalham por dinheiro, em seguida pagam suas contas e poupam o que sobra. É por isso que a maioria das pessoas vive de salário em salário. Os empreendedores precisam saber como gastar dinheiro para criar mais dinheiro — despender tempo e dinheiro em marketing, publicidade e promoções de vendas e oferecer incentivos para representantes de venda.

Em tempos de crise, por exemplo, momentos em que as vendas e a renda são baixas, a maioria das pessoas tende a fazer o que Stanley fez — economizar dinheiro ou pagar contas. Isso geralmente significa desastre. Em uma crise, tempo de renda e volume de vendas baixos, os empreendedores inteligentes sabem que precisam gastar dinheiro em promoções e marketing, mesmo que tenham de fazer empréstimos. Quando as vendas começarem a subir, então, eles poderão pagar suas contas e devolver o dinheiro que tomaram emprestado.

Após a crise financeira mundial, que começou em 2007, a maioria das pessoas passou a fazer o que Stanley fez. Elas estão cortando despesas, pagando dívidas e tentando poupar dinheiro. Essa proteção financeira faz a economia desacelerar ainda mais rapidamente. Empresas e indivíduos que seguirem o curso de ação de Stanley talvez não se recuperem quando acontecer com o resto da economia. Eles estarão muito atrás das empresas que estavam gastando e seguindo em frente durante os tempos ruins.

### *História #2: A História Se Repete*

Quando perguntei como poderia recuperar meu dinheiro, John me disse que a única maneira seria lhe dando mais dinheiro. Agora você pode achar que eu tenha sido inteligente o suficiente para não cair nessa, mas aconteceu. Nos três meses seguintes, levantei mais de US$50 mil de amigos para John e seu negócio problemático. Como você já deve ter adivinhado, o dinheiro sumiu assim que lhe entreguei os cheques.

Então, como levantar o capital? A resposta é: você tem de praticar. No meu treinamento de vendas na Xerox, me ensinaram a fazer 100 chamadas telefônicas a esmo para obter 10 perspectivas de vendas. Dessas 10 perspectivas, você consegue uma venda.

Para arrecadar dinheiro para John, escrevi um plano de negócios simples, criei um pequeno folheto promocional e comecei a bater em portas. Como fazia na Xerox, fiz chamadas não solicitadas até que alcancei meu objetivo.

Na época, a companhia de John estava vendendo sabonete com um fio, em forma de microfone, para pessoas que gostam de cantar no chuveiro. Encontrei investidores para sua empresa.

Deixe-me reafirmar que: a capacidade de vender é a habilidade mais importante de um empreendedor. Se você não é bom em vendas, deve encontrar um parceiro que seja.

Eu ainda estava trabalhando para a Xerox quando meus amigos começaram a ligar pedindo seu dinheiro de volta, acrescido dos juros de 20%. À medida que meu medo aumentava, como de regra, minha inteligência ia por água abaixo.

Eu era muito ingênuo para saber que era estupidez ficar arrecadando dinheiro e promovendo produtos de uma empresa que era mal administrada. Eu estava inadvertidamente participando de um esquema Ponzi, uma versão menor do escândalo de bilhões de dólares de Bernie Madoff. Felizmente, recuperei o dinheiro.

Devagar e com calma sempre se ganha a corrida. Há poucos grandes acertos na vida, e promover um negócio ou uma ideia leva tempo.

### *História #3: Suba a Bordo*

Mais uma vez, como um tolo, perguntei a John o que eu poderia fazer para ajudá-lo a recuperar meu dinheiro. Sua ideia brilhante foi que eu participasse de sua empresa, lucrasse e o ajudasse a salvá-la. E, adivinhem? Aceitei a oferta. Então, trabalhei arduamente na Xerox durante o dia e, depois do trabalho, ia para o escritório de John, no centro de Honolulu, para trabalhar em um plano que pudesse salvar o negócio.

Empreendedores precisam trabalhar 24 horas por dia, 7 dias por semana durante a fase de startup (início do negócio), muitas vezes de graça por meses e até anos. É o número de horas trabalhadas de graça que define os empreendedores e os separam dos empregados.

O número de horas de trabalho ou de prática gratuita também determina o nível do sucesso. Por exemplo, golfistas profissionais investem anos de estudo e prática antes de chegarem a receber algum pagamento — *se* receberem.

É por isso que é melhor manter seu emprego diurno e construir seu negócio no tempo livre. Você pode achar que não, mas pode ser que tenha de trabalhar de graça por um longo tempo.

***História #4: Um Vislumbre Desesperado***

Como todo o dinheiro se foi, John, Stanley e eu estávamos desesperados quando surgiu a ideia das carteiras de náilon e velcro para surfistas. Desde que éramos surfistas e velejadores, já utilizávamos carteiras de náilon. Nós mesmos as costurávamos usando velas antigas de iates.

John achou que seria um sucesso de vendas. Ele estava convencido de que as carteiras de náilon seriam o produto que lhe salvaria a empresa. Embora eu não estivesse tão certo quanto John, começamos a trabalhar no plano de negócios e logo fomos os primeiros do ramo de carteiras de náilon.

O benefício de toda essa experiência foi que eu estava aprendendo sobre design, embalagem, manufatura e distribuição no mercado de um produto completamente novo. A lição foi cara, mas, em retrospectiva, de valor inestimável. Mesmo que não goste de reviver nada disso, essa experiência horrível foi o que me levou à criação dos meus jogos de tabuleiro *CASHFLOW®*, que continuam a gerar renda passiva até hoje.

***História #5: Estresse e Medo***

John estava errado. O negócio de carteira de náilon não era promissor. Estávamos agora mais endividados que antes e indo à falência mais rápido ainda.

Por desespero total, mostrei a John e Stanley uma ideia para outro novo produto de náilon, desta vez um produto que eu havia criado. John e Stanley eram surfistas e velejadores. Eu gostava de correr. Corredores tinham um problema: onde colocar a chave, um documento de identificação e dinheiro enquanto estão correndo? Calções de corrida não tinham bolsos, e colocar todas essas coisas no sapato ou na meia não era uma opção. Então tive a ideia de uma minicarteira que se anexava ao cadarço do tênis de corrida.

Agora, completamente quebrados, com cartões de crédito estourados, lançamos os "Bolsos para Tênis Rippers" para corredores na exposição de artigos esportivos de Nova York. Acredite ou não, esse produto tornou-se uma das novas "sensações de vendas do ano" na indústria de artigos esportivos. O produto foi até tema de artigo nas revistas *Runner's World*, *Playboy* e *Gentleman's Quarterly*.

Os empreendedores devem aprender a lidar com estresse e medo. Esses dois fatores devem motivar os empreendedores a se tornarem mais criativos, a aprenderem mais rápido e a aumentarem seus conhecimentos sobre pessoas e negócios.

Em outras palavras, eles devem aprender rápido e buscar novos conhecimentos, inovações e ideias. O medo é a motivação do empreendedor para aprender. Se o medo o paralisa, mantenha seu emprego diurno.

O que isso realmente significa é que o negócio só cresce se o empreendedor também crescer.

### *História #6: De Mãos Abanando*

Em pouco tempo estávamos enviando carteiras para o mundo todo. Apesar do sucesso internacional, nossa empresa ainda estava à beira da falência. Tínhamos muito mais fluxo de caixa entrando, mas ainda estávamos negativos. Em um derradeiro esforço, John me pediu para levantar ainda mais capital, pedido ao qual atendi. Eu ainda me lembro do dia em que entrei em seu escritório com um cheque de US$100 mil de um investidor. John e Stanley sorriram e me agradeceram.

Poucos dias depois, eu estava em Chicago, em uma feira de artigos esportivos, vendendo produtos *Ripper*. Ao final da feira, liguei para Honolulu para relatar meus resultados.

Jana, nossa recepcionista, atendeu o telefone. Ela estava chorando.

"O que há de errado?", perguntei.

"Odeio ter de lhe falar isso, mas John e Stan fecharam a empresa hoje. Eles levaram o dinheiro que sobrou e acredito que deixaram a cidade. Eu não sei onde estão."

Se não tive um ataque cardíaco naquele momento, nunca vou ter um. O choque que passou pelo meu corpo foi como ser atingido por um raio. Eu me senti como se alguém tivesse me chutado no estômago. Aquele telefonema foi o início da descida a um dos pontos mais baixos de minha vida.

Voltei para meu quarto no hotel na Lake Shore Drive, em Chicago, e olhei para fora, para o Lago Michigan. Eu me perguntava repetidamente: "Como pude ser tão estúpido?"

John e Stan tinham ido embora. Suas dívidas foram saldadas. Deixaram-me de mãos abanando com quase US$1 milhão de dívidas, dinheiro que tinha levantado com amigos, familiares e investidores. Fiquei sem emprego, sem empresa, sem casa e sem esposa. Ela me deixou assim que o dinheiro sumiu, quando vendi nosso apartamento para pagar os cartões de crédito para que eu pudesse usá-los novamente.

Eu havia atingido o fundo do poço. Não tinha como ir em frente. Podia sentir minha força vital sendo drenada para fora de meu corpo enquanto repetia continuamente: "Como pude ter sido tão estúpido?"

O pai rico me advertira repetidamente sobre fazer negócios com John e Stanley. Muitas vezes ele os chamou de "palhaços" ou "vigaristas". O problema foi que eu não queria ouvi-lo, então ignorei suas palavras e avisos sobre os dois. O pai rico me disse: "Um vigarista só pode iludi-lo quando você quer algo sem esforço."

Sentado, sozinho no pequeno quarto de hotel em Chicago, refletindo sobre as palavras de meu pai rico, comecei a me perguntar: "O que eu queria sem esforço?" Se pudesse descobrir, poderia entender por que tinha sido passado para trás.

Eu gostaria de poder dizer que achei uma resposta definitiva. Mas até agora, ao longo dos anos, a resposta que encontrei para mim é: "Eu sou preguiçoso. É por isso que sou enganado."

Alguns exemplos de como a preguiça contribui para sermos iludidos incluem:

- Empregados que acreditam na segurança do trabalho.
- Eleitores que votam em políticos que prometem cuidar de seus interesses.
- Investidores que acreditam no conselho de seus planejadores financeiros "para investir, em longo prazo, em ações, títulos e fundos".

- Pessoas que acreditam que tirar boas notas na escola lhes assegurará um emprego vitalício.
- Pessoas desesperadas que caem em contos do tipo: "Compre meu livro e se torne um milionário da noite para o dia" ou "Tome esta pílula e perca 15 quilos sem exercício".
- Qualquer pessoa que acredita que as seguintes afirmações são verdadeiras:

  — "Não precisamos de dinheiro. Podemos viver de amor." (Contanto que você viva com seus pais.)

  — "Vou ganhar na loteria." (Ou ser atingido por um raio.)

  — "Meu marido e eu somos muito íntegros." (Essa afirmação me custou milhões.)

  — "Seguro como dinheiro no banco." (Não deve ser muito seguro, então.)

  — "O governo vai resolver o problema." (Você está com problemas.)

Tenho certeza de que você pode adicionar suas próprias enganações favoritas a essa lista.

## *Você Desconhece o que Não Sabe*

Embora o pai rico tenha me alertado sobre John e Stanley, ele não tentou me impedir. Em vez disso, ele disse: "As crianças não sabem o que 'quente' significa até que toquem o fogão." Então, ele me deixou colocar a mão no fogão.

Sua lição verdadeira foi: "Você desconhece o que não sabe." Empreendedores aprendem rapidamente. Ele diria: "No momento em que uma pessoa larga seu emprego e se torna um empreendedor, o que ela não conhece aparecerá rapidamente."

Uma razão pela qual 9 em cada 10 empresas fracassam nos primeiros cinco anos é porque o empreendedor torna-se sobrecarregado pelas coisas que desconhece. É o que ele não sabe que destrói o negócio, mesmo que tenha se saído bem na escola.

## *Vigaristas São Grandes Professores*

O pai rico costumava dizer: "No momento em que você começa seu negócio, os vigaristas, homens e mulheres, aparecem." Ele não disse que os vigaristas são ruins. Para ele, os vigaristas fazem um favor a você, ensinando-lhe lições que precisa aprender. É por isso que ele costumava dizer: "Vigaristas são grandes professores." E também acrescentava: "Só não se torne um deles."

Ele me ensinou que "uma das mais importantes tarefas dos empreendedores é proteger seus empregados do mundo real". Com isso, ele queria dizer que o mundo dos negócios é um dos ambientes mais hostis, corruptos e perigosos no qual você pode trabalhar. Uma das lições que tive de aprender na minha evolução como empreendedor foi como proteger meus funcionários do mundo real.

Eu estava ansioso por aprender essa lição. Já tinha visto meu próprio pai — um professor e administrador honesto, trabalhador e altamente diplomado — ser devorado quando deixou a segurança do sistema escolar. Ele tinha se candidatado a vice-governador do Estado do Havaí pelo Partido Republicano. Perdeu a eleição e ficou desempregado com pouco mais de 50 anos. Usando sua poupança e o dinheiro da aposentadoria, comprou uma famosa franquia de sorvetes e perdeu tudo. Ou seja, estava seguro enquanto trabalhava para o sistema educacional, um sistema no qual estivera desde os 5 anos. No momento em que pisou fora dele, aos cinquenta e poucos anos, direto para o mundo real dos negócios, foi comido vivo. Em menos de um ano, perdeu tudo pelo qual tinha trabalhado durante toda a vida.

É por isso que a maturidade emocional e a força de caráter são essenciais no mundo do empreendedorismo.

## *A Lei de Murphy*

Todo mundo já ouviu falar da Lei de Murphy: "Se algo pode dar errado, com certeza dará." A maioria dos empreendedores fracassa porque desconhece o que não sabe e não consegue fracassar rápido o suficiente para descobrir o que precisa saber. Em outras palavras, o sucesso vem do fracasso, não de memorizar as respostas certas.

É por isso que muitas pessoas chamadas de inteligentes e bem formadas, como meu pai, não se dão bem nos negócios. Elas são inteligentes no mundo da sala de aula, mas não são inteligentes no mundo dos negócios.

## *A Definição de Sucesso É Diferente*

Sucesso no mundo da sala de aula significa não cometer erros. Na escola, quando suas notas são perfeitas, você recebe um A+. O oposto é verdadeiro no mundo dos negócios.

Se você der uma olhada na maioria dos programas de MBA, o foco está em minimizar riscos e não cometer erros. É por isso que tão poucas pessoas com MBA se tornam empreendedoras. A maioria obtém o MBA com a esperança de ser um empregado com alto salário. O mesmo acontece com os graduados em Direito e em Contabilidade, que são treinados e pagos para não cometer erros.

Para ser bem-sucedida no mundo empresarial, especialmente nos estágios iniciais, uma pessoa deve aprender a fracassar, corrigir-se, aprender, aplicar o que foi aprendido e fracassar novamente. Esse é também o caminho para desenvolver seu Toque de Midas.

É por isso que comecei listando meus erros com o negócio da carteira de náilon. É por isso que respeito Donald Trump. O primeiro livro dele que li foi *A Arte da Negociação*. O livro seguinte foi *The Art of Comeback* ("A Arte da Recuperação", em tradução livre), um livro ainda mais poderoso, porque ele mostrou ao mundo seus erros, o que aprendeu e como deu a volta por cima. Isso me mostrou sua força de caráter.

## *Transformando Má Sorte em Boa Sorte*

Possivelmente a habilidade mais importante que os empreendedores podem desenvolver é a capacidade de transformar a má sorte em boa. Para fazer isso, é preciso maturidade emocional e força de caráter.

Todos nós cometemos erros. Erros são importantes porque, quando fracassamos, temos a oportunidade de descobrir e de desenvolver nossa maturidade emocional e de melhorar a nossa força de caráter.

Uma das razões pelas quais acredito que John e Stanley não evoluíram a partir de uma experiência ruim foi porque, em vez de enfrentarem seus problemas quando as coisas ficaram difíceis, eles mentiram, enganaram e fugiram. Em outras palavras, quando a coisa ficou feia, o caráter verdadeiro deles apareceu, e eles transformaram a má sorte em sorte ainda pior.

Não estou dizendo que me coloco acima deles. Nunca vou estar em uma lista de candidatos à santidade. Embora tenha sido criado em uma família excelente, eu nem sempre reflito os altos valores éticos e morais de meus pais. Fui um bom garoto na escola, nunca bebi ou usei drogas, mas mal podia esperar para sair de casa. No momento em que saí, fiz o que pude para agir da maneira oposta a que meus pais queriam. Em alguns momentos, poderia ter ido parar na cadeia.

No meu processo de me tornar um empreendedor, fui obrigado a voltar aos valores de meus pais, o que significava que já não podia mentir, enganar ou roubar, especialmente quando estava em apuros. Aqui estão apenas algumas das oportunidades que aproveitei para melhorar a minha maturidade emocional e força de caráter.

Quando perdi o dinheiro dos investidores, o pai rico me incentivou a procurá-los e pedir desculpas. Então, concordei em pagá-los de volta. Demorou quase seis anos para cumprir minha promessa.

Em vez de fugir do desastre, o pai rico me aconselhou a reconstruir a empresa. Junto com meu irmão Jon e meu amigo Dave, peneirei os destroços da *Rippers* e reerguemos o negócio. Aprendi mais sobre negócios enfrentando meus erros e reconstruindo a empresa que jamais teria aprendido se fugisse.

Percebi que tinha de aprender mais rápido. Por ser preguiçoso, não me saí bem na escola. Hoje, embora ainda seja um estudante e leitor insatisfatório, leio continuamente livros e artigos sobre negócios e participo de seminários. Aqui estão algumas das coisas que eu aprendi:

- *Em cada erro há uma pérola de sabedoria.*

  Um de meus melhores professores, dr. R. Buckminster Fuller, hoje considerado um dos maiores gênios do mundo, declarou: "Os erros são pecados apenas quando não são admitidos." Sempre que me vejo chateado com um erro, assumo a responsabilidade por ele, ainda que preferisse culpar alguém. Eu, então, passo um tempo tentando encontrar a pérola de sabedoria nesse erro. Uma vez que a encontre, a descoberta me dá a energia para seguir em frente.

- *Culpar é incapacitar.*

  Costumo encontrar empreendedores sem sucesso e infelizes que, continuamente, culpam os outros por seus erros. Eles não aprendem com os erros nem crescem com a experiência. O que eles não conseguem perceber é que nesses erros está a sabedoria para um futuro mais positivo. Culpar os outros é o pior pecado de todos.

- *Encare e admita seus erros.*

  Muitas pessoas se apegam a seus erros e vivem arrependidas por tê-los cometido, ou fingem que nunca cometem erros e então os repetem. Outras se tornam criminosas e mentem sobre seus erros. Ou seja, elas transformam uma experiência ruim em algo ainda pior. O fato é que se uma pessoa comete um erro e mente, culpa, justifica ou finge que não o cometeu, ela retrocede. Não avança. Um bom exemplo foi o presidente Bill Clinton, quando mentiu para o mundo sobre um caso com uma estagiária da Casa Branca. Clinton poderia ter sido um dos grandes presidentes, mas, em vez disso, sempre será lembrado por sua falta de caráter, por trair a esposa e, também, por ter mentido sobre isso na televisão. É preciso coragem para enfrentar seus erros e admiti-los. Não é preciso coragem para mentir.

## *Erros São o Portal para Seu Toque de Midas*

Na escola cometer erros é ruim. Os alunos que cometem o menor número de erros são chamados de "inteligentes". Mas, no mundo dos negócios, cometer um erro, admiti-lo e depois aprender a transformar essa "sorte" ruim em boa, é essencial para o sucesso. Einstein afirmou que "apenas duas coisas são infinitas: o universo e a estupidez humana". No entanto, gostaria de acrescentar que a capacidade de aprender de um ser humano também é infinita.

Como empreendedor, não só seus erros podem prejudicar seu negócio, mas os de seus funcionários também. Com frequência, se você tentar corrigir funcionários e pedir-lhes para assumir a responsabilidade e aprender com os erros, eles podem se demitir, procurar um novo emprego, e você será o único a pagar pelos erros deles. Essa é uma razão pela qual a maioria dos empreendedores prefere não crescer, mas ficar com o mínimo de empregados possível. Se um empreendedor é um líder ruim ou não tem habilidades para lidar com pessoas, os funcionários se transformam em passivos, não em ativos, na contabilidade da empresa.

Para piorar, eles podem se transformar em criminosos quando as coisas ficam difíceis, quando você vira as costas, ou quando acreditam que o dinheiro que você ganhou pertence a eles. Há muitos ladrões e vigaristas no mundo dos negócios. No mundo dos criminosos, existem dois tipos básicos de crimes: os violentos e os de colarinho-branco. Os violentos geralmente envolvem uma vítima e uma arma ou o uso da força. A maioria dos de colarinho-branco não sofre ação penal, pois é difícil obter provas para mentira, roubo, trapaça e incompetência sem haver uma arma ou lesões corporais. Em outras palavras, no mundo dos negócios, os maiores criminosos que você vai encontrar são, muitas vezes, pessoas honestas, bem formadas, que não têm maturidade emocional e força de caráter. Elas se transformam em criminosos quando as coisas não acontecem à sua maneira.

Em minha vida, nunca perdi nada para a criminalidade violenta. Perdi mais dinheiro para pessoas que se saíram bem na escola. Elas eram espertas e acreditavam ser as mais inteligentes da face da Terra, as quais nunca poderiam cometer um erro nem admitir que o haviam cometido. Isso não é inteligência, é arrogância, falha trágica de caráter. Uma pessoa arrogante não aceita feedback, não aprende, não se modifica nem se corrige em um mundo de mudança acelerada. Elas ficam para trás.

Uma das lições mais importantes aprendidas na escola militar é a capacidade de aceitar feedback. No primeiro dia de escola militar, o feedback é de fato jogado na sua cara. Foi incrível como muitos jovens inteligentes desmoronaram, choraram e saíram, por causa dessa pressão.

Empreendedores estão sempre recebendo feedback, especialmente de seus clientes, banqueiros, funcionários e da equipe de vendas. Sem feedback direto, os empreendedores não podem tomar decisões sensatas.

Se o empreendedor estiver cercado de pessoas excessivamente cordatas ou bajuladoras, o negócio estará em dificuldades.

## *A Diferença do Mentor*

Todas as companhias abertas listadas em bolsa são obrigadas a ter um conselho de administração. Você também deveria ter um, mesmo que não tenha nada além de uma ideia, é importante ter bons conselheiros. No mínimo, você deveria ter três assessores: um contador, um advogado e um mentor. O mentor deve ser um empreendedor bem-sucedido no ramo de negócios no qual planeja entrar. Por exemplo, se quer abrir um restaurante, converse com empreendedores bem-sucedidos que abriram seus próprios restaurantes e peça a um deles que seja seu *coach* ou mentor.

Ambos, Donald e eu tivemos um *coach* e um mentor. Ambos tivemos pais ricos e empreendedores.

Muitos novos empreendedores cometem um grande erro ao pedir conselhos para um funcionário bem-sucedido em vez de a um empreendedor bem-sucedido. Há um mundo de diferença entre os dois.

## *Consideração Final*

A Lei de Murphy afirma: "Se algo pode dar errado, com certeza dará." Combine isso com o Princípio de Peter: "Em uma hierarquia, todo empregado tende a subir até seu nível de incompetência."

Uma das razões por que muitas empresas não conseguem crescer é pelo fato de o empreendedor ter atingido seu nível de incompetência. Para que os empreendedores cresçam, eles precisam romper seu nível de incompetência, o que significa mais educação por meio de mais erros. Poderão ser necessários mais de 10 mil erros, como Edison declarou quando lhe perguntaram como se sentia por ter falhado tantas vezes antes de inventar a lâmpada.

Vou usar a metáfora do golfe para explicar melhor o Princípio de Peter. Digamos que um jogador lance um 72 consistente. Ele é frequentemente chamado de "golfista par" ou "golfista *scratch*". Como a maioria dos golfistas sabe, há uma tremenda diferença entre um "golfista par" e um jogador de golfe profissional, mesmo que seja de apenas algumas tacadas. Digamos que os jogadores profissionais precisem de tacadas consistentes de 70 para sobreviver no circuito profissional. Qualquer jogador sabe que há um mundo de diferença entre um jogador que lança um 70 consistente e um que lança um 72 consistente.

Essa diferença de duas tacadas é o Toque de Midas.

# Se Não Fosse a Má Sorte

*Donald Trump*

O fato de Robert terminar com uma referência ao golfe e explicar a diferença entre as duas tacadas como o Toque de Midas não é apenas um grande exemplo, mas um que aprecio muito. A maioria das pessoas sabe que sou apaixonado por golfe — e pela construção de campos de golfe.

Atualmente, estou construindo um campo de golfe em Aberdeen, na Escócia. Encontrei esta localização ideal depois de visitar, ao longo de cinco anos, mais de 200 lugares na Europa. Fui paciente porque queria encontrar o lugar perfeito e, finalmente, aconteceu. O *Trump International Golf Links Scotland*, na Escócia está agora em construção e, aos cinco anos para a seleção do lugar se acrescentaram mais alguns anos de intensa negociação, particularmente relacionada com as preocupações ambientais. Quase me tornei um especialista em geomorfologia (o estudo dos movimentos do relevo geográfico, que se tornou uma espécie de palavra da moda) devido às imensas dunas de areia à beira-mar em frente à propriedade. Houve resistência de algumas pessoas para o projeto de construção proposto para o terreno e grande entusiasmo da parte de outros. Foi o roteiro perfeito para uma saga — tanto que um autor escocês escreveu um livro sobre o processo pelo qual passei. Ele teve material suficiente para preencher centenas de páginas. (Para aqueles que gostam de golfe ou de grandes histórias, o livro é intitulado *Chasing Paradise* ["Em Busca do Paraíso", em tradução livre] de David Ewen e o subtítulo é *Donald Trump and the Battle for the World's Greatest Golf Course* ["Donald Trump e a Batalha pelo Maior Campo de Golfe do Mundo", em tradução livre].)

Tive de lidar com líderes empresariais, partidários do governo e habitantes locais. Até mesmo Sir Sean Connery entrou em ação, apoiando-me quando eu enfrentava muita oposição. Algumas pessoas tinham certeza de que eu arruinaria aquele terreno ao invés de preservá-lo.

Com prós e contras, o empreendimento tornou-se uma história de interesse internacional. Uma popular revista americana fez uma reportagem de capa sobre um dos moradores que não queria se mudar de casa, o que lhe trouxe fama e reconhecimento como nunca antes. Sua casa e o fato de ele ter se mudado ou não foram de pouca importância para nosso projeto de construção, mas se tornaram uma grande fonte de publicidade para o proprietário, bem como para o projeto em si.

O licenciamento ambiental para o terreno resultou em dois livros de 15cm de espessura. Tudo teve de ser abordado, juntamente com as questões negociais do empreendimento. Este lugar tem significado histórico para a Escócia e seria um empreendimento caro para mim, de quase £1 bilhão. No entanto, a construção do projeto criaria cerca de 6.230 empregos temporários, e o empreendimento em si resultaria em 1.440 empregos em longo prazo.

Nossa pesquisa, empresarial e ambiental, foi extremamente detalhada. Trabalhamos com o governo escocês (Scottish National Heritage — Patrimônio Nacional Escocês) e despendemos inúmeras horas de trabalho em cada detalhe. Para dar uma ideia do âmbito do projeto, o *Trump International Golf Links Scotland* contará com uma academia de golfe, 950 apartamentos, 500 casas, um hotel com 450 quartos, 36 vilas de golfe e acomodações para 450 funcionários, além dos campos de golfe. É um enorme empreendimento, e sua execução não foi nada fácil.

Enquanto eu estava passando por tudo isso, sempre pensei positivo e sabia que tinha a tenacidade de que Robert fala sobre o Toque de Midas. Eu sabia que enfrentaria alguns desafios — durante anos — mas, também sabia que, com persistência, conseguiria como resultado um grande campo de golfe que melhoraria a economia da área ao redor, sem impactar negativamente o meio ambiente. Minha paixão estava estabelecida.

Eu realmente acreditava no projeto. E graças ao incentivo público de Sir Sean Connery, muitas pessoas começaram a entender por que o empreendimento seria do maior interesse dos cidadãos da Escócia.

Nesse meio tempo, eu tinha muitos outros interesses para cuidar, mas o projeto nunca deixou de ser prioridade. Isso é uma chave para a boa sorte. Nada deve ser relegado a segundo plano se quiser realmente se sobressair. Tudo é importante.

Mesmo que as pessoas pensem que eu tinha grandes profissionais fazendo todo o trabalho para mim (e tenho grandes profissionais), me mantive muito envolvido. Eu sabia cada detalhe do projeto. Viajei para a Escócia diversas vezes, não por prazer, mas para estar nos locais de trabalho e para me reunir com os fornecedores, com a comunidade de funcionários e com as pessoas da Scottish National Heritage. Longe de lazer. Quando se trata deste projeto, não há aqui nenhuma história de sucesso da noite para o dia. Mas cada minuto do esforço valeu a pena.

## *Erros São Cometidos, Coisas Mudam*

Esta é uma consideração importante para aqueles que querem ser empreendedores ou fazer sua empresa se transformar em algo maior e melhor, de maior impacto: cada minuto conta.

Eis minha regra de ouro: se você pode contar nos dedos o tempo que despendeu para um projeto, não dedicou tempo suficiente a ele. É preciso trabalhar em um projeto até o ponto da exaustão. Terá de engolir crítica e negativismo e ouvir "não" repetidamente. Vai piorar antes que melhore.

Mas, se se lembrar do significado do polegar no Toque de Midas — ele representa a maturidade emocional e força de caráter —, você alcançará seu objetivo. É um fato bem conhecido que sofri uma reviravolta financeira de enormes proporções no início dos anos 1990. Não cheguei a falir, embora muita gente pense isso, mas devia bilhões de dólares. Não foi uma situação ideal. Seria fácil encarar isso como má sorte, mas não é dessa forma que vejo.

Sei que a economia e o mercado imobiliário são cíclicos, mas o que aconteceu em Nova York foi devastador para muitas pessoas. O mercado imobiliário deu um mergulho, e a cidade enfrentou alguns momentos difíceis, o que me incluiu. Muitas pessoas perderam tudo. Meu maior erro foi que perdi o foco e estava jogando alto. Eu ia a desfiles de moda em Paris e não tinha controle firme das minhas empresas. Apenas pensei que tudo continuaria do mesmo jeito, com as receitas positivas. Meu pai disse uma vez que tudo que eu tocava virava ouro, e passei a acreditar nisso. As coisas eram fáceis e lucrativas. Parecia que eu não tinha de prestar atenção em nada e foi o que fiz. Mas caí em mim quando tudo começou a desmoronar.

Felizmente, ao longo do tempo, fui capaz de recuperar meu foco e minha fortuna. Na verdade, me tornei muito mais bem-sucedido depois da minha grande perda. Uma das razões é que sempre me vi como um cara de sorte e ainda me vejo assim hoje. Não deixei a experiência de uma grande perda mudar meu ponto de vista sobre quem sou. Vi a coisa toda como "algo insignificante" e nada mais. Sabia que tinha o conjunto de habilidades para voltar ao jogo, assim como um golfista sabe usar a mesma técnica para sair da armadilha de areia e marcar um *birdie*.

Eu ainda cometo erros? Sim, é claro. Mas, assim como fiz durante meu colapso financeiro, percebo que só posso culpar a mim mesmo e a ninguém mais. Assumo total responsabilidade porque sou responsável por qualquer situação em que me meto. Como enfatiza Robert, há uma porta de entrada para o Toque de Midas. Todo mundo comete erros, mas o que importa é o que você faz com eles e o que aprende. E isso tudo é parte da maturidade emocional e da força de caráter.

Um dos maiores atributos que pode ter é um intenso senso de responsabilidade. Para começar é fortalecedor, e a eficácia aumenta tremendamente quando você reconhece o bom e o mau em tudo que faz. Nos negócios e na vida, essa é uma área que você pode desenvolver. Assim que assumir a responsabilidade por tudo que tocar, o poder estará em suas mãos para torná-lo extraordinário. Para mim, ter essa sensação de controle é um catalisador para o sucesso.

## *Minha Sublime História*

Você pode pensar que meu sucesso se dá porque a marca Trump carrega peso e torna tudo mais fácil, mas sei que nem sempre estou no controle de nosso destino como marca e organização. Há um tempo certo a ser considerado. Muitas vezes, tive de esperar muito tempo e ter muita paciência para que os projetos saíssem da prancheta, e as coisas acontecessem. Por exemplo, acreditem ou não, esperei 20 anos para ver o *Trump Place*, à margem do Rio Hudson, começar a ser construído. Quantos de vocês seriam pacientes o bastante e focados o suficiente para esperar tanto tempo? Quantos acreditariam tanto no projeto para suportar as provações e tribulações pelas quais passei durante esses 20 anos? Isso é muito tempo, mas a minha visão do empreendimento era clara, e eu queria que fosse concluído. Foi fácil? Não. Mas, uma vez mais, valeu a pena esperar, e isso me tornou mais forte e mais decidido.

Aqui estão alguns detalhes. Esta história começou em 1974, quando eu tinha assegurada a opção de comprar o lado oeste dos pátios ferroviários da *Penn Central Railroad*. A cidade de Nova York não estava indo muito bem na época, apesar de essa propriedade ser à margem do rio e de eu a estar adquirindo a um preço baixo.

Naquela época, estava ocupado com meus outros projetos, incluindo a reforma do *Commodore/Hyatt* e da *Trump Tower*. À margem do rio, encontrei uma grande resistência da comunidade do lado oeste, que não queria o *Trump Place*. Além disso, os subsídios do governo que ajudaram a tornar o projeto rentável caíram, para o tipo de habitação em que eu estava pensando. Só isso já me colocou em uma situação difícil. Reconhecendo que o acordo não ia funcionar, desisti, em 1979, da minha opção original de compra, e a prefeitura vendeu os pátios ferroviários para outra pessoa.

Felizmente, para mim, os compradores não tinham muita experiência em Nova York e ainda menos experiência com o rezoneamento. Essa é uma faceta complexa do mercado imobiliário naquela cidade. A inexperiência deles os fez cometer um monte de erros e foram forçados a vender os pátios. Era 1984 quando me telefonaram para dizer que estavam interessados em vender. Concordei em comprar por US$100 milhões, ou seja, cerca de US$1 milhão por acre de propriedade à margem do rio, em Manhattan. Foi um ótimo negócio. Mas eu ainda não estava nem perto de construir algo na propriedade.

Entre 1984 e 1996, minha paciência foi verdadeiramente testada, assim como minha tenacidade. Tive de lidar com as abundantes e ridículas bizarrices da prefeitura. O tino comercial vem com a experiência. Dado que era muito mais experiente nesse ponto, usei algumas das desvantagens da cidade a meu favor.

As coisas ainda não estavam muito boas em Nova York até o início dos anos 1990, mas foram melhorando. Por causa da situação na cidade, foi mais fácil conseguir o zoneamento necessário. Isso ajudou porque, dado que estávamos no início de uma virada para melhor no clima econômico, era um bom momento para construir. O momento era aquele, o que não teria acontecido se eu não tivesse sido paciente e diligente. É importante compreender que esse foi o maior empreendimento já aprovado pela *New York City Planning Commission* (Comissão de Planejamento da Cidade de Nova York). Ele incluía 16 arranha-céus e edifícios residenciais projetados com exclusividade, de frente para o Rio Hudson. Iniciamos em 1996, e os resultados têm sido espetaculares.

O *Trump Place* se tornou um lugar de encontro para o antes arruinado, mas agora próspero, lado oeste da cidade, com um parque de 25 hectares que doei para a cidade, ciclovias para os residentes e turistas, áreas esportivas e de piquenique que unem as pessoas, um cais e um espaço aberto para eventos da comunidade. É uma situação vantajosa para todos — a cidade, os moradores, a nossa empresa e a nossa marca. A tenacidade definitivamente valeu a pena.

Robert menciona os "aspirantes" a empreendedores que talvez não consigam perceber quão difícil as coisas podem ser — especialmente quando eles estão apenas começando. Entendo bem isso. Meu primeiro empreendimento de risco sozinho tornou-se tão complicado que, a certa altura, eu só queria cair fora. Estou contente por não ter feito isso porque ele se tornou meu primeiro grande sucesso e me colocou no mapa como empreendedor em Manhattan.

## *O Grand Hyatt Hotel*

Talvez você já tenha ouvido falar do *Grand Hyatt Hotel*, na cidade de Nova York. É bem perto da Estação Grand Central. É um lindo hotel com quatro paredes externas de espelhos, em uma área hoje bela e próspera da cidade, no meio de Manhattan. No entanto, na década de 1970, não era esse o caso. Esta região estava degradada, e as pessoas a evitavam, a menos que elas tivessem de passar pela Grand Central para fazer seus traslados dentro e fora da cidade. Havia um antigo hotel, o *Hotel Commodore*, ao lado da estação. Era uma problemática monstruosa. Toda a área era deprimente e um ímã para o crime.

Eu sabia que o bairro poderia acomodar uma grande mudança e acreditei que o primeiro passo seria adquirir e restaurar o *Hotel Commodore*. Lembro-me de que até meu pai não acreditava que eu estava falando sério. Na verdade, ele disse: "Comprar o *Commodore* em uma época em que até mesmo o Edifício Chrysler está em processo de falência é como brigar por um lugar no *Titanic*." Nós dois sabíamos que era um risco, mas eu estava certo de que a renovação traria a prosperidade que o bairro poderia e deveria ter. Podia visualizá-la e, por isso, sabia que estava certo. Isso me deu muita confiança — e disso eu iria precisar.

Cerca de um ano antes de começar a negociação do hotel, o proprietário (a ferrovia *Penn Central*) tinha perdido cerca de US$2 milhões em reformas que não trouxeram qualquer melhoria positiva. Era óbvio que o hotel ainda precisava de muito mais esforço, e o proprietário ainda devia US$6 milhões em impostos atrasados. Eles estavam prontos para vender. Eu poderia, portanto, fazer uma opção de compra do hotel por US$10 milhões, mas teria de estabelecer um acordo complexo antes de efetuar a compra. Precisaria de financiamento, do comprometimento de uma empresa da área hoteleira e da redução de impostos da prefeitura de Nova York. Tudo isso foi complicado, e as negociações levaram vários anos.

Durante as negociações, procurei um designer talentoso que pudesse transformar o velho hotel em um marco espetacular. Conheci um jovem arquiteto chamado Der Scutt, que entendeu a minha visão. Eu queria envolver o edifício em algo brilhante para dar à área toda uma nova fachada, mas não sabia sequer se a compra aconteceria, mas estava tão certo de que poderia ser importante para a região que passei a discutir o assunto com Der Scutt e o contratei para fazer alguns desenhos, para o caso de dar certo; desse modo, estaríamos prontos.

Eu também sabia que precisaria de um administrador de grandes hotéis porque um hotel com 1.400 quartos e 500 mil metros quadrados não é para qualquer um. Quando revi os nomes dos mais experientes no ramo, aqueles com os melhores currículos, Hyatt parecia estar no topo da lista. Assim, esperava que eles se interessassem porque, embora difícil de acreditar hoje, naquela época, não havia hotel Hyatt em Nova York. Eu estava certo. Eles se interessaram. Fizemos um acordo, como parceiros igualitários, e o Hyatt concordou em administrar o hotel depois que estivesse concluído.

Até então, eu tinha um arquiteto, um parceiro da rede hoteleira e estimativas precárias de custos. O que não tinha era financiamento — nem uma redução multimilionária de impostos do governo. Estava com apenas 27 anos na época, por isso fez sentido encontrar um corretor de imóveis mais velho que tivesse muita experiência. Ter alguém maduro ajudaria também na questão de imagem.

Com todo o processo em curso, depois de superar tantos obstáculos, apareceu outro problema, um problema verdadeiro, de proporções épicas, que parecia intransponível. Sem financiamento, a prefeitura não consideraria uma redução de impostos, e sem uma redução de impostos, os bancos não estavam interessados em financiamento. Tentamos tudo, tudo mesmo. Então, decidimos apelar para a preocupação dos bancos com respeito à cidade em ruínas a seu redor. Talvez eles sentissem alguma culpa sobre não tomar nenhuma iniciativa para ajudá-la a se tornar novamente grandiosa. Também não funcionou.

Depois de falar com quase todos os banqueiros da cidade, utilizando todos os apelos em que poderíamos pensar, finalmente encontramos um banco que mostrou interesse. Passamos horas incontáveis debruçados sobre o acordo, e a coisa estava indo muito bem. De repente, do nada, alguém mudou de ideia e veio com um problema que não era absolutamente importante para o negócio e que acabou com o acordo. Fomos surpreendidos pela abrupta mudança de ideia e usamos todos os argumentos possíveis, mas em vão. Esse cara não cedia, e eu me enchi da situação. Lembro-me de me virar para meu corretor e dizer: "Vamos mandar tudo para o inferno."

Foi uma das poucas vezes em que quis desistir. Estava desgastado. Foi George Ross, meu corretor, advogado e, depois, conselheiro em *O Aprendiz*, que conseguiu me convencer a continuar. Ele sabiamente apontou quanto tempo e esforço eu já tinha colocado nesse projeto, e ele estava absolutamente certo. "Por que parar agora?", perguntou-me ele. Como não desisto fácil, rapidamente resolvi seguir em frente. Eu também não queria ser um "aspirante" a empreendedor. Aconteceu de ser o fundo do poço. Você também passará por momentos assim.

Voltei do fundo do poço ainda mais forte. O fundo do poço se tornou um ponto de virada, e fiquei mais determinado que nunca a ver o projeto concluído. Minha nova estratégia foi explicar a situação para a prefeitura, mesmo sem financiamento. A empresa Hyatt Hotel estava definitivamente interessada em se instalar em Nova York. No entanto, a menos que a prefeitura nos desse uma isenção nos impostos sobre a propriedade, os custos seriam muito altos, o que impossibilitaria todo o negócio.

Argumentei eficazmente, e a prefeitura concordou com um contrato que beneficiou a todos e nos tornou parceiros. Receberia uma redução de impostos por 40 anos, compraria o *Commodore* por US$10 milhões, dos quais US$6 milhões seriam destinados à prefeitura para pagamento de impostos atrasados. Em seguida, venderia o hotel para a prefeitura por US$1, que alugaria de volta para mim por 99 anos.

Se parece complicado, é porque era complicado. Mas funcionou para todos. Finalmente, conseguimos financiamento com duas instituições, e o Grand Hyatt foi um enorme sucesso. Abriu em 1980 e marcou o início da revitalização do centro e da Grand Central. Continua a ser um hotel muito bonito até hoje.

Creio que vai concordar que tive um pouco de azar durante este projeto, mas consegui administrar os problemas, e as coisas entraram nos eixos. Como Robert menciona, às vezes não sabemos o quão difícil podem ser as coisas. Não importa o que seja, se você quer o Toque de Midas, você persevera e realiza. Às vezes, desejaria que as coisas fossem mais fáceis, mas, em geral, não são.

Quando me tornei parceiro da *NBC* na realização dos concursos de Miss Universo e Miss Estados Unidos, esses concursos não estavam indo muito bem, estavam longe de ser programas para o horário nobre. Os concursos tinham poucos patrocinadores e faltavam telespectadores. Algumas pessoas se perguntaram por que me interessaria por eles como negócio (além das belas mulheres). Mas vi grande potencial e sabia que os concursos poderiam se tornar uma grande atração se fossem benfeitos. O concurso Miss Estados Unidos 2011 alcançou classificação máxima nas pesquisas de opinião para aquela noite. Agora são grandes eventos, nacional e internacionalmente, e considerados padrão para concursos de beleza. Algumas pessoas dizem: "Bem, você teve sorte", mas é mais que isso. Trabalhamos arduamente para fazer um bom produto, atualizando o formato, contratando grandes produtores e focando na alta qualidade em todos os momentos. Nossa abordagem e foco ajudaram. O sucesso raramente é um golpe de sorte, e a melhor parte do sucesso é a incrível sensação quando transforma algo moribundo em algo vibrante.

É um desafio especial transformar as coisas ao redor, seja um bairro, um programa ou um edifício. Parte do Toque de Midas é ter visão para enxergar as coisas como poderiam ser, em vez de como são. Alguém tem de fazê-lo, e eu sempre tive energia e olho para melhorias. Pode ser muito claro para mim, e nunca fui de evitar desafio. Abordo cada projeto de forma pragmática e com controle emocional; ainda assim mantenho o entusiasmo necessário para concluí-lo. É um equilíbrio importante a ser alcançado.

## *Cidade Tempestuosa*

O *Trump International Hotel & Tower Chicago* ganhou, da revista *Travel + Leisure*, o prêmio de hotel número 1 dos Estados Unidos e Canadá, uma honra incrível para um edifício fantástico. Repetindo, construí-lo teve seus momentos — e meses — de dificuldades. Por exemplo, três meses depois de começarmos a construção da fundação, descobrimos que havia vazado água do Rio Chicago para dentro do prédio. Dado que a fundação estava sendo colocada abaixo do nível do rio, a antiga antepara do rio, ainda no lugar, se tornou uma preocupação. Será que aguentaria? O que agravou o problema foi que a água entrava por um canto onde a antepara e a ponte da Avenida Wabash se encontravam, o que poderia representar uma situação muito grave. Cuidamos disso com muito esmero.

Em seguida, descobrimos um problema com o projeto estrutural do edifício. Originalmente, projetamos os primeiros 14 andares e a base para ser uma armação de aço estrutural que teria, acima, um edifício de concreto armado reforçado. Muito depois do processo de design, devido ao crescimento industrial da China que absorveu grande parte da oferta mundial de aço, nos surpreendemos com o enorme aumento no preço mundial do aço.

Voltamos à prancheta de desenho. Reformulamos o edifício para ser inteiramente de concreto, economizando vários milhões de dólares e simplificando a logística de construção. Esse contratempo aparente atuou em nosso benefício.

O cronograma do projeto mostra a paciência necessária para construir o edifício. Meus planos para ele começaram em 2000, mas só começamos a construí-lo em 2005. Tivemos alguns percalços ao longo do caminho, mas, se você tiver a oportunidade de conhecer o prédio, verá que os esforços valeram a pena. Qualquer "má sorte" transformou-se em vantagem a nosso favor.

Sempre me considerei muito afortunado por causa da minha família. Meus pais foram grandes exemplos; meu pai foi meu mentor, e eu tive o benefício de uma boa educação. Espero muito de mim mesmo por ter tido tantas vantagens. Aprendi a transformar qualquer má sorte com a qual me deparasse. Por isso, sei que é possível.

## *Tornando Realidade*

Às vezes, não é com a minha própria má sorte que tenho de lidar —, mas com a de outra pessoa. Às vezes, compreender os problemas das outras pessoas é a chave para a busca de oportunidades. Em 1980, a prefeitura de Nova York anunciou que reformaria o *Wollman Skating Rink*, uma antiga pista de patinação no gelo no Central Park que sempre fora uma atração popular para crianças, famílias e pessoas de todas as idades. Após gastar US$12 milhões em reformas ao longo de seis anos, o ringue não ficou pronto. Assim, em 1986, a prefeitura anunciou que recomeçaria a reforma. Nada havia sido feito. Durante seis anos assisti a esse processo (ou fiasco) porque a vista do meu apartamento era voltada para o *Wollman Rink*.

Decidi fazer algo a respeito. O fato de essa bela pista não estar à disposição dos cidadãos e visitantes era um desperdício. Na época, escrevi para o prefeito, Ed Koch, e me ofereci para construir uma nova pista em seis meses — sem nenhum custo para a prefeitura. Eu queria dar um presente à cidade e aos cidadãos.

Minha oferta, assim como minha sinceridade, foram rejeitadas pelo prefeito, e ele publicou minha carta, como uma piada em jornais de Nova York. Essa tática, no entanto, trabalhou contra ele quando os jornalistas e o público ficaram do meu lado. Houve uma grande reação na imprensa, e um jornal anunciou: "A prefeitura nada provou, exceto que não pode concluir a pista."

No dia seguinte, o Prefeito Ed Koch mudou de ideia e de repente a prefeitura queria que eu realizasse o trabalho. Fizemos uma reunião com os funcionários e combinamos que eu disponibilizaria o dinheiro da construção e completaria a pista em seis meses, que seria meados de dezembro de 1986. Quando aberta, a prefeitura me reembolsaria os custos (se o ringue desse certo), até pouco menos de US$3 milhões. Se ultrapassasse o orçamento, eu mesmo cobriria o estouro. Fiquei muito animado com a possibilidade de fazer algo pelo *Wollman Rink*.

Foi uma responsabilidade imensa. Por um lado, a pista tem mais de um acre de tamanho, o que exigiu 22km de canos e duas unidades de refrigeração de 20 toneladas cada. Houve também danos causados pela água e buracos no telhado da casa dos patinadores, além de sérios problemas de liderança com as equipes que executavam o trabalho. Eu sabia que teria de me tornar parte ativa para que as coisas se concluíssem. Falei com muitos especialistas e descobri o melhor construtor de ringue de patinação disponível. Eu mesmo checava diariamente o progresso, tanto *in loco* quanto da janela de meu apartamento.

Após dois meses no projeto, tive momentos em que percebi que poderia prejudicar minha reputação se esse grande plano não desse certo e, certamente, a mídia cairia em cima de mim imediatamente. Mas mantive minha visão intacta de uma pista acabada e bonita e percebi que legal seria para todos os envolvidos. A cidade e seus cidadãos já haviam tido seis anos de má sorte, e eu queria que isso mudasse.

Após cinco meses de trabalho, a pista foi inaugurada um mês antes do cronograma e com orçamento abaixo do previsto. Fiquei aliviado e muito orgulhoso. A pista era linda, e a cidade entrou em clima de comemoração, pois ela estava novamente em operação a tempo para as festas de fim de ano. Fizemos uma festa de inauguração de gala, com Peggy Fleming, Dorothy Hamill e Scott Hamilton, entre outros, para ajudar a comemorar o dia especial. Ver o *Wollman Skating Rink* finalmente aberto foi uma sensação fantástica, e todos os lucros foram destinados à caridade e ao departamento de parques da cidade. Isso é transformar sorte ruim em boa, em grande estilo e para todos. Esse é o Toque de Midas.

## Destilação: Força de Caráter

As histórias que apresentamos neste primeiro capítulo mostram que a força de caráter é fundamental para o Toque de Midas. O polegar transmite essa força porque é o dedo que nos permite compreender e assumir o controle das coisas. Ele nos distingue do resto do reino animal ao transformar uma pata em uma mão. Simbolicamente, o polegar representa a capacidade do empreendedor de ser forte quando outros querem fugir, se esconder, desistir ou culpar alguém por seus fracassos. Ele também representa a capacidade única do empreendedor bem-sucedido de transformar momentos difíceis em triunfos.

A maioria das pessoas seria empreendedora se o sucesso fosse garantido. Você provavelmente já ouviu muita gente dizer melancolicamente: "Com certeza seria bom ser meu próprio patrão." É bom poder determinar seu próprio horário e trabalhar da forma que se deseja. Para outros, a satisfação de construir um negócio e, possivelmente, alcançar grande riqueza e fama é o que torna atraente a ideia de empreendedorismo. Se não fosse pelo maldito medo do fracasso!

E essa é a razão pela qual a maioria das pessoas não se torna empreendedora. Elas temem mais o fracasso que desejam vencer. Infelizmente, a vida tem seus altos e baixos, o que significa que se você quer ganhar, tem de aceitar perder também. Permanecer no meio é impossível. A vida nos golpeia, queiramos ou não, e esperar ganhar sempre é irrealista. O que separa os empreendedores com Toque de Midas de todos os outros é que quando eles enfrentam uma perda, rapidamente recuam até aprender com seus erros e seguir em frente. Empreendedores de sucesso sabem que aprender com os erros lhes proporciona maior sabedoria e força para o próximo desafio. Enquanto o fracasso transforma muitas pessoas em fracassadas, ele torna os empreendedores com Toque de Midas mais sábios.

### *Sala de Aula versus Vida Real*

Este é o paradoxo: se os alunos nota "A" são considerados as pessoas mais inteligentes de todas, por que não se tornam empreendedores extremamente ricos? A resposta é porque a maioria dos alunos nota "A" é vencedora na sala de aula, onde vence cometendo o menor número de erros e fracassando minimamente. Esses alunos aprendem que os erros e os fracassos são ruins, então fazem o melhor que podem para não errar. No mundo real do empreendedorismo, ao contrário, as pessoas que cometem o maior número de erros — e aprendem com eles o mais rápido possível — são os vencedores. É assim que o empreendedorismo recompensa as pessoas.

Isso significa que os programas de educação tradicionais tentam evitar desafios que podem nos levar a cometer erros ou os abordam com cautela e hesitação. Isso não é bom. Algumas pessoas ficam paralisadas em tais situações e não conseguem tomar qualquer decisão, seja para um ou outro lado. Portanto, não é nenhuma surpresa que a maioria delas passe suas vidas evitando o risco. Essas são aquelas que preferem ter um emprego e um salário constantes em vez de grande riqueza e do próprio negócio. Não há nada de errado com isso, se é o que você deseja.

Por outro lado, os empreendedores, muitos dos quais não são alunos nota "A", amam desafios. Eles reconhecem e aceitam os erros, as frustrações, as derrotas, os fracassos e seguem em frente. Eles sabem que o desafio de superar os erros é sua sala de aula e seu caminho para tornar-se um empreendedor melhor.

Não é que eles queiram fracassar. Eles não querem. A diferença é que, em vez de evitar desafios, os empreendedores sabem que os erros que podem cometer e os riscos que há pela frente irão forçá-los a tornarem-se mais sábios, melhores e mais ricos.

A maioria das escolas de negócios ensina aos alunos a minimizar o risco. Enquanto a maioria dos alunos nota "A" enxerga os riscos como algo ruim, a maioria dos empreendedores os vê como desafio. É a oportunidade de eles fazerem o que todo mundo evita. O risco estimula sua criatividade e desafia sua autoconfiança. Quando vencem, os empreendedores adquirem enorme senso de realização, que alimenta sua força. Quando erros são cometidos, e eles serão, o verdadeiro caráter do empreendedor emerge, possibilitando maior crescimento.

## *Algumas Questões Pessoais*

Se você está se perguntando se possui ou não a força de caráter para se tornar um empreendedor, ainda mais um empreendedor com Toque de Midas, terá de se autoanalisar e buscar o histórico da sua caminhada pessoal. Aqui estão algumas perguntas para começar:

- Como você lida com a perda?
- Como você lida com o medo?
- Você está disposto a trabalhar durante anos, sem um salário, em um projeto que pode nunca sair do papel?
- Você já foi traído?
- Como você lidou com a traição?
- Você é confiável sob pressão? Ou você apunhala as pessoas pelas costas quando a situação fica ruim?
- Como se sente quando alguém comete erros pelos quais você tem de pagar? Você consegue demitir um amigo ou parente?
- Você é generoso ou ganancioso por natureza?
- Como você se sente quando está sem dinheiro?
- Quando está sem dinheiro, você:

  — Liga para a mamãe?

  — Liga para o papai?

  — Pede ajuda ao governo?

  — Procura um emprego?

  — Volta para a escola?

  — Culpa alguém por seus problemas financeiros?

Se você não sabe as respostas ou sente que não pode ser objetivo sobre si mesmo, por favor, pergunte a um amigo que seja franco com você. Veja, para ser um empreendedor bem-sucedido, você deve ser capaz de lidar com feedback. Se não consegue lidar com um feedback franco e direto, é melhor que mantenha seu emprego diurno. Pessoas sem força de caráter não conseguem receber feedback direto, que é muito importante porque o mundo dos negócios não é nada mais que um mecanismo gigante de feedback. Não importa quão formidável você seja, seu feedback nem sempre será formidável, e terá de aceitar isso. No mercado, se seus clientes não gostam de seu produto, eles não vão comprá-lo. Esse será o feedback. Se uma empresa tem despesas altas e rentabilidade baixa, esse é feedback. Se disser a um empregado para fazer alguma coisa e ele fizer o contrário, isso é feedback. Se descobrir que um parceiro de confiança está roubando você, isso também é feedback. Se o banco diz não quando você pede um empréstimo, essa rejeição é feedback.

Encontre um amigo que lhe dê um feedback franco. Por mais doloroso que seja, aceite-o, mesmo que não goste do que lhe estão dizendo. Pense nisso como uma oportunidade de fortalecimento de caráter. Você vai precisar disso o máximo que conseguir aguentar. Como já dissemos muitas vezes, é melhor e mais barato receber feedback de um amigo que do mercado.

***As Sete Inteligências de acordo com Howard Gardner***

Você vai aprender, ao longo deste livro, que, para se tornar um empreendedor de sucesso, é preciso mais que um ótimo produto, dinheiro, educação ou um bom plano de negócios. Para ser um grande empreendedor, é preciso inteligência, mas não a do tipo na qual tipicamente pensamos quando imaginamos pessoas inteligentes.

Existem sete diferentes tipos de inteligências. Sobressaia-se em um tipo em particular e você terá a base para o Toque de Midas.

## *As Sete Inteligências*

Howard Gardner, psicólogo de desenvolvimento e professor de Cognição e Pedagogia da Harvard Graduate School of Education, desenvolveu a teoria de que não existe apenas um tipo de inteligência, mas sete inteligências diferentes. Uma delas, em particular, é essencial para o Toque de Midas. Portanto, você só conseguirá obtê-lo quando dominar esse tipo de inteligência.

Gardner acredita que as pessoas têm tipos diferentes de inteligência, com formas diferentes de aprender e de processar informações. Concordando com ele ou não, todos podemos nos lembrar de pessoas que são dotadas em uma ou mais dessas áreas, as quais Gardner chama de inteligências. Conhecemos pessoas que são atletas ou músicos talentosos. Conhecemos pessoas que são ases em matemática ou designers incríveis.

Entre essas sete inteligências há uma que é crucial para obter sucesso como empreendedor. Você não tem de nascer com ela, mas, se não nasceu, tem de adquiri-la. Vamos analisar mais profundamente todas elas para entender melhor a configuração do terreno empreendedor. Você consegue adivinhar qual é o indicador mais importante para o sucesso empreendedor?

**Verbal e linguística**

Pessoas que se saem bem na escola, os alunos nota "A", muitas vezes são dotadas de inteligência verbal e linguística. São excelentes leitores e escritores, podem recitar textos de escritores famosos e se saem bem em exames escritos. Em negócios, os alunos que se sobressaem linguisticamente podem se tornar advogados.

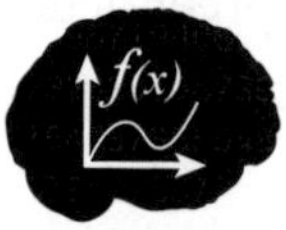


**Numérica**

Essas pessoas gostam de números e de resolução de problemas matemáticos e são capazes de lhe dizer os decimais equivalentes a frações mais rápido do que você consegue calculá-los em seu celular.

Em geral, são alunos nota "A", e muitos deles obtêm diplomas de graus avançados. Outros permanecem na academia e se tornam professores e pesquisadores. Também podem trabalhar para universidades, empresas e governo. Alunos que se saem bem em matemática costumam optar por contabilidade, programação de computadores ou engenharia.

**Motora**

A maioria dos atletas é dotada dessa inteligência. Os mais talentosos e os poucos da elite podem se tornar atletas profissionais ou dançarinos. Alguns podem decidir por negócios na área de saúde ou recreação.

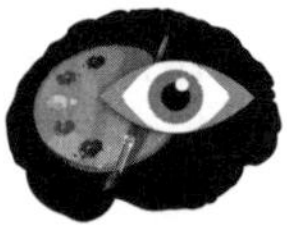

**Espacial**

Aqueles com esta inteligência tendem a apreciar as artes e frequentar escolas de artes. Alguns se tornam artistas muito bem-sucedidos. Pessoas com inteligência espacial muitas vezes se tornam arquitetos, designers de interiores, artistas gráficos e desenvolvedores de sites.

**Musical**
Alunos com esta inteligência sonham, com frequência, em se tornar estrelas de rock ou vocalistas de banda. Uns sonham tocar com uma orquestra sinfônica. Eles escolhem um instrumento musical e ganham familiaridade com rapidez. Ouvem uma música e conseguem quase magicamente reconhecer as notas. Pessoas com esse tipo de inteligência são mais felizes quando estão se exibindo e procuram carreiras em artes cênicas e na música.

**Interpessoal**
Esta inteligência é importante para os profissionais da comunicação, como políticos, pastores, especialistas em vendas e em publicidade. Pessoas com esse talento são ótimas em encontrar e conhecer pessoas, construir relacionamentos e fazer amigos. Elas são "pessoas boas com pessoas".

**Intrapessoal**
Enquanto a inteligência interpessoal é sua capacidade de se comunicar com os outros, a intrapessoal é sua capacidade de se comunicar consigo mesmo. As pessoas que possuem esse segundo tipo de inteligência têm o controle de seus próprios pensamentos.

Para nos aprofundar um pouco mais nessa questão, a inteligência intrapessoal é muitas vezes chamada de inteligência emocional. É sua capacidade de controlar emoções como medo, ganância, raiva, tristeza e amor. Por exemplo, quando você tem medo, reage e foge, ou fala calmamente consigo mesmo, respondendo em vez de reagir? Quando irritado, você controla seu temperamento ou estoura a boca do balão, dizendo coisas que mais tarde desejaria não ter dito? Esses são exemplos de inteligência intrapessoal.

A inteligência intrapessoal é também chamada de *inteligência de sucesso (ou inteligência de êxito)*, uma vez que é necessária para o sucesso, juntamente com todas as outras. Por exemplo, uma pessoa pode ser um gênio verbo-linguístico, mas sem inteligência intrapessoal ou emocional, pode nunca estudar e fracassar da mesma forma que os alunos fracos em habilidades verbo-linguísticas. Atletas dotados de inteligência motora podem nunca alcançar status profissional se falharem no controle do diálogo interno.

O mesmo vale para a inteligência musical e todas as outras. Você já ouviu um locutor de golfe dizer que um jogador "dominou o jogo mental"? O que o locutor está dizendo é que o golfista tem elevada inteligência intrapessoal. É por isso que ela é muitas vezes chamada de inteligência de sucesso.

Neste livro, a inteligência intrapessoal é o polegar. É a inteligência que beneficia os empreendedores do mundo dos negócios. A inteligência intrapessoal os capacita a fazer o que a maioria das pessoas teme ou não quer fazer. Você provavelmente conhece pessoas que se sobressaíram na escola, mas fracassaram no mundo real. Uma razão pode ser o fato de elas serem dotadas linguística e numericamente, mas lhes faltar controle emocional, a inteligência intrapessoal, para lidar com os desafios do mundo real.

A maioria dos vícios — drogas, comida, sexo e tabagismo — está relacionada à baixa inteligência intrapessoal. Em outras palavras, é preciso alta inteligência intrapessoal para superar vícios e maus hábitos.

A inteligência intrapessoal também desempenha grande papel na gratificação tardia. Pessoas com baixa inteligência intrapessoal têm problemas de força de vontade. Elas querem gratificação instantânea. Assim, vão às compras quando estão deprimidas, comem doces quando estão entediadas, bebem quando estão nervosas, assistem à televisão em vez de estudar, desistem quando as coisas ficam difíceis, perdem a paciência quando deveriam morder suas línguas ou culpam os outros por seus erros.

Caso você não tenha se dado conta ainda, a inteligência intrapessoal, também conhecida por inteligência emocional ou inteligência de sucesso, é a inteligência mais importante para qualquer empreendedor.

## *Você É Capaz de Desenvolver a Inteligência Intrapessoal?*

A resposta é sim, definitivamente, mas há uma questão fundamental. O problema é que é preciso inteligência intrapessoal para desenvolver inteligência intrapessoal. Em outras palavras, quanto mais desafios enfrenta como empreendedor e quanto melhor lida com esses desafios, mais forte se torna sua inteligência intrapessoal. Quanto mais forte for sua inteligência intrapessoal melhor empreendedor você se tornará. É por isso que tornar-se um empreendedor é um processo educacional de desenvolvimento pessoal para toda vida. Olhe para seu polegar. Use-o na próxima vez que enfrentar um desafio para lembrá-lo de que o que está enfrentando é sua chance de ganhar força de caráter e de desenvolver seu Toque de Midas.

## Pontos a Lembrar; Coisas a Fazer

O polegar está relacionado com força, e é preciso força de caráter para ser um empreendedor. Inteligência no mundo acadêmico não é o mesmo que inteligência no mundo real.

- Existem sete tipos de inteligência. A mais necessária para os empreendedores é a intrapessoal. Quando você tem fortes habilidades intrapessoais, pode controlar o diálogo interno que o trava e que prejudica seu sucesso.

- O feedback acontece queira você ou não, então aprenda a recebê-lo e tire lições dele. Os empreendedores bem-sucedidos dão boas-vindas ao feedback e o usam em seu benefício.

- Ser um empreendedor não é um esquema de enriquecimento rápido. Sacrifícios fazem parte da jornada. É preciso ter força de caráter para continuar.

- Ter inteligência no mundo acadêmico não é o mesmo que ter inteligência no mundo real. Para ser um empreendedor, você precisa da força e da resistência que vêm da rua.

- Força não significa que você deve ser arrogante, mau, detestável ou dominador. Força é atitude, disciplina, determinação e garra. Encontre a sua.

- O mercado contrata e demite você todos os dias. Os empreendedores com Toque de Midas levantam, sacodem a poeira e recomeçam.

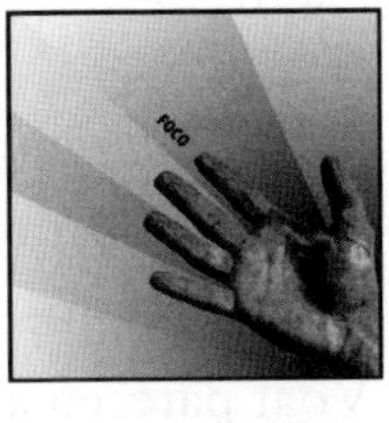

CAPÍTULO 2

# O Dedo Indicador
# FOCO

*"Concentre todos os pensamentos na tarefa que está realizando. Os raios de sol não queimam até que sejam colocados em foco."*

*— Alexander Graham Bell*

## Foco na Batalha, nos Negócios, na Vida

**Robert Kiyosaki**

Em junho de 1971, fui para a pista de decolagem onde minha aeronave me esperava. Desta vez, havia algo muito diferente a respeito daquele helicóptero. Não era o mesmo com o qual eu vinha treinando durante os últimos dois anos. Naquele dia, meu helicóptero estava equipado com foguetes; quatro montados na lateral, metralhadoras com acionamento do piloto e duas metralhadoras para os artilheiros de porta. Minha verdadeira razão para o treinamento como piloto estava se tornando bastante real. Minha aeronave tinha mudado, e isso significava que eu tinha de mudar também.

Até aquele dia, tinha voado acompanhado apenas de um copiloto e de um chefe de equipe, uma tripulação de três pessoas e nenhum armamento. Pilotar um helicóptero com dois foguetes encapsulados, seis metralhadoras, caixas de munição e uma tripulação de cinco pessoas significa voar em uma aeronave muito diferente. Não só era muito mais pesado, o que o fez sentir muito diferente durante o voo, mas a aeronave não respondia tão rapidamente, o que significava que eu tinha de prever os movimentos do helicóptero. Tinha de saber o que fazer antes, antecipar o giro ou sair antes de um mergulho. Voar pareceu ameaçador. Meu helicóptero já não era uma aeronave de treinamento. Nesse dia, ele fez a transição de um veículo de treinamento para um instrumento de guerra, e eu sabia que tinha de fazer a mesma transição.

## *Uma História de Guerra*

Foram necessários dois anos de treinamento intenso na Base Aeronaval, em Pensacola, Flórida, para que me tornasse piloto. Em abril de 1971, finalmente me concederam os emblemas de aviador da Marinha e Fuzileiro Naval. Foi um dos dias de maior orgulho em minha vida. Após a formatura, dirigi por todos os Estados Unidos, para a Califórnia, para começar o treinamento avançado em Camp Pendleton, uma imensa base naval, a cerca de 80km ao norte de San Diego.

Após a graduação da escola de voo em Pensacola, a maioria de meus colegas foi designada para as esquadrilhas de transição de helicópteros de transporte. Pilotos de transporte são diferentes dos de ataque, como eu. Eles pilotam aeronaves muito maiores, como aquelas com os rotores em tandem, do tipo CH-46 Sea Knight e CH-53 Sea Stallion, muitas vezes chamados de Green Giant (Gigante Verde). Apenas alguns foram designados para a escola de combate, para pilotar os Huey Guns e os Huey Cobras.

Os primeiros pilotos que encontrei em Camp Pendleton tinham acabado de retornar do Vietnã. Eles eram diferentes dos meus pilotos-instrutores na Flórida. Aqui, os instrutores de caça eram mais sérios, mais silenciosos, menos educados e menos indulgentes. Mesmo que estivesse tecnicamente qualificado como aviador da marinha, meus novos instrutores veteranos combatentes me tratavam como se eu nada soubesse. De abril a junho, fui testado e pressionado a assumir riscos, realizando manobras que jurava serem impossíveis. Se um novo piloto se qualificasse, eles acrescentavam armas e foguetes e iniciavam uma nova fase de treinamento avançado. Se o piloto não se qualificasse, fazia o "voo da escrivaninha", que significava que lhe seria atribuído um trabalho administrativo.

O filme *Top Gun: Ases Indomáveis*, com Tom Cruise, foi filmado em Camp Pendleton, na Base Aeronaval Miramar, também ao norte de San Diego. Apesar de ser muito "Hollywood", às vezes, o filme retrata a intensidade do treinamento de combate ar-ar, um ambiente no qual não basta ser um bom piloto.

Em Camp Pendleton, fomos treinados para combate terra-ar, o que significava ser treinado para voar a altitudes muito baixas. Em vez de lutar com aeronaves no céu, estávamos sendo treinados para lutar com homens no chão. Eu sabia que a taxa de sobrevivência dos pilotos de combate no Vietnã era estimada em 31 dias, e ia diminuindo à medida que o inimigo ganhava mais experiência e equipamentos mais modernos. O treinamento ficou realmente muito sério, rapidamente.

## *O Chamado*

O primeiro dia em que minha aeronave foi equipada com armas e foguetes foi meu chamado. Até aquele dia, eu sempre tinha sido um aluno "C". O tempo todo, do ensino fundamental ao médio, na escola militar e na escola de voo, sempre fiquei cronicamente na média.

Hoje sei que ficava na média porque era preguiçoso e me entediava facilmente. Mas eu sabia que o sistema de ensino classifica os alunos em uma curva em forma de sino, e que em cada classe há crianças rotuladas de inteligentes, medianas e burras. Há algumas crianças inteligentes em uma extremidade, umas pouco idiotas do outro, mas a maioria é mediana.

Feliz por estar no meio, eu raramente estudava. Descobri rapidamente que, para ficar no meio, eu teria de fazer duas coisas:

1. Saber quem era mais burro que eu. Enquanto houvesse alguns alunos abaixo de mim, sabia que estava seguro.
2. Descobrir o que o professor achava importante, memorizar esses pontos e fazer a prova.

Na maioria dos casos, esse método de estudo e observação me manteve no meio, um típico aluno nota "C". Não me orgulho de minhas ações, mas foi assim que terminei a escola, sem estudar. Em junho de 1971, caminhando em direção à aeronave, agora carregada com foguetes e metralhadoras, os meus dias como aluno nota "C" haviam chegado a um abrupto fim. Ser um aluno nota "C" mataria a mim e à tripulação.

Em janeiro de 1972, pouco mais de seis meses depois, eu estava embarcado em um porta-aviões na costa do Vietnã. Poucas semanas depois, durante uma missão ao norte de Da Nang, vieram em direção à aeronave as primeiras rajadas de fogo inimigo disparadas de uma colina. Meu chefe de equipe, em sua terceira viagem ao Vietnã, bateu no meu capacete, em seguida agarrou minha máscara de oxigênio, virou minha cabeça para que pudesse falar comigo cara a cara e disse: "Você sabe qual é a parte ruim desse trabalho?"

Balançando a cabeça, eu disse: "Não."

Sem sorrir, ele gritou: "Só um de nós vai para casa hoje. Ou ele ou nós. Mas não iremos ambos para casa."

## *Empreendedor, Tome Nota*

Quando os empreendedores adquirem a confiança necessária e iniciam seus negócios, é muito semelhante a um piloto de caça equipando suas armas e foguetes e voando para o combate. Em combate e em empreendedorismo, ser bom não é suficiente. Essa é uma razão para que 9 em cada 10 empresas fracassem nos primeiros cinco anos. Eu não estaria escrevendo este livro com Donald Trump se tivesse continuado com a atitude de aluno nota "C". Primeiro, eu não estaria vivo. Segundo, Donald não tolera nada "mediano".

Não estou dizendo que você tenha de se tornar um fuzileiro naval e se preparar para a guerra para se tornar um empreendedor. Mencionei a transformação de minha aeronave e a minha própria porque é uma metáfora para a transição pela qual empregados devem passar para evoluir ao ponto de se tornar empreendedores. Quando as pessoas deixam o mundo da segurança de um emprego, de contracheques fixos, de benefícios e planos de aposentadoria, elas também se amarram a uma aeronave diferente e se preparam para um mundo diferente, um mundo onde poucos sobrevivem e menos ainda prosperaram.

## *Vamos Nos Concentrar no Foco*

Além da minha preguiça, não me saí bem na escola porque não conseguia me concentrar. Se você procurar a definição para DDA (Distúrbio de Deficit de Atenção) na internet, a minha imagem deveria aparecer. Eu tenho a atenção de uma barata, às vezes. Não consigo me concentrar em assuntos que não me interessam. A escola era chata, e eu odiava estar lá. Quando as ondas estavam boas, eu pegava a prancha e ia surfar. Pelo menos as ondas conseguiam prender minha atenção.

A transição de piloto para piloto de combate foi boa para mim. Tive de me tornar um aluno de verdade. Tive de aprender. Tive de me concentrar, não apenas com o objetivo de preservar minha própria vida, mas também as vidas e as famílias da tripulação. Assim como surfar ondas gigantes obrigou-me a focar, combater, também. Em combate, não há o segundo melhor. De uma forma estranha, a guerra trouxe à tona o melhor em mim. O mesmo acontece com o empreendedorismo.

## *Foco É Poder*

Foco é uma palavra simples e, por causa dessa simplicidade, muitas vezes é mal-usada, mal interpretada e não respeitada. O que a maioria das pessoas não percebe é que foco é poder. Pessoas que conseguem focar têm a capacidade de juntar todas suas habilidades e se concentrar na tarefa ou meta em questão. Foco é essencial para o sucesso, e pessoas bem-sucedidas são capazes de focar.

Todos conhecemos pessoas sem rumo na vida. Elas carecem de foco. Todos conhecemos pessoas que desistem quando as coisas ficam difíceis. Elas permitem que alguns contratempos, como falta de dinheiro, as detenham. A maioria das pessoas, na verdade, não dá início a qualquer coisa, permitindo que seu medo a impeça de dar o primeiro passo.

Todos conhecemos pessoas que dizem que vão começar uma dieta, mas desistem assim que o bolo de chocolate é cortado. O mesmo vale para o exercício. Elas se exercitam por uma semana, depois saem e bebem para aliviar a dor nos músculos.

E todos conhecemos também pessoas que querem ser ricas, mas deixam que desculpas como "não tenho dinheiro" as detenham; que gostariam de sair de um emprego que odeiam, mas permitem que a desculpa "tenho contas a pagar" as mantenham sofrendo oito horas por dia. Saúde, riqueza e felicidade são reflexos da capacidade de uma pessoa se concentrar. É a capacidade de focar seus poderes pessoais para conseguir o que querem na vida.

## *Foco na Conquista*

As pessoas podem desenvolver e melhorar seu foco. Sou a prova viva disso. Completar a escola de voo e se tornar um piloto requer foco. Tornar-me um piloto de combate exigiu um tipo de foco que não achava que tinha. A habilidade de pilotar uma aeronave poderosa logo acima da selva e se concentrar em um soldado com uma metralhadora no chão, prestes a nos matar enquanto tentávamos matá-lo, exigiu foco extremo. Se o foco do inimigo fosse maior que o meu, ele teria ido para casa. A tripulação e eu não. Hoje, uso o mesmo poder de foco nos negócios, na dieta e quando vou para a academia de ginástica. Se disser que vou fazer algo, é minha capacidade de focar que realiza a tarefa.

Cada um de nós se concentra em questões diferentes, o que nos torna diferentes. Muitas pessoas não conseguem ser bem-sucedidas como empreendedoras porque o foco principal de suas vidas está em segurança e proteção. Muitos alunos nota "A" se concentram em obter boas notas apenas porque querem segurança no emprego. A maioria dos funcionários quer a certeza de horário fixo, de pagamento e benefícios fixos, fins de semana livres e aposentadoria garantida. O mundo da segurança traz à tona o melhor neles. Para outras pessoas, o mundo da incerteza é que traz à tona o melhor delas.

Em janeiro de 1973, voltei da guerra. Meu ano no Vietnã chegava ao fim. Pedi ao meu pai aconselhamento sobre o que deveria fazer em seguida. Ele recomendou que voltasse para a escola, começasse o mestrado, possivelmente buscasse o doutorado e, depois, conseguisse um emprego no governo. Em outras palavras, seu conselho foi que focasse em segurança no emprego e aposentadoria. Rapidamente disse não àquilo. Conhecendo minha personalidade, morreria naquele ambiente. Seria como ficar preso na escola para o resto da vida esperando o sino tocar. Foram necessários muitos anos e uma guerra para que superasse tudo isso.

Quando neguei aquela ideia, ele então sugeriu que eu voasse pelas companhias aéreas, como muitos colegas pilotos da Marinha estavam fazendo. Ele balançou a cabeça quando eu disse: "Para mim, pai, eu estaria retrocedendo. Já sei voar. Amei combater. Saí vivo do ambiente de guerra. Voar por companhias aéreas seria como voltar para casa para dirigir um ônibus." Eu sabia que isso também não serviria para mim. O foco do meu pai pobre sempre foi segurança. Uma vez mais, ficou claro que o foco dele não era o meu.

Em 2009, o filme *Guerra ao Terror* ganhou um Oscar. Neste filme, um jovem soldado retorna do Iraque depois de ter sido técnico em explosões, a pessoa que neutraliza dispositivos explosivos improvisados, um dos trabalhos mais perigosos da guerra. Depois de ficar em casa por alguns meses, no chamado mundo civilizado, a cena final do filme o mostra colocando novamente a roupa antibombas e, mais uma vez, caminhando de volta ao Iraque.

Quando voltei para o mundo civilizado, também pensava em retornar para a guerra, ou me tornar um mercenário lutando na África, ou voar para a CIA na Ásia. Eu não conseguia me livrar da sensação de que o mundo civilizado da segurança no trabalho mataria minha personalidade e, finalmente, a mim mesmo. Foi por isso que me tornei empreendedor.

## *Foco Definido*

Gosto de pensar na palavra FOCO como um acrônimo para ***F**omentar **O** sucesso **C**riando **O**portunidades.*

Minhas duas palavras preferidas dessa sigla são: *o sucesso*, ou seja, até ser bem-sucedido. Foco, representado pelo dedo indicador, é essencial no desenvolvimento de seu Toque de Midas e significa trazer à tona o melhor em você.

Foco é também poder *medido ao longo do tempo*. Por exemplo, para mim, é fácil fazer dieta do café da manhã até o almoço. Mas manter-me focado na dieta por anos é o verdadeiro poder do foco. Tenho feito dietas, perdido peso, ganhado de volta, tendo de perder peso novamente. Isso é falta de foco ao longo do tempo.

A mesma coisa acontece no mundo do dinheiro. As pessoas ficam ricas e depois perdem tudo. Ganhadores de loteria e estrelas do esporte são os principais exemplos da perda de foco ao longo do tempo. Muitos atletas profissionais passam anos praticando pesado para fazer muito dinheiro em esportes profissionais, mas quebram cinco anos depois de se aposentar. Eles focaram os esportes, mas não sua inteligência financeira.

No primeiro capítulo deste livro, sobre o poder do polegar, escrevi a respeito de alguns dos meus muitos fracassos. Se não fosse o poder do foco, eu teria desistido. Em outras palavras, a maioria dos empreendedores fracassa porque lhes faltam a força de caráter, representado pelo polegar, e o poder do foco, a capacidade de permanecer no curso até o sucesso.

Foco também significa manter o sucesso *além do objetivo*, ou seja, manter o dinheiro depois que você o faz ou manter o peso depois de perder o excesso.

Como pilotos, tivemos de ficar focados no nosso alvo, mesmo que o inimigo estivesse fazendo todo o possível para nos derrubar. O foco nos deu o poder de manter a calma, pensar claramente e agir de forma decisiva. Nunca deixávamos nosso foco de lado, não até que a aeronave e a tripulação estivessem de volta, sãs e salvas, a bordo do porta-aviões. Nos negócios, é a mesma coisa. Só porque a empresa ganha dinheiro não significa que esteja segura.

O sucesso escapa a milhões de pessoas porque lhes falta o poder do foco. Quando as pessoas estão focadas, as palavras "não posso", "vou tentar", "farei isso amanhã" e "talvez" são eliminadas de seus vocabulários. De muitas maneiras, ser focado significa "fazer ou morrer" e "durante o tempo que for preciso". Quando as coisas ficam difíceis, muitas pessoas perdem o foco e desistem. Procuram algo mais fácil de fazer. E o pior de tudo, a maioria nunca mais recomeça porque elas permitem que as palavras "vou tentar" e "amanhã" dominem seu pensamento.

Você já reparou que as pessoas que não têm poder de foco, muitas vezes estão também sem rumo? Andam ao léu, indo de um lado para o outro. Para piorar as coisas, no mundo dos investimentos, muitos dos chamados especialistas financeiros recomendam que as pessoas diversifiquem suas carteiras de investimentos em vez de focar em ativos de alta performance. É por isso que muitas carteiras de investimentos não dão retornos elevados ou evaporam em uma crise de mercado. Novamente, falta foco.

## *Fato: A Vida Não É Fácil*

Outra razão pela qual muitas pessoas não conseguem ter sucesso é porque focam uma crença errônea de que a vida é fácil. Por causa disso, sempre escolhem o caminho fácil. Seguem o conselho mais fácil e se concentram em pequenas metas fáceis. Assim, não conseguem crescer. O pai rico costumava dizer: "As pessoas de sucesso focam objetivos maiores que elas. Uma pessoa que tem foco em $10, em seguida focará $100. Quando conseguem $100, se concentram em $1 mil. Focar metas maiores cria pessoas maiores."

No entanto, o pai rico também advertia contra se tornar um tolo sonhador. Com isso, ele queria dizer que muitas pessoas definem metas tolas, objetivos muito maiores que elas próprias. Estou falando de pessoas que não têm a menor noção sobre o funcionamento do dinheiro e sonham se tornar milionárias. Nenhum conhecimento, nenhum plano, mas, de alguma forma, acontecerá milagrosamente. O pai rico dizia: "Sonhos sem aprendizado, planos, mentores e ações criam pessoas delirantes, também conhecidas como sonhadoras."

Quando perdi tudo no meu primeiro negócio, meu foco estava em pagar de volta os quase US$1 milhão que eu devia a investidores. Concentrei-me nos menores investidores primeiro, paguei-os de volta, então o seguinte e assim por diante. Aqueles foram os primeiros passos do plano. Levou anos para sair daquele buraco, mas valeu a pena porque ficamos mais inteligentes à medida que íamos pagando os investidores maiores. A partir daí, Kim e eu criamos um CD de áudio e um livro de exercícios, *How We Got Out of Bad Debt* ("Como Saímos das Dívidas", em tradução livre) para aqueles que querem seguir nossa fórmula.

Quando Kim e eu nos casamos em 1986, não tínhamos foco em nos tornar milionários. Apesar de *sonharmos* em nos tornar milionários, nos concentramos primeiro em um fluxo de caixa de US$100 por mês, resultante de alguns investimentos. Quando conseguimos, nos concentramos em US$1 mil por mês, então US$10 mil, e assim por diante. Esses primeiros objetivos podem parecer pequenos, o oposto do que venho falando. Mas, quando você está afogado em uma dívida de quase US$1 milhão, conseguir US$100 positivos a cada mês era um objetivo bem grande para nós.

A questão é que Kim e eu tínhamos sonhos, mas nunca perdemos o foco. E continuamos a aumentar nossos objetivos conforme crescíamos. Em outras palavras, o foco nos fez crescer. A falta de foco é para pessoas que estão confortáveis e querem ficar na mesma ou reduzir de tamanho.

### *Foco Requer Aprendizado*

Quando soube que o Vietnã era a próxima parada, me tornei um aluno de verdade pela primeira vez na vida. Quis aprender porque tinha de aprender. Não era só a minha vida em jogo, mas também da equipe. Sinto a mesma coisa hoje, como empreendedor. Meu trabalho mais importante é proteger os empregos dos meus funcionários. Quando fracasso, o que já aconteceu algumas vezes, um pouco de mim morre.

Eu era um aluno nota "C" na escola, estudando raramente e sempre me esquivando das responsabilidades, mas no mundo dos negócios, não posso me dar ao luxo de ser um aluno nota "C". Tenho de estudar constantemente, ler livros, participar de seminários e buscar novas ideias. Mais importante, procuro homens e mulheres sábios, também conhecidos como professores.

Em Camp Pendleton, percebi que nem todos os instrutores são iguais. Existiam diferentes tipos. Na escola de voo na Flórida, os instrutores me ensinaram a voar. Em Camp Pendleton, os instrutores me ensinaram a matar ou morrer. Tive de ir muito além da simples habilidade de voar.

Carrego comigo, até hoje, essa lição de Camp Pendleton. Escolho cuidadosamente meus professores. No colegial, eu não tinha escolha. Ter um mau professor ou um professor que não respeitasse era um problema. Mais do que ser um desperdício de tempo, um mau professor, ou incompetente, mexia com minha cabeça, meus pensamentos e, consequentemente, minhas ações. Hoje, não deixo isso acontecer. Como empreendedor, escolho meus professores com cuidado, com muito cuidado. Sou extremamente cauteloso com as pessoas que escuto ou com as quais gasto tempo.

Donald Trump é o tipo de professor que respeito, com o qual quero aprender e em quem me inspiro. Essa é uma das razões de eu gostar de passar tempo com ele.

A maioria de meus professores na escola não se encaixava nessas qualificações. Não estou dizendo que eram pessoas más. Não quero ser como eles.

Quando percebi que estava indo para o Vietnã — um lugar onde a regra era "matar ou morrer" — eu sabia por que os instrutores do corpo de fuzileiros navais eram veteranos de guerra que praticavam o que pregavam. Eles haviam estado na guerra, literalmente, e tinham voltado para contar a história.

Olhando para trás, vejo meus instrutores em Pensacola com a mesma luz com que vejo professores universitários. Os primeiros ensinam as pessoas a serem pilotos, os segundos ensinam as pessoas a serem empregados. Em Camp Pendleton, os instrutores nos ensinaram a lutar e matar — habilidades que iam muito além de voar. É por isso que agora escolho instrutores sobreviventes do mundo real do empreendedorismo e dos investimentos.

Depois de se concentrar em seus objetivos de vida, precisa focar seus instrutores para se certificar de que eles sejam qualificados para ensinar-lhe o que você quer saber. É necessário que já tenham ido aonde você quer ir e vivido para contar a história. Hoje, minha empresa, *Rich Dad Company*, certifica-se de que nossos instrutores, treinadores e mentores sejam um sucesso no mundo real dos negócios, que viveram assim e continuam a viver.

## *Consideração Final*

Tornar-me piloto de combate me ensinou a focar e ir além de minhas dúvidas, medos e limitações. As lições que aprendi em combate, uso ainda hoje como empreendedor. Não que seja destemido. Tenho muito medo, tanto medo quanto qualquer outra pessoa. A coragem não é ausência de medo. A coragem é a capacidade de agir de forma eficaz, apesar do medo. A coragem é um poder espiritual que todos nós possuímos. É o poder sobre os temores que limitam nossas vidas. Foco combinado com coragem nos dá o poder de ir além do quem somos, de alcançar o que dizemos que vamos conseguir e, no processo, nos tornarmos a pessoa que queremos ser.

Não conheço muitos graduados de programas de MBA que tenham se tornado grandes empreendedores. Donald é uma exceção. Descobri que a maioria dos graduados foca segurança no trabalho. Por isso, a maioria se emprega em grandes organizações, com foco em se tornar presidente ou diretor. Se essa é a opção de foco deles, obter um MBA, provavelmente, foi uma boa jogada.

Você já deve saber que a maioria dos grandes empreendedores não tem MBA e muitos sequer se graduaram na faculdade. Entre os grandes estão Bill Gates, fundador da Microsoft; Steve Jobs, fundador da Apple; Thomas Edison, fundador da General Electric; Richard Branson, fundador da Virgin e Walt Disney, fundador dos Estúdios Disney e da Disneylândia.

Hoje, muitas faculdades e universidades têm programas de empreendedorismo. Poucas pessoas saem da escola de negócios e se tornam empreendedores como Donald Trump. Isso porque a maioria dos instrutores em faculdades e universidades são como meus instrutores em Pensacola, treinam futuros pilotos de linhas aéreas para voarem para grandes corporações, como a United Airlines ou British Airways.

Os instrutores de Camp Pendleton foram além de ensinar pilotos inexperientes a voar. Eles nos levaram para a batalha e nos prepararam para o ambiente mais hostil do mundo. Em minha opinião, muitos programas de empreendedorismo em faculdades e universidades são deficientes porque contratam "motoristas de ônibus", que tentam ensinar os alunos a se tornarem "pilotos de combate". Ambos sabem como "voar". O problema é que apenas um deles tem o tipo de foco necessário para treinar empreendedores que consigam o Toque de Midas.

# O Poder do Foco

*Donald Trump*

Robert faz referências ao combate e treinamento militar. Ele frequentou a escola militar e teve novas percepções sobre o que seria necessário para ser um aviador do Corpo dos Fuzileiros Navais. Mas a questão está no objetivo, tenha você cumprido ou não o serviço militar. O foco é de suma importância para a sobrevivência e para o sucesso.

Lembro-me de um repórter que visitou meu escritório na *Trump Organization*, referindo-se à visita como "um dia nas trincheiras com Donald Trump" porque trabalhamos arduamente e rápido como nas trincheiras. Eu, às vezes, comparo os negócios a uma zona de combate, porque pode ser assim. Isso significa que é melhor que todos seus sentidos estejam em alerta e que seu foco seja 100%.

Já mencionei que a razão pela qual tive enormes problemas financeiros no início dos anos 1990 foi porque perdi o foco. Não aprenda da forma mais dura — como aconteceu comigo — como o foco é importante para seu sucesso. E há um paradoxo que envolve a questão de ter foco. Para ser bem-sucedido, o foco tem de ser amplo o suficiente para pensar grande ao mesmo tempo. Você verá como isso funciona neste capítulo.

A essa altura, a maioria das pessoas já ouviu falar do edifício que chamamos de *Trump Tower*. É um dos locais turísticos mais visitados de Nova York e um grande exemplo do poder do foco. Nós o inauguramos em 1983 e, para chegar a esse momento, foi uma história e tanto. Como em tudo que faço, eu estava tão decidido a fazer tudo direito que visitei pessoalmente a pedreira na Itália para encontrar as placas certas de Breccia Pernice, um mármore muito bonito e raro, mas muito irregular. Eu mesmo marcava as pedras que achava serem as melhores com fita preta. O restante seria vendido para outra pessoa.

## *A Saga da Trump Tower: Parte 1*

A história do mármore ocorreu muito mais tarde, quando a *Trump Tower* já estava em construção. Colocar o edifício nesse estágio foi outra história. Levei cerca de três anos para obter uma resposta do homem que controlava o terreno que eu queria comprar. Não escrevi apenas uma carta ou fiz uma chamada telefônica ao longo dos anos, mas dúzias delas. Mais tarde, minha tenacidade valeria o preço, mas foram três longos anos. Robert menciona a aquisição da confiança necessária para os empreendedores. A minha não foi instantânea, apenas não desisti.

Eu queria construir o edifício no terreno adjacente à loja da Tiffany e tive de convencê-los a me vender os direitos do espaço aéreo de edificação, ou seja, o direito de construir um arranha-céu em cima de sua loja, por US$5 milhões, o que também impediria que alguém derrubasse a Tiffany e construísse um prédio que poderia bloquear a vista do meu.

Depois, houve a alteração de zoneamento de que eu precisava da prefeitura. Primeiro tinha de saber se teria os direitos de espaço aéreo, e o homem responsável, Walter Hoving, estava saindo de férias por um mês. Ele disse que entraria em contato comigo quando voltasse. Eu poderia realizar muita coisa naquele mês, mas não sem saber se teria os direitos aéreos ou não. Felizmente, Hoving gostou da ideia, me deu sua palavra e disse que a honraria. De fato.

Contudo, outra regulamentação de zoneamento da prefeitura de Nova York exigia que qualquer construção mantivesse um mínimo de 10m de área livre na parte detrás de qualquer edifício. Teríamos de cortar o pátio traseiro do prédio que havíamos projetado, a menos que pudéssemos comprar uma pequena parte do terreno adjacente à Tiffany. Esse terreno era de propriedade de Leonard Kandell, que não tinha interesse em vender.

No entanto, descobri uma cláusula na papelada do acordo com a Tiffany que dava à loja opção de comprar a propriedade de Kandell, dentro de determinado período, porque ficava ao lado da Tiffany. Então, procurei Hoving novamente e lhe perguntei se eu poderia comprar sua opção da propriedade de Kandell, como parte do acordo com a Tiffany. Hoving concordou. No entanto, Kandell disse que como a opção pertencia à Tiffany, ela não seria transmissível. Provavelmente, ele tinha razão.

Percebi que poderia abrir um processo a respeito dessa questão e havia possibilidade de litígio, que expliquei a Kandell. Como nenhum de nós queria isso, chegamos a um acordo que funcionou para ambos. Kandell concordou em estender meu contrato de 20 para 100 anos. Isso me deu tempo suficiente para torná-lo financiável e eliminar quaisquer proibições relativas ao rezoneamento. Ambos, Hoving e Kandell, foram perfeitos cavalheiros, e eu tive a sorte de ter lidado com eles.

Na verdade, foi preciso apenas meia hora para fazer o negócio com Kandell. Essa parte correu bem. Mas você tem de se lembrar de que precisei de três anos para obter uma resposta às minhas inquisições. Durante esse tempo, eu construía a *Trump Tower* em minha mente. Nunca perdi o foco sobre o que queria fazer. Meus planos eram precisos e repletos de energia.

Enquanto prosseguia a jornada para colocar todas as peças necessárias para construir a *Trump Tower*, frequentemente me lembrava de Robert Moses, uma figura famosa na história da cidade de Nova York, e de seu comentário: "Você não pode fazer uma omelete sem quebrar os ovos." Eu sabia que ainda tinha alguns ovos para quebrar.

### *A Saga da Trump Tower: Parte 2*

A propriedade onde eu queria construir a *Trump Tower* era da empresa Genesco, onde ficava a Bonwit Teller, famosa loja de departamentos norte-americana. É uma sorte que eu seja um bom negociador porque precisei de muita experiência nessa área para concluir o acordo. A Genesco e eu mantivemos nosso negócio em segredo por algum tempo e esperávamos assinar os contratos em questão de meses. Foi quando a notícia se tornou pública. A Genesco de repente chamou a atenção de um grande número de compradores interessados, incluindo investidores árabes, enriquecidos com o petróleo. Igualmente de súbito, a Genesco estava tentando sair do negócio.

Lembra todas aquelas cartas que eu havia escrito havia três anos? Elas foram para um homem da Genesco chamado Jack Hanigan e, felizmente, eu tinha recebido uma carta de uma página com as intenções dele. Informei a Genesco que, se ele não honrasse nosso acordo, eu poderia e entraria em litígio e efetivamente impediria a realização da venda da propriedade Bonwit. Naquele momento, não estava certo se a carta teria valor jurídico, mas, em todo caso, havia sempre a possibilidade de me tornar um grande incômodo. A essa altura parecia que as coisas estavam dependentes de um monte de "e se".

Robert frequentemente menciona o fator de risco em ser um empreendedor, e o que aconteceu depois é um bom exemplo. Recebi um telefonema do jornal *The New York Times*. Eles tinham ouvido falar sobre o acordo com a Genesco em relação a Bonwit. Embora tivéssemos mantido segredo, sabia que era tempo de me mexer, dado que a Genesco parecia querer desistir. Eu disse ao repórter que um acordo tinha sido concluído, que meu plano era construir um prédio no lugar da Bonwit, e que a loja seria fechada em questão de meses. Imaginei que colocaria alguma pressão sobre a Genesco.

As coisas tinham definitivamente se intensificado. O artigo foi publicado na manhã seguinte e, assim que saiu, todos os funcionários da Bonwit passaram a procurar emprego em outras lojas. O resultado foi que a Bonwit começou a ter problemas para gerir os negócios. Cinco dias depois, eu tinha o contrato assinado com a Genesco. Como já disse, o mundo dos negócios se parece muito com o ambiente de combate, e eu não estava brincando. Estava disposto e pronto para quebrar um monte de ovos.

Já tínhamos passado por algumas batalhas de peso, e nem sequer tínhamos iniciado a construção da *Trump Tower* ainda! Mas compartilhar algumas histórias dos bastidores é um exemplo do tipo de foco necessário e das batalhas que precisam ser vencidas apenas para iniciar o processo. Como Robert disse, a vida não é fácil, portanto, focar a ideia de que a vida é fácil não o levará a lugar algum, apenas o fará infeliz.

Todo empreendedor, se estiver seriamente concentrado no que está fazendo e quiser ser bem-sucedido, aprenderá o que é preciso para vencer na zona de batalha conhecida como o mundo dos negócios. Assim, esteja preparado para aguentar firme e correr riscos quando for necessário. Quando as pessoas olham para a *Trump Tower* hoje, elas veem beleza, o que me deixa contente. Também vejo a beleza, mas certamente posso me lembrar da zona de guerra pela qual passei para dar início ao prédio. Contudo, mais uma vez, valeu a pena.

## *Ao Vivo de Nova York... É Sábado à Noite!*

O foco acontece de formas diferentes, assim como o risco. Eu me lembro de quando fui ao programa *Saturday Night Live* alguns anos atrás. Eu sabia muito bem que não era um artista profissional, mas pareceu uma grande diversão, sem dúvida um novo desafio e definitivamente mais um risco. Assim como quando, pela primeira vez, considerei apresentar *O Aprendiz*, eu sabia que a fama da televisão poderia trazer alguns problemas, bem como algumas vantagens. Mesmo assim, fui em frente e apareci no *Saturday Night Live*. Meu foco era fazer um bom trabalho e me divertir. Eu definitivamente daria o melhor de mim.

Concordar em aparecer era uma coisa. O que percebi mais tarde foi que era um programa ao vivo, sem edições. Se fosse um desastre, seria um desastre na frente de milhões de pessoas, sem uma segunda chance ou uma rede de segurança. Havia também muitas cenas para decorar e realizar, o que significava que o meu foco tinha de ser 100%, mais adrenalina. Eu estava acostumado a preparar meu próprio material como orador, mas *O Aprendiz* é improvisado, então tudo era território novo.

Na terça-feira antes do programa marcado para o sábado seguinte, me encontrei por uma hora com a equipe de roteiristas de Lorne Michaels, liderados por Tina Fey. Eles fizeram perguntas, escolheram conceitos e foram chegando a ideias de atos cômicos. Na quinta-feira, estávamos lendo os esboços que eles tinham criado. Eu podia ver que essas pessoas trabalhavam de forma rápida e eficaz.

Eles me escalaram para uma variedade de pequenos papéis, que incluiu um tecladista, um hippie, um advogado, um personagem de *O Príncipe e o Mendigo* juntamente com Darrell Hammond, e o porta-voz da "Casa Alada Trump", com galinhas cantoras e dançarinas. Para isso, eu usaria um terno brilhante de poliéster amarelo. Mas o monólogo, que definia o tom, vinha antes, e o critério era ser engraçado, como um *stand-up* cômico. Todo mundo sabe que isso não é fácil. E se eu não fosse engraçado? Nesse momento pensei que realmente tinha me metido em uma fria. Além disso, o meu foco também estava em todas aquelas cenas, um monte de mudanças de figurino e diversos cenários e personagens.

Na sexta-feira antes do show, fui ao set de filmagem onde todos os ajudantes de palco e marceneiros estavam ocupados trabalhando, e lhes disse: "O que estou fazendo? Eu deveria estar construindo, como vocês. É com vocês que eu me identifico." Eu realmente me senti entrincheirado, e era melhor eu bolar uma boa estratégia para o que iria acontecer na noite de sábado.

O que acontece a cada sábado é uma maratona para todos os envolvidos. Ensaiamos durante o dia e, no início da noite, fizemos o programa com uma plateia ao vivo de 300 pessoas, considerado um ensaio geral. É também uma forma de decidir quais as cenas que ficam e quais não. Os esquetes mais populares com o público sempre eram aprovados. Isso significava que eu não saberia quais cenas estariam no programa ao vivo, ou em qual ordem, até cerca de meia hora antes dos créditos de abertura começarem a subir.

Uma de minhas cenas favoritas, na qual eu era um romancista, foi cortada, e tive cinco minutos para aprender a letra de uma música adicionada no último minuto. Mas o verdadeiro desafio foi a ordem de uma encenação completamente nova e sem nenhum tempo para preparação. Eu sei que minha adrenalina estava a mil e, por isso, estava muito focado. Foram momentos muito tensos.

Uma coisa que ajudou é que todos no *Saturday Night Live*, dos roteiristas à equipe, dos figurinistas aos artistas, são profissionais de primeira. Eles me apoiaram, eram divertidos e sempre me acompanharam onde eu precisasse estar nas entradas e saídas dos cenários. Quando finalmente chegou a hora de fazer o show, me senti animado. Liguei, por uns momentos, a televisão no camarim para assistir a alguns jogos de golfe e assim manter na mente a visão de conjunto. As coisas iam bem, eu estava focado e queria que todos se divertissem.

E foi isso que aconteceu. Eu nem me importei de usar o terno amarelo de poliéster e cantar e dançar com as galinhas. De fato, a cena se tornou a favorita, e a noite acabou se transformando em uma lembrança maravilhosa e em uma grande lição. O poder do foco definitivamente foi útil nesse caso. E fiquei feliz por ter assumido esse risco? Sem dúvida. Isso me provou o poder do foco e possibilitou que eu passasse a respeitar imensamente toda e qualquer pessoa que trabalha naquele programa ou na televisão ao vivo.

Eu acho que o risco corre em minhas veias, ou, pelo menos, a busca por grandes desafios. Desde criança, sabia que queria construir arranha-céus. Na verdade, eu os construía com meus blocos de brinquedo e pegava emprestado os blocos do meu irmão mais novo para fazer meus edifícios ficarem ainda maiores. O problema foi que colei todos os blocos, assim não pude devolvê-los. Construir arranha-céus era um objetivo que eu definitivamente tinha desde a tenra idade.

Um edifício famoso agora, o *Trump International Hotel & Tower New York*, foi muito elogiado e ganhou inclusive o cobiçado prêmio *Mobil Five-Star*. Sua reputação como o hotel número 1 de Nova York é bem conhecida, mas poucas pessoas sabem a história desse edifício. É uma história interessante e também representa uma lição de foco porque não foi tarefa fácil. A certa altura, cheguei perto de perder o lance sobre esse edifício, e isso depois de um longo e árduo processo para tentar adquiri-lo.

Ele era anteriormente o Edifício *Gulf and Western/Paramount*, um prédio de escritórios na época, propriedade da General Eletric. Quando assumi o controle em 1995, era uma das torres mais altas do lado oeste da cidade. Ela havia sido construída no início dos anos 1960, antes das leis de zoneamento que passaram a proibir prédios dessa altura no local.

Eu já sabia que o prédio tinha alguns problemas mesmo antes de comprá-lo. Um dos maiores era a tendência de oscilar com o vento e se vergar no topo, não só com ventos fortes, mas com ventos de apenas 20km por hora. Em dias de vento, os elevadores paravam, e as pessoas que trabalhavam lá reclamavam de enjoo. É verdade que todos os edifícios têm alguma flexibilidade, mas neste caso ela era extrema. O prédio também estava repleto de amianto, um conhecido agente causador de câncer que precisaria ser removido. Como se isso não bastasse, a cobertura externa era feita de vidro e alumínio barato.

Quando soube que o prédio estava à venda, imediatamente liguei para um dos proprietários, Dale Frey. Você pode estar se perguntando por que eu estaria interessado em um prédio com tantas falhas significativas. Eu estava interessado porque a estrutura era clássica, e o edifício tinha pés direitos muito altos. Eu também sabia que se ele fosse demolido, só poderia ser reconstruído como um edifício de 19 andares, segundo as novas leis de zoneamento, em vez dos imponentes 52 andares na época.

As principais imobiliárias também estavam mostrando interesse no edifício, então pedi uma reunião. Também comecei uma pesquisa para ver o que poderíamos salvar. Coloquei pessoas fantásticas na tarefa, que descobriram que poderíamos fortalecer a estrutura de aço. Isso significava que poderíamos manter as melhores características do prédio intactas, como os pés-direitos altos, perfeitos para um prédio residencial. O local, quase debruçado sobre o Central Park, no Columbus Circle, seria um ótimo local para um edifício residencial de luxo.

Fizemos, obviamente, muitas pesquisas, e a General Electric parecia receptiva a tudo o que eu apresentava. No entanto, fui pego de surpresa quando Dale Frey me ligou para dizer que eles estavam colocando o prédio à venda em leilão. Eles estavam chamando os maiores nomes do mercado imobiliário do país para participar e, apesar da minha apresentação impecável, eu poderia estar entre eles, se assim quisesse. Eu estava começando tudo de novo! Fiquei abatido e com raiva, mas qual era minha escolha? Eu estava definitivamente interessado. Então, engoli o orgulho e fui com tudo novamente.

Aproveitei o tempo extra que agora tínhamos para trabalhar em uma apresentação extremamente detalhada e muito bem pesquisada. Fiz questão de cobrir todas as questões, todos os ângulos, de forma abrangente. Se achava que tínhamos trabalhado arduamente antes, estava errado. Desta vez, fomos com tudo o que tínhamos e mais um pouco. Levamos em conta a rentabilidade da propriedade, bem como inúmeros pequenos detalhes (lembra do problema do amianto? Isso precisaria de reparação dispendiosa). Ainda que eu soubesse que havia causado uma boa primeira impressão, não contava com qualquer ato de boa vontade. Quando Robert fala sobre combate e aqueles que voltam, querendo mais, consigo me identificar. Voltei querendo mais e estava em grande forma. Meu foco se tornou ainda mais acirrado.

Após minha apresentação, não me lembro exatamente de quanto tempo levou, a General Electric, finalmente, me ligou. Era um grupo de poder da GE, que incluía Jack Welch, Dale Frey e John Myers. Eles decidiram aceitar minha proposta. Eu estava exultante. O foco valeu a pena novamente.

De acordo com nosso plano, apenas a estrutura de aço permaneceria quando começássemos a reformar o prédio. Isso foi em 1995. Philip Johnson seria o arquiteto juntamente com Costas Kondylis & Associates, assim eu sabia que o resultado seria elegante e contemporâneo. Decidimos também transformá-lo em um apart-hotel. Um edifício de uso misto era um conceito inovador na época. Eu não achava inovador, apenas bom senso. Desde então, esse formato tem sido copiado em todo o mundo e provou ser um enorme sucesso, um exemplo para todos os empreendedores da vantagem de se usar o senso comum. Pode representar uma verdadeira economia de tempo e levar a novas ideias bem fundamentadas.

Essa história é prova viva de que se você tenta uma vez, deve tentar novamente. Mantenha esse foco exatamente onde deveria estar — em ganhar. Foi assim que o Edifício *Gulf and Western/Paramount* tornou-se o hotel número 1 em Nova York — o *Trump International Hotel & Tower*, localizado na Central Park West.

Tenho um monte de campos de golfe agora, mas há uma história especial que aconteceu com meu clube de golfe de Los Angeles, o *Trump National Golf Club Los Angeles*. É pertinente a este capítulo porque tem a ver com metas, foco e visão. A beleza deste campo se equipara a Pebble Beach, fica de frente para o Oceano Pacífico e é verdadeiramente espetacular. No entanto, o problema que tinha quando o comprei era também espetacular — o buraco 18 tinha deslizado para o oceano, prejudicando seriamente três buracos adjacentes. Este campo de 18 buracos tornou-se um campo de 15 buracos e precisava de sérios reparos. Os proprietários tinham aberto falência. Eu sabia que seria um trabalho colossal, mas queria extrair todo o potencial que conseguia ver no campo; eu sabia que, embora talvez tivesse de aprender algumas lições ao longo do caminho, não poderia desistir dele.

Paguei US$27 milhões pela área, que incluía a terra, o clube e o campo de golfe. Um artigo que cobriu a negociação na revista *Fairways and Greens* descreveu o buraco 18 como "o marco zero mais US$61 milhões", porque foi o custo para reparar os danos causados pelo deslizamento que envolvera 17 acres de terra. Além disso, as linhas-d'água abaixo da parte lisa, entre os buracos (a *fairway*), haviam cedido, causando ainda mais estragos.

Refazer o campo de golfe envolveu a construção de uma camada estrutural que se estenderia penhasco abaixo até a praia, uma série de muros feitos com pedras de Palos Verdes e plataformas de aço a cada 3m como reforço. Foi um procedimento complicado, e US$61 milhões foi muito dinheiro por um buraco. Mas queria que fosse feito e benfeito, o que me permitiu superar qualquer dúvida que pudesse ter tido durante o longo e árduo processo.

Eu também tinha a escolha de consertar apenas o buraco e manter o campo como era, já que era bom, ou refazê-lo totalmente e torná-lo fantástico. Como você deve ter adivinhado, escolhi o fantástico. Isso me custaria em torno de US$265 milhões (incluindo a reconstrução dos buracos que cederam), mas sabia que faria o campo ficar tão bonito quanto poderia e merecia ser.

Eu queria cachoeiras, um campo de prática e granito triturado para os buracos de areia (*bunkers*). Uma das lendas em design de campos de golfe, Pete Dye, veio fazer sua mágica. Tudo era de primeira classe e caro. O melhor normalmente é mais caro, mas, se fosse de outra forma, não seria a nossa marca. O *Trump National Golf Club Los Angeles* é belíssimo e tornou-se um tremendo sucesso. Por quê? Porque essa era a minha visão para ele, e eu mantive esse foco durante todo o processo.

Ter uma visão de algo pode ser uma força muito poderosa para sua realização. Certifique-se de que sua visão permaneça intacta. Enxergar-se vitorioso é um primeiro passo significativo, e essa visão deve manter-se com você a cada passo do caminho. Aqueles que perseveram e que assumem riscos têm chance real de adquirir o Toque de Midas. E o mais importante, nunca desista. E não se esqueça da curva de aprendizagem. Aprender algo novo todos os dias. É o que faço.

## Destilação: Foco

O teste para cada empreendedor é: você pode seguir um plano até ser bem-sucedido? Mesmo se as coisas ficarem difíceis, como claramente aconteceu muitas vezes conosco, você consegue manter o foco no que é importante? Muitos empreendedores fracos dirão: "Isso não está funcionando", e mudarão o foco. Eles não têm o Toque de Midas.

Líderes têm visão, que nada mais é do que a capacidade de ver o futuro. Empreendedores são diferentes. Eles precisam mais do que visão. Precisam ter visão e poder de foco. O que estamos dizendo é que os empreendedores devem ser capazes de ver o futuro e transformar sua visão em uma realidade lucrativa. Você verá que muitos empreendedores, 9 em cada 10 mais precisamente, fracassam, mesmo que tenham visão ampla. A razão pela qual eles falham é o fato de não terem poder para transformar o que veem em um negócio lucrativo. Veja as inúmeras empresas que, hoje, estão criando aplicativos de software livre (também conhecidos como apps). Elas conseguem enxergar o potencial de seus produtos, mas não sabem como transformar sua visão em um negócio rentável. Algumas trabalharam arduamente e terão sucesso, mas a maioria não.

Nossas histórias deveriam forçar todos os empreendedores a se perguntar: Como desenvolvo minha capacidade de FOCO? (Lembre-se da sigla FOCO Fomentar O sucesso Criando Oportunidades, ou seja, seguir um caminho até o sucesso.) Pare um pouco e faça uma rápida autoavaliação, perguntando a si mesmo:

- Por quanto tempo consigo me segurar em momentos difíceis?
- Quão facilmente me distraio?
- Vendo bem minhas ideias aos outros?

- Consigo convencer as pessoas a investirem tempo e dinheiro em uma mera visão, algo que ainda não exista?
- Quais são os projetos que desenvolvi a partir do nada?
- Estou preparado para o mundo dos negócios?
- Consigo prosseguir mesmo quando duvido de mim?

Sem foco, é quase impossível ser bem-sucedido em qualquer coisa. Tome como exemplo o golfe. Quantos grandes jogadores de golfe você conhece? Não muitos, mas talvez conheça alguns. É provável que eles tenham uma habilidade natural. Mas o que separa o profissional dos demais é o foco. Golfistas de sucesso têm tanto foco que, quando se preparam para conduzir a bola, são capazes de ver mentalmente o voo ou conseguem ver a "linha" na zona verde, entre a bola e o buraco, apesar de ela só existir em suas mentes. A diferença entre golfistas amadores e profissionais é a capacidade de estes últimos fazer a bola seguir suas visões em voo ou rolando em direção ao buraco. Empreendedores devem desenvolver esse mesmo poder de foco no jogo dos negócios.

O dedo indicador é o mais próximo do polegar por uma razão: ele necessita da força emocional do polegar para maximizar seu poder. O polegar dá aos empreendedores a força para continuar. O dedo indicador mantém os empreendedores focados em obter uma visão. Pessoas com visão, mas sem a força do polegar, só têm visão. E visão sem a força do polegar conduz aos sonhos, delírios e alucinações. Você provavelmente conhece algumas pessoas assim também.

## *Onde Está Seu Foco?*

A escola é ideal para nos ensinar como ser empregados no mundo real. Na verdade, a maioria das crianças vai à escola e é programada pelo sistema para focar a obtenção de um emprego após a faculdade ou cursos de pós-graduação. É por isso que tantos pais dizem a seus filhos: "Vá para escola para conseguir um emprego com alto salário." Ou os professores podem dizer: "Se você não tirar boas notas, não vai conseguir um bom emprego." Até ouvimos ou lemos isso na mídia. É por isso que tantas pessoas se concentram em tornar-se empregados, como enfermeiros, policiais e executivos. Alguns dos alunos nota

"A" podem se concentrar em se tornar profissionais muito bem pagos, como médicos, advogados, engenheiros ou contadores. A ideia de qualquer outro caminho nem sequer passa por suas cabeças porque, a menos que os pais ou outros membros da família sejam empreendedores, poucos sequer sabem que esse caminho existe. Eles não pensam nisso.

O quadrante CASHFLOW refina e redefine o foco das pessoas:

O pai pobre de Robert era um professor que repetidamente lembrava a ele de se concentrar em conseguir um emprego em uma boa empresa (tornando-se um E ou empregado) ou que se concentrasse em obter boas notas para que pudesse atuar como autônomo (tornando-se um A muito bem pago, que significa profissionais autônomos ou especialistas).

O pai rico de Robert aconselhou-o a se concentrar em ser Dono de negócios (D) e Investidor (I). O pai de Donald encorajou-o da mesma maneira, e Donald nunca quis trabalhar para outra pessoa. Não era nem mesmo uma opção. Seu foco foi em negócios (D) e em investimentos (I), agressivamente, desde o início.

Então, o que significa tudo isso? Significa que não é surpresa o fato de muitos empreendedores falharem, pois eles cresceram e foram treinados na escola para se tornar empregados ou, se foram considerados "inteligentes", para se tornar profissionais autônomos. Pense nisso — a maioria de nós foi educada para ser E e A. Nunca fomos preparados para ser D e I.

Vamos definir E, A, D, e I um pouco mais detalhadamente. Você verá por que, em alguns dos quadrantes, é difícil ter sucesso como empreendedor, particularmente um com o Toque de Midas.

**E significa Empregado.** Os Empregados podem ser qualquer coisa, de porteiro ou recepcionista da organização até gerente de divisão e presidente. Empregados muitas vezes estão à procura de "um emprego seguro, com benefícios". Essa é a definição de "mentalidade de empregado". Essa mentalidade leva os trabalhadores a se concentrarem em segurança no trabalho, contracheques fixos, férias, benefícios e promoções.

***Problema:*** É difícil se tornar um empreendedor focado se sua mentalidade permanece concentrada em contracheques e segurança. Dadas as lições aprendidas com a última recessão e outras crises econômicas, quão seguros e protegidos são os contracheques fixos, afinal? Ou são apenas uma ilusão?

**A significa Autônomos, pequenos empresários e especialistas.** Quando as pessoas largam seus empregos e abrem suas próprias empresas, a maioria se move para o quadrante A. Elas conseguem mudar o foco de um salário fixo, segurança e benefícios (o foco do quadrante E) e se concentrar em ser seus próprios patrões e em fazer as coisas à sua maneira. O mantra da maioria das pessoas no quadrante A é: "Se você quer benfeito, faça você mesmo."

Robert sempre diz que o A significa "astutos", inteligentes; por isso, muitos médicos, advogados e contadores se tornam típicos habitantes de alta renda do quadrante A. Outros profissionais típicos que vivem e trabalham no quadrante A são corretores de imóveis, consultores, donos de restaurantes, de salão de beleza e a maioria dos proprietários de micronegócios. Muitas pessoas no quadrante E nunca passam para o quadrante A porque ele não garante salário fixo nem benefícios.

***Problema:*** No quadrante A, quando o A para de trabalhar, deixa de ganhar dinheiro. O E desfruta dos feriados com remuneração, recebe subsídio de doença e férias são remuneradas. A maioria dos As não tem esses luxos, pelo menos não no início. Fazer uma empresa dar certo exige dedicação integral, foco diário e constante. E não há garantias. Muitos novos empreendedores passam anos sem tirar qualquer folga. Outro problema dos As é que tendem a pagar mais impostos quando comparados às pessoas dos outros três quadrantes. Os que pagam a segunda maior porcentagem da renda em impostos são os Es.

**D significa Donos de grandes negócios** com mais de 500 funcionários. As pessoas do quadrante D muitas vezes pagam menos impostos, muitas vezes não pagam imposto algum. Ao contrário dos As, que preferem fazer o trabalho eles mesmos, os empreendedores do quadrante D estão à procura de pessoas competentes que possam executar o trabalho por eles. Procuram as melhores pessoas, já que não se consideram os melhores. Procuram pessoas que possam fazer o que não podem. Esforçam-se para usar os talentos e o tempo de outras pessoas (TOP). Na maioria das vezes, os empreendedores do quadrante D procuram pelos melhores Es ou As que consigam encontrar para operar seus negócios.

***Problema:*** Raros são os As que conseguem fazer seus negócios crescerem e passarem para o quadrante D porque este quadrante requer habilidades diferentes e uma mudança significativa de foco. A mudança não é fácil, mas quando feita com sucesso, um mundo de riqueza ilimitada se abre. Atraídas pela riqueza, muitas pessoas tentam passar diretamente do quadrante E para os D e I, acreditando que podem ignorar o A. Nós dois desaconselhamos esse pulo gigante. Apesar de ambos termos tido pais ricos que serviram de excelentes mentores e modelos, ainda assim começamos pequenos, ganhamos experiência e gradualmente nos mudamos para os quadrantes D e I. Dizemos aos aspirantes a empreendedores: "Mantenha seu emprego diurno do quadrante E e comece um negócio de meio período no quadrante A." Muitas vezes somos a favor das empresas de marketing e network de qualidade, pois as melhores oferecem formação empresarial sólida, sem muito custo. Essas organizações também permitem testar e aprimorar as inteligências inter e intrapessoal — duas das inteligências-chave para o sucesso empreendedor.

**I significa Investidor.** Muitos empregados do quadrante E possuem um plano de aposentadoria incluído no pacote de benefícios. A participação nesses planos de aposentadoria, tecnicamente, não os torna investidores, na concepção de Robert. As habilidades de investidor necessárias para desenvolver seu Toque de Midas são drasticamente diferentes das habilidades que o levam a selecionar e colocar seu dinheiro em um plano de aposentadoria. Com esses instrumentos financeiros, você está investindo e, presumivelmente, ganhando dinheiro por meio de seu próprio dinheiro. Investir com Toque de Midas é ganhar dinheiro usando o dinheiro de outras pessoas (DOP). Essa é a diferença, que separa os ricos da classe média. Uma razão pela qual nós dois começamos comprando imóveis pequenos foi para praticar usando DOP — dinheiro dos banqueiros — para investir. Saber como pedir dinheiro emprestado para ganhar mais dinheiro e se sentir confortável com o processo é fundamental para desenvolver o Toque de Midas nos quadrantes D e I. Com a prática, erros e lições aprendidas, ganhamos as habilidades para levantar capital. Sabemos como encontrar negócios nos quais as pessoas querem investir e, até mesmo, lançamos empresas na bolsa de valores. Temos utilizado DOP para ganhar dinheiro para nós e para os outros. Essa habilidade é o sonho de muitos empreendedores.

***Problema:*** Infelizmente, os empreendedores que constroem um negócio no quadrante A têm dificuldade para levantar capital. Muitas vezes eles não falam a linguagem, mas, mesmo que falassem, os verdadeiros investidores do quadrante I não investem em empresas do quadrante A, a menos que o negócio do quadrante A esteja pronto para expandir-se para o D. Nesse caso, os investidores do quadrante I adoram emprestar dinheiro ou se tornar sócios do negócio. Mas se uma empresa A não está pronta, o que é bem frequente, o empreendedor não tem outra escolha além de pedir dinheiro emprestado aos amigos, familiares e governo. A capacidade de realmente crescer é severamente limitada.

Em contrapartida, onde você acha que os administradores de investimentos em previdência privada investem os bilhões que ganham com os planos de aposentadoria dos Es e As? Adivinhou. Eles investem nos negócios e projetos dos Ds e Is. Em outras palavras, os Es e os As poupam dinheiro no banco ou com uma administradora financeira. Os Ds e Is pegam dinheiro emprestado dos Es e As por meio dos bancos e administradoras financeiras para se tornarem ainda mais ricos. O mesmo vale para fundos de pensão tradicionais. Os fundos de pensão dos Es financiam muitos projetos para os Ds e Is.

Depois de entender as implicações por trás do quadrante CASHFLOW, é fácil perceber por que saltar para os quadrantes D e I é algo a que todo empreendedor deve aspirar. É o oposto daquilo que nos fizeram acreditar na escola.

## *Foco no Capitalismo*

Os países ocidentais se orgulham de ser capitalistas. O modelo tem servido bem a esses países por um longo tempo. Quando você se concentra nas habilidades dos quadrantes D e I, está se concentrado em adquirir as habilidades de um capitalista. Os verdadeiros capitalistas não trabalham por dinheiro. Em vez disso, eles se concentram no uso do TOP (tempo de outras pessoas) e DOP (dinheiro de outras pessoas) para ganhar mais dinheiro. Usando TOP e DOP, a legislação tributária dá incentivos fiscais ao capitalista, enquanto tributa os Es e As. Isso significa que quanto mais os Es e As trabalham, mais impostos pagam. Quanto mais o D e o I usam TOP e DOP para fazer dinheiro, menos impostos pagam. Isso não é evasão fiscal; é a forma como os nossos governos incentivam as pessoas a criarem negócios que geram empregos.

Você pode pensar: "Espere um minuto. Sei que alguns alto executivos e o cirurgião plástico da rua estão nadando em dinheiro." Você pode estar certo. É absolutamente possível para os Es e As fazerem um monte de dinheiro em seus respectivos quadrantes. Mas, como demonstramos claramente, grandes fortunas, a mágica verdadeira, a alquimia real do capitalismo, são criadas por empreendedores que se concentram no desenvolvimento de suas habilidades nos quadrantes D e I. Quando você pensa nos reais alquimistas do capitalismo — indivíduos como Steve Jobs, Bill Gates, Richard Branson, Sergey Brin e Mark Zuckerberg —, a maioria criou fama e fortuna nos quadrantes D e I. Eles criaram empresas monstros no quadrante A, e o quadrante I despejou uma fortuna sobre eles por seus esforços.

## *Seu Foco É Estreito Demais?*

Quanto mais tempo passa na escola, mais estreito se torna seu foco porque quanto mais se sabe sobre determinado assunto, mais especializado você se torna. Pense: você faz o ensino médio, depois faculdade, em seguida, pós-graduação. Com cada título, você fica cada vez mais especializado. Se é bom em matemática, pode se tornar um contador. Se você se sobressai em leitura e escrita, pode ir para a faculdade de Direito para se tornar um advogado ou a faculdade de Jornalismo e tornar-se um jornalista ou blogueiro. E se acontecer de você ser um gênio da ciência, pode escolher a faculdade de Medicina, o que significa, então, formação complementar em alguma especialidade; somando tudo, pode representar uma década ou mais de estudo. Se você tem interesse em negócios, é natural pensar que, no mundo de hoje, um MBA é uma obrigação para qualquer nível de sucesso.

Quando você conseguir esses diplomas, estará entre as pessoas do mundo que sabem o máximo sobre o mínimo. Você é um especialista em vez de um generalista.

Nós dois vivemos e respiramos o oposto. Sabemos um pouco sobre um monte de coisas e podemos operar com sucesso em muitos mundos. Temos a sabedoria de um generalista em vez do profundo conhecimento do especialista.

## *Você Consegue Visualizar o Panorama Geral?*

A razão pela qual trazemos esse conceito generalista/especialista à tona é porque, quando se é muito especializado, é muito fácil perder a noção do panorama geral do mundo dos negócios. Não é de admirar que todo o conceito de construção de um negócio, ou de se tornar um investidor, sequer esteja no radar da maioria das pessoas, porque elas usam suas intensas especializações e as combinam com a programação oriunda da escola de "conseguir um bom emprego". Elas estão muito ocupadas vivendo e trabalhando como Es e As para conceber que D e I existam. Elas deixam de ver o panorama geral. Se isso descreve você, anime-se. Você é como a maioria das pessoas, mas pelo menos agora está tomando ciência.

## *Como Isso Se Aplica aos Empreendedores*

O que estamos dizendo por meio de nossas próprias experiências é que os empreendedores com Toque de Midas são generalistas que encontram e contratam os melhores especialistas possíveis para fazer o trabalho. Como generalistas, eles ajudam a tornar os negócios e os especialistas bem-sucedidos.

O Triângulo D–I ilustra as Oito Integridades de Negócios: cada elemento, uma integridade. Empreendedores com Toque de Midas, os generalistas, devem trabalhar no perímetro do triângulo. Eles contratam especialistas para trabalhar no interior do triângulo.

GENERALISTAS

ESPECIALISTAS

Estamos falando sobre a pessoa que, por exemplo, tem uma receita excelente de cookies de chocolate. Todo mundo adora, e as pessoas estão sempre querendo comprá-los, de modo que a cozinheira abre um negócio. Ela é excelente para assar biscoitos, mas quando se trata de contabilidade, vendas, marketing, questões jurídicas — aspectos importantes de qualquer negócio —, está mal equipada e passa a não gostar mais do trabalho. Quer fazer cookies. Agora, de repente, não é mais uma cozinheira. É contadora, advogada e comerciante, e não está indo bem em qualquer dessas áreas. A mesma coisa pode acontecer com um contador que abre um negócio e descobre que tem de ser comerciante e representante de vendas também. Ou o advogado que se concentra excessivamente nos aspectos jurídicos do negócio e impede seu próprio sucesso. Você entendeu. É quase impossível "fazer tudo" bem, independentemente de quão inteligente você seja ou quão excelentes sejam suas notas na escola. É assim que as empresas fracassam.

Ambos aprendemos a viver e trabalhar no perímetro do triângulo ao frequentar escolas militares, onde aprendemos liderança.

ESCOLA MILITAR

ESCOLA TRADICIONAL

O treinamento militar é perfeitamente adequado para o empreendedorismo, pois a principal tarefa do empreendedor é definir a missão, encontrar e inspirar a equipe e liderar. Enquanto a escola militar nos ensina a trabalhar nas integridades externas, a escola tradicional nos ensina a viver e trabalhar nas integridades internas.

## *Três Elementos que Estruturam os Negócios*

Então, o que exatamente são as habilidades que aprendemos na escola militar? As seguintes definições, baseadas em experiência, lhe darão algumas dicas. Vamos especificá-las:

**Missão**

Esta é a razão espiritual para a existência da empresa. Na escola militar, a primeira coisa que eles ensinam é a importância da missão. Faz sentido quando você reflete sobre isso. Na religião, os missionários têm uma missão e se concentram nela. Muitas empresas não reconhecem a importância da missão. Elas criam declarações de missão simples e sem inspiração e perdem totalmente essa grande oportunidade para definir o propósito espiritual da empresa.

**Equipe**

Alguns acham que a escola militar ensina as pessoas a serem seguidoras, a se adaptar e a obedecer aos comandos. Nós dois compreendemos que a capacidade de seguir ordens é a habilidade de focar. Quando todos aprendem a focar, você tem os fundamentos de uma equipe excelente. Na escola militar, o trabalho em equipe não é apenas uma disciplina. É um modo de vida, praticado a cada minuto, todos os dias.

Por outro lado, as escolas tradicionais estão longe de representar trabalho em equipe. Talvez haja um elemento de trabalho em equipe nas escolas de educação física, mas certamente não na sala de aula, onde todos competem por notas. É cada aluno por si só. É um sistema de ganhadores e perdedores, com os alunos nota "A" e, até certo ponto, os alunos nota "B", acabando com os alunos nota "C", "D" e "F". Mesmo que haja grupos de estudo em que os alunos possam colaborar e aprender juntos, quando é hora do teste, a equipe se dissolve e volta à competição. "Coopere" em um teste e você será rotulado de trapaceiro!

Quando se trata de equipes nas Forças Armadas, a cooperação é essencial para a sobrevivência. Nos negócios, a cooperação é essencial para o sucesso. Não podemos conseguir muita coisa por conta própria neste mundo, inclusive sobrevivência ou sucesso. Mas, ironicamente, ao invés de promover a cooperação, as escolas fomentam a concorrência. As pessoas entram no mercado de trabalho com uma mentalidade competitiva, não com sentimento de equipe. Elas competem por promoções, salários mais elevados, escritórios maiores, mais títulos de prestígio etc. Um dos maiores desafios que um empreendedor enfrenta é acabar com a mentalidade competitiva do ganhar/perder dos funcionários e substituí-la por uma mentalidade de equipe. A missão contribui de forma importante para isso. O mesmo acontece com uma liderança forte.

**Liderança**

Na escola militar, desenvolvemos nossas habilidades de liderança, acatando e dando ordens. Naquele mundo, era um modo de vida. Qualquer um que não conseguisse acatar ou dar ordens logo era excluído. Era um ambiente de disciplina, e não havia exceções.

Talvez você já tenha ouvido o ditado: "Sob a liderança de um general forte, não há soldados fracos." Essa filosofia é martelada na cabeça de cada futuro oficial militar. O mesmo vale nos negócios. Não há maus funcionários, apenas líderes ruins.

Pense nas empresas em que você trabalhou. Se uma empresa está enfrentando dificuldades financeiras, com o moral baixo, a produtividade em declínio, as vendas em quedas e as despesas aumentando, é devido à fraca liderança. Líderes, líderes de verdade, assumem a responsabilidade pelo sucesso da equipe e entendem que também devem assumir a responsabilidade pelo fracasso. Com frequência, os empreendedores culpam o desempenho dos funcionários, a economia ou os concorrentes. No entanto, os melhores empreendedores primeiro olham para si próprios, para descobrir seus próprios erros e aprender com eles.

Então, estamos dizendo que você precisa sair do emprego, fechar sua empresa e ir para a escola militar aprender sobre liderança? Não. Você pode aprender sobre liderança, formação de equipe e habilidades inspiradoras de missão em muitos outros lugares. Já mencionamos os esportes. Tornando-se o capitão de um time de futebol na sua comunidade ou da liga de basquete, você aprenderá essas habilidades. Assim como se presidir o comitê da igreja, servir no conselho de uma organização profissional ou estar no comando de um evento para uma instituição de caridade favorita. Colocar-se em posições de liderança dará a você as habilidades de que precisa e o ajudará a construir seu *network*, que é sempre bom para os negócios.

Ambos recomendamos um negócio de meio período de marketing de rede, como mais um meio de obter treinamento de liderança. Essas oportunidades irão forçá-lo a conhecer e a se comunicar com as pessoas. É difícil para muitos, mas é uma exigência absoluta para um empreendedor bem-sucedido. É melhor aproveitar o tempo quando as responsabilidades são poucas do que fazê-lo quando sua vida depende disso. Você pode descobrir que empreendedorismo não é para você e tudo bem. Ter habilidades com as pessoas não é opcional, é absolutamente necessário para se tornar um D ou I bem-sucedido.

Aprender a tomar decisões é tão importante para liderar porque, antes de se tornar um bom líder, você deve aprender a ser um seguidor. Só então poderá se comunicar efetivamente com as pessoas que quer que o sigam. Muitos As, que são pessoas inteligentes, deixam de se tornar D ou I porque não conseguem se comunicar bem com as pessoas. Eles não fazem amigos ou estabelecem bons relacionamentos. Eles são capazes de administrar de 10 a 20 pessoas, mas não conseguem lidar com grupos maiores com habilidades e históricos diferentes. Podem ser bons no relacionamento um a um, mas são fracos no um a cem, um a mil ou um a um milhão. Graças à nossa formação de liderança, temos influenciado milhões de pessoas em todo o mundo.

## *Cinco Elementos da Operação de Negócios*

As três integridades externas no perímetro do Triângulo D–I dão poder às cinco integridades internas, que geralmente são ministradas na educação tradicional. Quando até mesmo uma das três integridades de missão, equipe e liderança é fraca, as cinco integridades internas, possivelmente, não manterão sua forma. Problemas inevitavelmente ocorrerão, e a empresa estagnará, declinará ou fracassará definitivamente. Quando uma empresa estiver em apuros, observe esse triângulo. Em quase todos os casos, você poderá identificar a origem do problema em uma ou mais das oito integridades. Vamos analisar em detalhe as outras cinco:

**Produto**

A maioria dos novos empreendedores diz: "Tenho uma grande ideia para um novo produto." Como você pode ver a partir do diagrama do Triângulo D–I, o produto ocupa a menor área do triângulo. Ainda que o produto seja importante, é a integridade menos importante. Você pode se surpreender com isso, mas pense a respeito. O mundo está cheio de grandes produtos, muitos dos quais nunca chegam ao mercado ou, quando conseguem, desaparecem rapidamente. Não faltam ao mundo grandes ideias de produtos — você mesmo provavelmente tem muitas. O mundo carece de grandes empreendedores que possam dar vida a grandes produtos.

A maioria dos novos empreendedores foca apenas o produto. Passam todo o tempo aprimorando suas ideias e podem até conseguir contrato com algumas empresas que prometem aconselhá-los e desenvolver protótipos. É preciso muito dinheiro e tempo. Ao final, os protótipos normalmente acabam, não em lojas, mas escondidos em caixas, esquecidos. Um grande empreendedor sabe como transformar uma ideia em um grande produto ao focar a construção de um Triângulo D–I incrível. O Triângulo D–I não é apenas um conceito. É uma ferramenta que muitos empreendedores bem-sucedidos usaram para modelar suas empresas.

Mais uma vez, observe a importância da palavra "foco" e o que as pessoas focam.

**Lei — Os Aspectos Jurídicos**

Robert aprendeu cedo que um produto sem patente é de todos, não seu. Sua ideia da carteira de náilon e velcro foi copiada inúmeras vezes. Contratos são importantes porque criam direitos. No caso do negócio das carteiras, um contrato jurídico teria criado propriedade *intelectual.* No caso do mundo imobiliário de Donald, contratos definem a propriedade *real,* os direitos e as limitações.

Nos negócios, você não pode operar sem contratos, que são essenciais para a definição e a criação de produtos. Através de patentes, marcas, licenças e acordos de serviços, uma empresa constrói sua propriedade, o que agrega valor e proteção à empresa. Sem uma forte equipe jurídica e acordos sólidos, você sempre terá confusão, caos, até mesmo crime — fatores que custam dinheiro e enfraquecem o negócio.

**Sistemas**

A empresa é um sistema de sistemas. Tem de ser, ou jamais cresceria além da capacidade de seu fundador e talvez de algumas pessoas-chave. Quanto maior ela fica sem sistemas em vigor, mais frágil se torna. Nossos corpos físicos, e até mesmo um carro, são sistemas de sistemas. Nossos corpos são compostos de sistemas como o muscular-esquelético, o nervoso, o digestivo e o endócrino. Um carro tem um sistema de freio, de combustível, elétrico, de escape, e assim por diante. Todos eles têm uma função específica e, idealmente, todos funcionam juntos.

Em uma empresa, você terá sistemas de contabilidade, de comunicação, jurídicos, de cadeia de suprimentos, de fabricação, de distribuição e muitos outros. O ponto é que a empresa, o corpo e o carro se baseiam em seus sistemas para operar de forma eficaz. Basta um deles vacilar ou falhar para criar problemas ou desligar o corpo inteiro, o carro ou a empresa. Imagine o que seria estar dirigindo e ter uma falha nos freios. Pense o que significa para um fumante de dois maços diários correr cerca de 2km. Imagine tentar acelerar o crescimento de uma empresa gerida por contadores que se recusam a gastar dinheiro em publicidade na tentativa de economizar. Em todos esses casos, uma falha ou vacilo do sistema pode ser desastroso.

**Comunicações**

Os empreendedores devem ser grandes comunicadores e falar várias línguas. Não estamos falando necessariamente da língua francesa, de espanhol, alemão ou mandarim, mas da linguagem dos negócios. Os empreendedores devem falar a linguagem da lei. Devem conhecer o idioma da contabilidade, de imóveis, de marketing, de internet e de qualquer outra disciplina dentro de suas empresas. Eles também devem compreender e aprender a falar a língua dos clientes. Só assim, os líderes podem travar conversas significativas e tomar decisões sólidas.

Você já trabalhou para uma empresa na qual o líder estava "por fora" e não tinha a menor ideia do que você estava fazendo? Esse é um exemplo de líder que não despendeu tempo para aprender a língua de sua especialidade, o que é um grande erro em negócios.

Aprender as línguas dos negócios não é diferente de aprender uma língua estrangeira. É preciso tempo e prática. E assim como a melhor maneira de aprender uma língua estrangeira é viajar para o exterior e mergulhar na cultura, o mesmo vale para a aprendizagem das línguas nos negócios: basta mergulhar e começar a experimentar e ouvir e, em seguida, falar a língua. Como líderes, os empreendedores devem encorajar as equipes a promover a comunicação e a compreensão, tanto dentro quanto fora da empresa.

**Fluxo de Caixa**

Muitas vezes isso é chamado de "base mínima" e está, de forma adequada, na parte inferior do triângulo. O fluxo de caixa é semelhante ao fluxo sanguíneo em um corpo ou ao fluxo de combustível em um carro. Sem dinheiro, sangue e combustível fluindo, o sistema operacional da empresa, do corpo e do carro param. Um corpo pode ter um sangramento, um carro pode ter um vazamento de combustível e uma empresa uma hemorragia financeira. Como se não fosse suficiente para o empreendedor ser o líder, outro papel é certificar-se de que tenha bastante dinheiro fluindo para todas as oito integridades (também conhecidas como despesas) e ainda manter a empresa lucrativa.

Você pode entender por que, com todos esses papéis importantes, é impossível para os empreendedores com Toque de Midas que querem crescer ficar à mercê de qualquer uma das cinco integridades internas. Ainda que pudessem se sentir mais confortáveis trabalhando em suas especialidades, eles devem agir como líderes e fazer todos os especialistas nas cinco integridades internas trabalharem em conjunto. Muitos empreendedores com alto nível de formação não reconhecem isso e fracassam ou nunca atingem seu verdadeiro potencial. Eles não conseguem falar as oito línguas e acreditam que a especialidade que dominam é a mais importante. Não conseguem ver que todas as oito integridades devem trabalhar em conjunto. Todas são essenciais para o crescimento e a rentabilidade dos negócios.

Caso você esteja se perguntando por que elas são chamadas de "oito integridades" e não de "oito áreas" ou de "oito especialidades" ou alguma outra expressão, eis a resposta: a palavra "integridade", por definição, significa "inteira e completa". Um empreendedor deve focar o negócio inteiro, as oito integridades, e não apenas sua especialidade.

## *Como Se Preparar*

Ser um empreendedor é uma grande tarefa. Não é fácil. Assim, o que você pode fazer para se preparar?

Em primeiro lugar, ampliar o foco. No exemplo anterior, neste capítulo, se você quer ter uma empresa de cookies, você vai ter de expandir o foco para além de assar os biscoitos. O foco da maioria dos empreendedores é demasiadamente restrito. Mergulhe em seu negócio, e nos negócios em geral, para estudar e aprender a língua das oito integridades. No processo, você vai aprender a empreender no mundo real, que é o melhor caminho.

Também recomendamos que você ganhe experiência antes de iniciar seu próprio negócio. Depois da recém-adquirida consciência das oito integridades, arrume um emprego no quadrante E e observe o Triângulo D–I em ação. Você aprenderá tanto ou mais com uma empresa que esteja errando quanto com uma que esteja fazendo a coisa certa.

Isso pode parecer loucura, mas preparar hambúrgueres no McDonald's é um dos melhores trabalhos que você pode ter para observar o Triângulo D–I. Essa empresa é mestre nas oito integridades de negócio. O McDonald's tem o melhor sistema de negócios do mundo. Quer você se junte à equipe do McDonald's ou trabalhe em outra empresa, leve o Triângulo D–I para o trabalho e comece a notar como todas as oito integridades operam em uníssono. Quando surgir um problema na empresa, use o Triângulo D–I como guia e solucione as integridades que não estão funcionando. Após um ano, mesmo em tempo parcial, você obterá uma vantagem significativa sobre um empreendedor que tenha apenas um sonho, mas nenhuma experiência de vida real. Lembre-se: você não está buscando uma carreira; está procurando pelo melhor lugar para ser treinado. Não trabalhe por salário. Trabalhe para aprender.

Mesmo se você não trabalhar para o McDonald's, vá a um de seus restaurantes, peça um Big Mac com uma bebida e fritas, e observe quanto tempo leva para a comida chegar e seu dinheiro mudar de mãos. Em seguida, sente-se e, enquanto estiver comendo, pense em tudo que o levou para aquele restaurante e tudo o que foi preciso para a entrega do produto. Se você pode construir um negócio de qualquer tipo que opere com tanta eficiência — bens e serviços como carne, pães, batatas fritas, bebidas, guardanapos, canudos etc., e mais, de qualquer lugar do mundo, e consegue organizar tudo para que um funcionário em segundos consiga se sair bem —, você desenvolveu seu Toque de Midas e conseguiu passar para o quadrante D, um feito que poucos empreendedores conseguem.

## *Qual o Melhor Quadrante para Você?*

Você pode encontrar seu Toque de Midas em qualquer um dos quadrantes. Muitos empregados sobem os degraus da hierarquia corporativa com grande sucesso e autossatisfação. O mesmo vale para o quadrante A. Muitos profissionais construíram escritórios de advocacia, consultórios médicos, consultorias e empresas de pequeno porte muito lucrativas. Seu trabalho é se concentrar no melhor quadrante para você. Qual deles lhe permitirá realizar seus sonhos? Se você é atraído pelos quadrantes D e I, então nós dois temos programas para você. Donald já tem o clássico *O Aprendiz*, um curso intensivo sobre o Triângulo D–I.

A empresa de Robert, *Rich Dad Company*, está no processo de desenvolvimento de um programa ambicioso chamado GEO, que significa *Global Entrepreneurship Organization* (Organização Global de Empreendedorismo). Será um programa de treinamento com duração de um a três anos para as pessoas que realmente querem ser empreendedoras e querem adquirir as habilidades necessárias para entrar nos quadrantes D e I. No primeiro ano, você vai aprender a construir um negócio no quadrante A. Em dois anos ou quando estiver pronto, aprenderá a expandir o negócio para o quadrante D. E, em três anos, ou quando estiver pronto, vai aprender sobre o quadrante I. Obviamente, o programa GEO da *Rich Dad* não será para todos. Será desafiador e exigirá um investimento de tempo e dinheiro, exatamente como você esperaria de qualquer programa de formação avançada. A GEO fornecerá os professores, as ferramentas, o treinamento e as tarefas. O que você fará com isso é por sua conta. Se tem um MBA, compreenderá que seu diploma não significa que você automaticamente compra um lugar na mesa do conselho. Precisa merecê-lo, assim como deve merecer o Toque de Midas. Não há atalhos nem garantias de sucesso.

## *Consideração Final*

Tudo de valor na vida deve ser conquistado. Foi difícil para Robert entrar na escola de voo da Marinha. As estatísticas mostram que a Marinha só aceita 1 em cada 3 mil candidatos. Nos dois anos necessários para se graduar, muitos foram eliminados antes de receber o emblema de aviador da Marinha ou dos Fuzileiros Navais porque não tinham o foco certo.

A história de Robert sobre a transição de piloto para piloto de combate precisou de ainda mais foco. O dia em que ele subiu no helicóptero, então equipado com armas e foguetes, foi o dia em que percebeu que tinha de mudar. A seguir, um pouco mais de sua história:

> Depois que me adaptei a pilotar uma aeronave de combate em missões reais dos fuzileiros, meu instrutor aumentou a pressão. No penúltimo voo de treinamento, ele esgueirou um bastão de beisebol infantil de plástico na cabine. Enquanto sobrevoava os alvos no deserto, o instrutor começou a bater com o bastão de plástico no meu capacete, em meus braços e pernas, e em meu rosto. Virando-se para ele, gritei: "Que diabos você está fazendo?"
>
> "Você está morto", zombou o meu instrutor. "Você matou todos nós."
>
> "Que diabos você está falando?", falei. tirando a aeronave fora do mergulho, sem disparar um tiro.
>
> "Você perdeu o foco", disse o instrutor. "Qualquer um pode disparar metralhadoras e foguetes contra alvos no deserto. Em um mês, quando você estiver no Vietnã, seus alvos estarão atirando de volta. Este bastão de plástico simula o que é ter balas rasgando a aeronave. No momento em que atingi seu capacete e sua viseira com o bastão, você perdeu o foco. Você matou todos nós."
>
> Lição aprendida. No meu último voo com o mesmo instrutor, não importava o quão forte ele me batesse com o bastão de plástico, mantive o foco no alvo o tempo inteiro, destruindo-o com quatro foguetes e com o fogo das metralhadoras antes de sair do mergulho.

O jogo tinha mudado, assim como mudar de quadrantes muda o jogo para os empreendedores. Não é fácil. É desconfortável. Cada quadrante requer habilidades e equipes diferentes, mais experiência e maior foco. Quando você deixar a segurança do quadrante E, mantenha o foco, não importa o que seja atirado em você. Se conseguir sobreviver, mantiver o foco e prosperar nos mundos dos quadrantes D e I, entrará para os mundos da riqueza, do sucesso e do poder que poucos empreendedores alcançam. Leva tempo, não é fácil, e nem todo mundo consegue, mas se é realmente um empreendedor, o que mais você iria querer fazer com sua vida?

## Pontos a Lembrar; Coisas a Fazer

- A especialização não é sua amiga. Você talvez já seja superespecializado. Se for esse o caso, busque experiência nos mais diversos aspectos dos negócios e da vida. Você não tem de saber tudo sobre eles. Basta estar exposto a eles. Supere a tendência natural de permanecer na zona de conforto. Não fique enterrado nos detalhes.
- Quanto mais tempo você permanecer na escola, mais especializado irá se tornar. Aprenderá mais e mais sobre cada vez menos. Mude e busque projetos diferentes, voluntarie-se, faça o que puder para ampliar os horizontes.
- O empreendedorismo prefere os generalistas. Quanto mais você lê, vê, ouve e faz maior se torna sua experiência de vida. Viva a vida acreditando que saber um pouco de tudo é bom.
- Contrate especialistas para realizar as tarefas. Seu trabalho é liderá-los. Use o Triângulo D–I como sua estrutura para organizar sua empresa e sua liderança. Você precisa se tornar mestre na delegação de todas as tarefas do interior do triângulo para que possa fazer o trabalho de liderar a missão e a equipe.
- Defina suas visões e sonhe alto. Você nunca sabe o que é capaz de conseguir até se concentrar nisso. Pergunte a si mesmo, honestamente, se você não tivesse barreiras, quão grande gostaria de ser? Agora que você sabe, por que vender-se por pouco? Tudo é possível em nosso mundo altamente conectado, uma vez que você se dê permissão e se concentre.
- Obtenha experiência antes de iniciar sua própria empresa. Trabalhe para aprender, não para receber, e estude as empresas que estão implementando melhor o Triângulo D–I. Analise por que as coisas dão certo e por que dão errado.
- Torne-se um "poliglota". Conheça todas línguas dos negócios, mergulhando nelas de cabeça. Imersão completa o tornará fluente mais rápido e fará de você um líder melhor, capaz de aconselhar e orientar outros em todos os níveis da empresa.

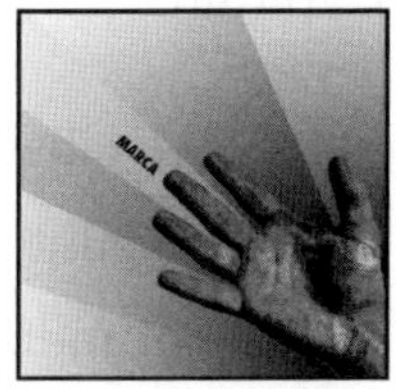

CAPÍTULO 3

# O DEDO MÉDIO
## A MARCA

*"Uma marca para uma empresa é como a reputação de uma pessoa. Você ganha reputação ao tentar fazer bem coisas difíceis."*

*— Jeff Bezos*

## Você é um Rolex — ou um Rolex Falso?

*Robert Kiyosaki*

"Quando você comprou o Rolex?", perguntou o pai rico.

"Comprei na semana passada em Hong Kong", respondi, com orgulho.

"É um Rolex verdadeiro?"

"Bem, sim", respondi hesitante. "É verdadeiro."

Com um sorriso malicioso, o pai rico agarrou meu pulso e puxou o relógio até o rosto para dar uma olhada. "E quanto custou?"

"Ah, bem… eu fiz um bom negócio."

"Quanto?", perguntou o pai rico novamente.

"US$5", disse-lhe. "É um Rolex falsificado."

"Achei que era", disse o pai rico calmamente. Houve um longo momento de silêncio. Eu poderia dizer que o pai rico estava organizando os pensamentos.

"Por que você comprou um Rolex falso?", perguntou o pai rico finalmente. "Por que não comprou um verdadeiro?"

"Porque os verdadeiros são caros", respondi.

"Você sabe por que os piratas fazem cópias baratas de um relógio caro?"

"Por causa do preço? Porque as pessoas querem uma barganha?", sugeri.

Balançando a cabeça, o pai rico perguntou: "Você sabe o quanto a marca Rolex vale?"

"Não", disse, balançando a cabeça de novo.

"Você sabe o que a marca Rolex significa?"

"Significa sucesso", respondi. "Significa que você é bem-sucedido. Significa que você já chegou ao topo. Pelo menos é o que significa para mim. É por isso que comprei um Rolex falso. Só queria parecer mais bem-sucedido."

"E o que um Rolex falso diz sobre você?", perguntou o pai rico, olhando-me diretamente nos olhos.

"Significa que eu quero ser bem-sucedido", respondi. "Significa que um dia vou possuir um Rolex verdadeiro."

"Tente novamente", disse o pai rico. "O que significa é que você é um charlatão. Apenas uma farsa usaria uma farsa. Isso é o que um Rolex falsificado representa."

"Mas um Rolex verdadeiro custa uma fortuna", protestei. "Eu só queria usar um Rolex e não queria gastar muito dinheiro em um relógio. Então comprei um Rolex de US$5. Quem vai saber a diferença?"

"Você vai", respondeu o pai rico. "Você sabe a diferença. No fundo, você sabe o que a marca Rolex vale. Sabe o que ela significa. É por isso que você está disposto a ser uma farsa e a usar uma farsa."

"Não concordo", falei. "Ninguém consegue perceber a diferença. Eu sei. Eu inspecionei o relógio antes de comprar. Parece real."

"Mas você sabe que não é real", disse o pai rico, com firmeza. "Você pode achar que está enganando a maioria das pessoas, mas não está enganando a si mesmo. É o que está dizendo sobre você que é importante. E agora o que você está dizendo sobre si mesmo é: 'Eu sou pobre. Eu não sou bem-sucedido e não posso pagar por um Rolex verdadeiro. Então vou comprar um falso porque sou uma farsa.'"

"Por que você está sendo tão duro comigo?", perguntei. "É apenas um relógio barato."

"É mais que um relógio barato", disse o pai rico, impaciente. "É um relógio falso, uma fraude, propriedade roubada. Se estiver disposto a comprar propriedade roubada, o que isso diz sobre você?"

Eu ainda não entendia por que o pai rico estava fazendo uma tempestade tão grande por causa de um relógio. Eu sabia que era uma farsa. Sabia que era uma cópia pirata. E daí? Qual era o problema? Quem eu estava ferindo?

Continuando, o pai rico disse: "Se você vai ser um empreendedor de sucesso, é melhor conhecer e respeitar uma marca. Se tiver sorte, talvez um dia você mesmo tenha uma. Talvez um dia sua empresa se torne uma General Electric, uma Coca-Cola ou um McDonald's. Mas se você é uma fraude, seu negócio será uma fraude. Certamente não será uma marca."

Eu não concordei com o pai rico e não gostei do que ele estava dizendo, mas tinha idade suficiente para saber quando calar a boca e compreender a mensagem. Eu não precisava mais da sua ira. Mas ele ainda não tinha acabado.

"Se você não é uma marca, é apenas uma mercadoria simples, um produto sem rosto flutuando em um mundo de marcas sem nome."

"O que há de errado em ser uma mercadoria?", perguntei.

"Nada, se você está feliz em ser uma", respondeu o pai rico. "É a diferença entre Bobby's Burgers e McDonald's. A marca McDonald's vale bilhões. O Bobby's Burgers como marca não vale nada. Por que passar a vida construindo um negócio e não conseguir construir uma marca?"

Recuperando o fôlego, ou talvez se recarregando, o pai rico deixou de lado, por um momento, a lição sobre marca versus mercadoria. Entendi que ele queria que eu respeitasse as marcas e o que elas representavam. Compreendi que ele queria que um dia eu fosse um empreendedor que transformasse seus negócios em uma marca. Ele não queria que eu me tornasse apenas um empreendedor comum.

"Você sabe que só o nome 'Coca-Cola' vale mais que o conjunto das atividades da empresa? O nome vale mais que todos os equipamentos, imóveis e sistemas de negócios combinados", disse o pai rico, fazendo o melhor que podia para que entendesse a lição sobre marcas. "Não importa aonde você vá, em qualquer lugar do mundo, a Coca-Cola é uma marca."

"Então, se eu usar um Rolex falso, estou roubando da Rolex. É isso que você está tentando dizer?"

O pai rico assentiu, acrescentando: "E comprar de pessoas que roubam da Rolex diz: 'Eu compro bens roubados. Roubei a boa reputação de alguém.' E quem quer fazer negócios com alguém desonesto, desprezível, sorrateiro, vigarista e falso?"

"Somente as pessoas que também são desonestas, desprezíveis, sorrateiras, vigaristas e falsas", respondi, com relutância.

"Se você descobrisse que seu vizinho que tem bons carros e barcos é, na verdade, um criminoso, o que você pensaria dele?"

"Mal", respondi. "Eu o evitaria."

"Esse mesmo tipo de julgamento acontece no mundo dos negócios todos os dias", disse o pai rico. "Pessoas honestas não fazem negócios com pessoas desonestas. Sua reputação é o fundamento da sua marca. Proteja sua reputação com sua vida. No mundo dos negócios, a reputação é mais importante que a empresa." Com isso, o pai rico estendeu a mão para mim, a palma para cima.

Tirei o relógio e o coloquei na palma de sua mão estendida. O pai rico colocou o relógio no chão, pisou-o com o sapato e o esmagou. Como só havia custado US$5, quebrou com facilidade. Compreendi, finalmente.

Isso foi há muitos anos. Hoje, os produtos falsificados, roubados e cópias piratas de marcas estão por toda parte. É um negócio bilionário. Há até mesmo a falsificação de medicamentos, algumas, na verdade, bastante prejudiciais! Você pode imaginar como deve ser perder um ente querido pelo fato de ter tomado um medicamento falso, pensando que era original?

Em todas as grandes cidades do mundo inteiro, há pelo menos uma rua onde as marcas falsificadas e os produtos pirateados estão prontamente disponíveis. Nessas ruas, você pode comprar imitações de bolsas Louis Vuitton, tênis falsos da Nike, jeans Armani e óculos de sol Prada falsificados.

Os piratas também são empreendedores, mas do tipo que roubam de alguém uma marca em vez de criar sua própria. Enquanto houver clientes que compram falsificações, haverá piratas. Se os consumidores fossem honestos, não haveria um negócio para piratear produtos. Somente criminosos vendem bens roubados e somente criminosos compram marcas roubadas. As pessoas honestas não fazem isso.

Enquanto recolhia os pedaços do meu Rolex falso estilhaçado, o pai rico continuou com a lição, dizendo: "Poucos empreendedores conseguem transformar um negócio em uma marca." Uma marca é inestimável. Ela é uma promessa do empreendedor a seus clientes. A verdadeira marca surge na alma do empreendedor e se conecta com a alma do cliente. É muito mais que uma transação, é um relacionamento. Em alguns casos, é um caso de amor, um caso de amor que pode durar anos.

"Se a alma do empreendedor é desonesta ou avarenta, preocupada apenas com o dinheiro do cliente, sem se importar com ele, o negócio nunca evoluirá para um relacionamento. Permanecerá uma transação. E uma transação é uma mercadoria."

Uma vez que as peças do relógio falso estavam na lata de lixo, o pai rico acrescentou: "A razão pela qual tão poucas empresas tornam-se marcas é porque a maioria delas está, principalmente, no negócio de ganhar dinheiro. Elas dizem que querem fazer o melhor pelo cliente, mas para a maioria das empresas, é papo-furado. Não é verdade que queiram isso. Quanto mais você se preocupa com o cliente, maiores as chances de transformar o negócio em marca. Mesmo se sua marca não se transformar em uma Coca-Cola ou um McDonald's, se você se preocupa com o cliente, ele levará a marca no coração."

## *Criando Minha Própria Marca*

Quando o pai rico quebrou o Rolex falsificado, deu-se início a minha educação de negócios sobre o poder de uma marca. Fiquei curioso. Eu não queria apenas começar um negócio. Queria criar minha própria marca. Para fazer isso, sabia que tinha de estudar as outras marcas e, ao mesmo tempo, começar a investigar o que eu defendia, o que o cliente queria e o que eu queria para os clientes. Para isso, percebia que tinha de saber mais sobre mim e sobre o meu negócio. Tinha de me concentrar em dar mais que receber. Tinha de encontrar em minha alma, em meu coração o que eu queria dar aos clientes. Uma vez que descobrisse o que era, sabia que encontraria a alma do negócio e, talvez, a minha marca.

Meu primeiro grande negócio foi o da carteira para surfistas, de náilon e velcro. O nome dos produtos era *Rippers*. No início, pensei que *Rippers* fosse um excelente nome. Eu tinha certeza de que se transformaria em uma marca. Achei que o nome era inovador, original, diferente e falava com os jovens surfistas, o tipo de pessoas que eu conhecia e amava. Surfistas eram pessoas como eu, portanto conseguia me identificar com eles.

A *Rippers* nunca evoluiu para uma marca. Era o nome registrado da minha empresa, uma linha de produtos. E talvez seja este o ponto. Não fizemos nada para torná-la uma marca.

Isso não quer dizer que não a comercializamos. Meus parceiros e eu viajamos para feiras de surf, shows esportivos, feiras de artigos para jovens, para vender os nossos novos e exclusivos produtos *Rippers*. Fizemos o melhor para colocar os produtos em lojas do mundo todo. O problema foi que estávamos queimando dinheiro mais rápido do que estava entrando. Foi uma época difícil. Um teste de caráter. Tudo o que conseguíamos fazer era a gestão do negócio. Quem teve tempo para gerir a marca?

Eu estava tão atrapalhado, sendo enterrado vivo pela minha própria incompetência, que a *Rippers* nunca teve chance de se transformar em uma marca. Ela tinha os ingredientes de um grande nome de marca, mas um grande nome sem uma grande empresa por trás da marca não é nada.

Hoje, há carteiras de náilon e velcro para venda em todo o mundo. O produto que criamos foi um sucesso, mas não conseguiu se transformar em uma marca. Então, hoje, continua a ser uma mercadoria, uma linha global de produtos sem marca líder.

## *Salvos pela Marca*

A boa notícia é que mesmo não tendo construído a marca *Rippers*, eu sabia reconhecer grandes marcas quando as via. Trabalhando para salvar a *Rippers*, acidentalmente tropecei na indústria do *rock and roll*, um setor carregado de marcas incríveis.

Em 1981, a banda de rock Pink Floyd contatou a *Rippers*, para ver se estávamos interessados em nos tornar um licenciado da banda Pink Floyd (ou melhor, da marca). Desesperado por qualquer oportunidade de negócios, escutei o que o empresário da banda estava dizendo. Ele não sabia, mas estava salvando meu negócio ao me vender uma marca, a marca de uma banda de rock mundialmente famosa.

Não familiarizado com a indústria do rock, voei do Havaí para San Francisco para me reunir com os agentes licenciados do Pink Floyd. A reunião acabou por ser um presente dos céus. Nesse encontro, deu-se o início da minha educação no negócio do rock. Percebi que não só uma marca pode valer muito para os donos, mas os licenciados também podem ganhar rios de dinheiro.

Depois que percebi a oportunidade, recebi propostas semelhantes de grupos da moda e artistas como The Police, Duran Duran, Boy George, Ted Nugent, Judas Priest e outros. Os megagrupos mais antigos como The Grateful Dead e os Rolling Stones também estavam na mesa de negociações. Infelizmente, os Beatles não estavam disponíveis como marca licenciável naquele momento.

Como o pai rico deixou claro, ou você é uma marca ou uma mercadoria. Para ser uma marca, você deve ter um relacionamento com os clientes, e essas bandas e artistas tinham ótimo relacionamento com os seus. Os agentes de licenciamento estavam nos oferecendo uma chance de nos tornarmos parte dessa relação entre os fãs e os artistas que eles amavam.

A primeira reunião com o pessoal do Pink Floyd, e outros que se seguiram, salvou a *Rippers*, dando-nos acesso ao mercado de rock de todos os lugares do mundo. Foi como abrir uma porta para um mundo de negócios totalmente novo, um mundo que não sabia que existia. Fomos salvos porque a *Rippers* ficou associada a algumas das marcas mais poderosas do rock.

## *Estamos com a Banda*

Em 1982, o nome *Rippers* tinha desaparecido de meus diálogos. Em vez de dizer: "Olá, eu sou Robert Kiyosaki da *Rippers*", eu dizia: "Represento a banda The Police e seus produtos licenciados." Ninguém sabia quem era Robert Kiyosaki ou a *Rippers*, mas sabia quem era The Police, a megabanda de rock. De fato, em um de meus primeiros encontros com Kim em 1984, fomos a um show deles. Foi ótimo dizer a ela: "Tenho ingressos VIP para o show do The Police. Vamos?" Em outras palavras, o poder de uma marca me ajudou a conseguir um encontro com uma bela mulher, que um dia se tornaria minha esposa. Claro, ela provavelmente só queria conhecer Sting, mas sendo eu a pessoa que a levou aos bastidores, alguma coisa boa obrigatoriamente sobrou para mim.

## *O Poder das Marcas Verdadeiras*

A *Rippers* começou na indústria desportiva e na de surfe. O problema foi que rapidamente surgiram vários produtos similares aos meus, todos eram mercadorias, nenhuma marca líder. Quando você é uma mercadoria, as questões de preço são importantes. Dado que a concorrência era igualzinha a mim, uma mercadoria, os varejistas regateavam preço. Por que eles deveriam pagar mais por meu produto quando podiam obter a mesma coisa do cara ao lado, que vende por um centavo a menos?

Quando entramos no negócio do rock e começamos a capitalizar com as marcas, as pessoas pagavam o preço que pedíamos. Tudo que as lojas perguntavam era: "Quando você pode nos entregar o produto?" A banda Pink Floyd não licenciava os produtos para qualquer um. Um produto com a marca Pink Floyd valia mais que um que não a tivesse.

Tornar-se um licenciado de megabandas de rock nos deu exclusividade em um enorme mercado global. Nossos únicos concorrentes eram as marcas piratas, os criminosos que ficavam do lado de fora dos shows, vendendo os produtos piratas, não licenciados, para os fãs de rock. Esses camelôs não eram nada diferentes da pessoa que me vendeu o Rolex falsificado. Nervosos, eles vendiam os produtos piratas, espreitando por cima dos ombros, na esperança de fazer alguns trocados antes que os seguranças do show os expulsassem do local. Exatamente como os criminosos, eles estavam sempre à espera de serem presos.

Ao mesmo tempo, minha empresa estava vendendo produtos legalmente licenciados, dentro das casas de show. Estávamos também em lojas de música e de departamento em todo o mundo. Estávamos em um negócio legítimo porque éramos legítimos. Não éramos piratas. O Rolex de US$5 estava voltando à cena para provar a importante lição sobre legitimidade, jogo limpo e canalização do poder das marcas verdadeiras.

## *Não Foi Apenas Dinheiro*

Trabalhar com bandas de rock me deu novas perspectivas sobre a relação entre uma banda, a música e os clientes. Foi um relacionamento e não apenas uma transação financeira. Como as bandas tinham um relacionamento com os clientes, vender produtos licenciados era fácil. Na verdade, não tínhamos de nos esforçar para vender, dado que as pessoas compravam muito. Nos shows, os fãs faziam fila para comprar qualquer coisa com o nome da banda. "Fazer fila" não é a expressão correta. Imagine um tubarão se alimentando freneticamente. Os fãs se aglomeravam ao redor das mesas, sacudiam os cartões de crédito nas mãos ou entregavam um monte de dinheiro, dizendo: "Vou levar um desses, dois daqueles; ainda sobrou algum daqueles? Vou levar." Eles queriam levar para casa um pedaço de Pink Floyd, Duran Duran, The Police e outros artistas que amavam. Eles queriam fazer dessas marcas e dessas bandas uma parte maior de suas vidas.

Bandas diferentes tinham clientes diferentes, e as bandas tinham de ser fiéis aos clientes exclusivos. Por exemplo, os fãs de Duran Duran eram diferentes dos fãs de Judas Priest, de Van Halen ou de Boy George. Usavam roupas e linguagem diferentes. Agiam de forma diferente, e provavelmente, também tinham atitudes diferentes na vida. Se uma banda deixasse de ser fiel a si mesma, à sua música, e aos clientes, as vendas e os lucros caíam. Se eles lançavam um álbum que mexesse com os fãs, percebíamos logo. Quando uma banda voltava com o lançamento seguinte, trazendo canções de sucesso que os fãs queriam, os negócios melhoravam. Isso é o mercado fornecendo feedback!

Uma das minhas favoritas daquela época era uma banda de garotas, The Go-Go's. Adorava sua música, sua sensualidade e seus fãs. O problema era que os fãs não compravam meus produtos. Eles eram direcionados para meninos e rapazes. Poucos dos meus clientes eram homens o suficiente para usar produtos da banda The Go-Go's. Desisti da banda, mesmo amando a marca e a música.

## *O Fim do* Rock and Roll

Em 1984, o meu caso de amor com o rock estava terminando. Mesmo ainda amando a música, estava cansado do negócio. Algo dentro de mim estava mudando. Eu estava ficando indócil, muitas vezes irritado, e menos paciente.

Tinha aprendido minha primeira lição sobre o poder das marcas e era hora de seguir em frente.

Enquanto visitava minhas fábricas na Coreia e Taiwan, algo dentro de mim se quebrou. Vi tudo claramente e não podia continuar. Nas fábricas, havia meninos e meninas que trabalham horas excessivas, por baixos salários, em ambientes inóspitos, quentes e úmidos, fabricando produtos de rock que me faziam mais rico e adoeciam aqueles garotos.

Em uma sala de tamanho normal, o operador tinha construído dois mezaninos. Os jovens trabalhadores tinham de se agachar para trabalhar em um espaço mínimo. Curvados, eles serigrafavam os logos das bandas em pedaços de pano, inalando gases tóxicos que eram emitidos no processo, tudo a poucos centímetros de seus rostos. Os vapores eram piores que cheirar cola ou tinta spray, como algumas crianças fariam no Ocidente para ficar chapadas. Essas crianças ficavam nessa situação de 8 a 10 horas por dia, todos os dias.

Em outra sala, havia filas de jovens costurando chapéus e carteiras. Quando o operador da fábrica disse que eu poderia transar com qualquer uma das meninas que quisesse, o rock morreu para mim. Eu estava fora do negócio de fabricação.

Vendo centenas de crianças destruindo suas vidas por um salário, me perguntei: "O que estou fazendo de bom? Qual é o bem que meus produtos geram? Como meus produtos tornam o mundo um lugar melhor para se viver? Qual o valor que eles agregam?" Quando as perguntas ficaram sem resposta, soube qual seria o resultado.

Soube que era hora de descobrir o que eu defendia. Era hora de descobrir com o que me preocupava. Era hora de descobrir quem eu era e o que fazia a minha vida valer a pena.

Em dezembro de 1984, Kim e eu deixamos o Havaí com duas malas e nada mais. Nós nos mudamos para San Diego, na Califórnia. Estávamos iniciando nossas vidas como professores, ensinando as pessoas a serem empreendedoras, não empregadas como as crianças na minha fábrica. Kim e eu estávamos nos tornando professores fora do sistema escolar tradicional, o que significava que não teríamos nenhum apoio do governo. As escolas tradicionais não se aproximariam. Tínhamos de depender de nossa reputação, fazer um bom trabalho e entregar aos alunos o que eles queriam. Se fôssemos bons, os alunos fariam propaganda para nós. Caso contrário, não fariam, e não teríamos mais fluxo positivo de dinheiro.

O pior ano de nossas vidas foi 1985. Aquele ano testou nossas almas, nossos sonhos e nossos planos. Era dezembro, Kim e eu só recebemos qualquer dinheiro da nova empresa de educação em dezembro daquele ano. Sobrevivemos de dezembro de 1984 a dezembro de 1985 com quase nada. Vivíamos um dia de cada vez. Tudo o que sei é que funcionávamos na base da fé. Sempre no último minuto, alguma coisa boa acontecia e continuávamos vivendo com muito pouco.

Olhando para trás, parece que nossa fé estava sendo testada. Deus, ou quem quer que esteja comandando o espetáculo, queria saber se estávamos empenhados em ser quem éramos. Em outras palavras, éramos confiáveis? Seríamos fiéis à nossa marca ou iríamos desistir quando as coisas ficassem difíceis — quando o dinheiro acabasse?

Quando você lê as histórias de empreendedores, um grande número deles passou por esses períodos de provações e tribulações, nos quais sua fé é posta em questão. Acredito que é nesse momento que uma marca nasce.

Bill Gates, da Microsoft, foi testado quando o governo dos Estados Unidos desafiou-o, acusando a Microsoft de práticas monopolistas. Steve Jobs foi testado quando foi demitido da Apple, empresa fundada por ele. Foi substituído por um CEO mais corporativo que quase destruiu a empresa. Quando Steve voltou, a Apple, como empresa e marca, decolou. O fundador do Facebook, Mark Zuckerberg, enfrentou uma de suas maiores provações quando o filme *A Rede Social* sugeriu que ele roubara a ideia do Facebook. Não sei se Zuckerberg roubou o Facebook. Só sei que ser acusado de roubar seu negócio não pode ser fácil, não importa quão rico você seja.

## *O Teste de US$4 Milhões*

Em 2000, depois de aparecer no programa da Oprah, recebi um telefonema de uma famosa empresa que vende fundos de investimento, pedindo-me para endossar seus produtos. Educadamente, recusei, dizendo que a marca *Rich Dad* não era compatível com fundos mútuos. Quando recusei, o agente da empresa testou minha fé, dizendo: "Estamos preparados para oferecer-lhe US$4 milhões ao longo de quatro anos se você endossar o nosso produto."

Era tentador US$1 milhão por ano durante quatro anos, mas recusei a oferta. Endossar um fundo daquele não seria fiel à marca ou às pessoas que acreditam na mensagem da *Rich Dad Company*.

Se tivesse endossado a companhia de fundos de investimento, a meu ver, eu seria visto pelos meus leitores como um traidor, um vira-casaca, um homem que faria qualquer coisa por US$1 milhão por ano, até mesmo vender sua própria empresa e sua própria alma. Seria como usar um Rolex falso novamente.

## *Os Testes Nunca Acabam*

A marca *Rich Dad* foi testada várias vezes. O primeiro teste veio em 1997 quando *Pai Rico, Pai Pobre* foi publicado pela primeira vez — a edição brasileira foi publicada em 2000. Nele, eu afirmava que "sua casa não é um ativo". Muitos agentes imobiliários pararam de me mandar cartões postais após o comentário. Recebi mensagens de ódio e fui publicamente acusado de não saber o que estava falando. Muitos especialistas em finanças me chamaram de "charlatão". Hoje, com pessoas perdendo suas casas ou devendo mais do que elas valem, infelizmente, milhões delas agora sabem por que suas casas não são um ativo.

Eu não disse "sua casa não é um ativo" para ganhar uma competição de popularidade. Não sou um político que quer seu voto. Não sou um corretor de imóveis tentando lhe vender uma casa. Fiz essa afirmação porque estava sendo fiel à marca, ao que sou. Estou no negócio de educação financeira, uma pessoa que deseja que você saiba a diferença entre um ativo e um passivo.

Se você comprar ativos antes de comprar passivos, poderá viver em qualquer casa que quiser.

Outro teste aconteceu depois que escrevi *Profecias do Pai Rico*, publicado no Brasil em 2003. Nesse livro, previ que a maior queda do mercado de ações da história estava por vir. Também expliquei por que achava que a indústria de fundos seria a causa da crise e por que milhões de investidores nunca conseguiriam se aposentar.

Quando *Profecias do Pai Rico* foi lançado, publicações que lucram com publicidade da indústria de fundos de investimento vieram atrás de mim. A *Smart Money*, uma revista financeira, enviou uma jovem repórter para me observar palestrando em uma megaigreja em Atlanta. A repórter ficou o tempo inteiro no evento de dois dias. Poucos meses depois, ela declarou em seu artigo que fui a uma igreja negra pobre em Atlanta e tirei dinheiro de negros pobres. Ela escreveu isso na revista, embora soubesse que havia arrecadado mais de US$385 mil naquele fim de semana e deixado cada dólar na igreja. Não peguei dinheiro algum para despesas de viagem, e nem cobrei pelo custo dos produtos vendidos. Após o artigo da revista *Smart Money*, fiquei ainda mais feliz por não ter aceitado os US$4 milhões oferecidos pela administradora de fundos de investimento.

Como você sabe, a indústria de serviços financeiros é uma força poderosa que opera nos bastidores e lucra com a atual crise financeira. Ela tem o poder de usar o dinheiro do contribuinte para salvá-los de seus erros e cobrir suas práticas fraudulentas. Ela tem longos braços que se estendem muito longe. Não são pessoas com as quais você quer mexer. Pessoalmente falando, fico feliz de não precisar contar com os fundos de investimento para minha sobrevivência financeira. Dada uma escolha entre comprar um fundo de investimento ou um Rolex falso, eu levaria o Rolex.

Em 2006, Donald e eu tivemos a ideia do nosso primeiro livro em conjunto, *Nós Queremos que Você Fique Rico*. Nós o escrevemos porque estávamos preocupados com o colapso da classe média nos Estados Unidos. Afirmamos que os investimentos ruins e a má gestão do nosso governo estavam destruindo as vidas de muitas pessoas. Escrevemos sobre a vinda de uma crise econômica e sobre o que as pessoas poderiam fazer para não serem vítimas dela. Escrevemos sobre a inflação que tornaria a vida de milhões de pessoas muito mais difícil. E endossamos a ideia de educação financeira como uma maneira de sair da crise.

Mais uma vez, o setor de serviços financeiros veio atrás de nós. Desta vez, foi o *Wall Street Journal*. Sua citação direta foi: "Não se engane. Este é um material provocativo. Mas não se apresse para desistir de seus fundos [mútuos] ainda." Isso foi em resposta ao nosso comentário, meu e de Donald, sobre como os fundos de investimento seriam insuficientes para financiar a maior parte da aposentadoria dos americanos. Eles fizeram essa afirmação em

11 de outubro de 2006 e não pareceram acreditar que havia motivo para se preocuparem. Um ano mais tarde, começou a queda livre do mercado. Ainda prevejo que não será a última vez que isso acontecerá.

Em 18 de março de 2008, apareci no canal de televisão *CNN*, com Wolf Blitzer. Ele queria saber se a crise financeira tinha passado. Em vez de dizer o que ele provavelmente esperava, que "as coisas vão ficar bem e que o pior já passou", previ que o Lehman Brothers estava em apuros. Em 15 de setembro de 2008, o Lehman Brothers declarou falência, a maior da história.

## *Seja Fiel a Si Mesmo*

Meu objetivo ao relatar meus desafios pessoais com a indústria de serviços financeiros é encorajá-lo a ser fiel a si mesmo. Para mim, não foi fácil recusar um contrato de endosso de US$4 milhões. Não foi fácil dizer "sua casa não é um ativo". Não foi fácil prever a maior queda do mercado de ações da história. Não foi fácil dizer, com Donald, que a classe média estava sendo dizimada devido à incompetência financeira e ao governo. Não foi fácil prever na televisão, para todo o mundo, que a crise financeira não havia acabado e que o Lehman Brothers entraria em colapso.

Se não tivesse dito o que disse e feito o que fiz, não seria verdadeiro comigo nem com minha marca. Você não pode deixar de notar que Donald é fiel à sua marca. Quando você anda em seus escritórios de Nova York, na Quinta Avenida, os escritórios são sua marca. Ele não se desculpa por quem é ou pelo que representa. Você também não deveria.

Uma razão por que a maioria dos empreendedores não consegue transformar seus negócios em marca é o fato de o dinheiro ser mais importante que a marca. A maioria dos empreendedores dirá qualquer coisa que você queira ouvir, só assim você gostará deles e, espera-se, comprará seus produtos ou serviços.

É preciso coragem para ser uma marca. É preciso coragem para defender aquilo em que você acredita, mesmo que não seja do agrado de todos. Você não pode agradar a todos se quiser ser uma marca.

## *Junte-se ao Corpo de Fuzileiros Navais*

Ao final dos anos 1960, os militares dos Estados Unidos precisavam de pilotos para a Guerra do Vietnã. Saiu um anúncio de que as Forças Armadas estavam tendo uma reunião de recrutamento combinado para potenciais novos pilotos. Três amigos e eu fomos para a grande reunião em Long Island, Nova York, ouvir cada um defender sua posição para que pudéssemos escolher em qual nos alistar.

Um piloto da Força Aérea foi o primeiro, dizendo a centenas de jovens, futuros graduados da faculdade, por que a Força Aérea tinha a melhor formação e as melhores aeronaves. Ele também nos mostrou imagens de belas bases da Força Aérea, com campos de golfe e piscinas. Achei que estava em uma apresentação sobre um novo resort, não em um treinamento de pilotos.

O piloto da Marinha foi o seguinte, contando sobre a emoção de decolar de um porta-aviões. Foi adrenalina pura.

O piloto do Exército falou sobre o voo de grandes helicópteros de transporte no Vietnã, aeronaves como o Sky Crane. Ele mostrou fotos desses guindastes gigantes erguendo tanques para fora do campo de batalha.

O piloto da Guarda Costeira compartilhou suas experiências de salvar vidas no mar com helicóptero. Ele mostrou fotos de pessoas sendo içadas de barcos afundando para ficarem seguras em um helicóptero da Guarda Costeira.

O piloto do Corpo dos Fuzileiros Navais foi o último. Ele se levantou e disse: "Olha aqui. Se você deseja salvar a vida das pessoas, junte-se à Guarda Costeira. Se você quiser matar pessoas, junte-se ao Corpo de Fuzileiros Navais." Ele saiu do palco sem mostrar qualquer imagem.

Três anos depois, eu estava decolando meu helicóptero de um porta-aviões, minha primeira missão de combate no Vietnã. Os fuzileiros haviam mantido a promessa de sua marca, assim como vêm fazendo desde 1775.

## *Rolex e o Corpo de Fuzileiros Navais*

Então, o que um Rolex falso e o Corpo de Fuzileiros Navais têm a ver com o poder de uma marca?

A resposta é — tudo. Após meu pai rico esmagar meu Rolex falso e eu passar a estudar marcas em vez de piratear uma, percebi quanto da minha vida vinha sendo afetada por marcas. Eu sabia por que dirigia uma motocicleta Harley-Davidson, Ferraris, Porsches e Bentleys, e por que preferia Prada em vez de Brooks Brothers. Sabia por que escolhi o Corpo dos Fuzileiros Navais em vez da Guarda Costeira ou da Força Aérea, e por que nunca mais usaria um Rolex falso ou uma camisa polo Ralph Lauren falsa.

A marca fala com aquela pessoa única, diferente e autêntica dentro de todos nós. Se eu roubasse uma marca, o pirata que habita em mim seria a minha marca.

Hoje, a *Rich Dad* é uma marca internacional. Minha empresa não possui fábricas ou salas de aula próprias. *Rich Dad* é uma marca que fala a um grupo específico de indivíduos que quer as mesmas coisas que eu.

## *Cumpra Sua Promessa*

Donald Trump é fiel a si mesmo e à sua marca. Por isso, a marca *Trump* vale muito. O nome de Trump em um prédio aumenta o seu valor de 40% a 50%, pelo menos.

As marcas *Trump* e *Rich Dad* podem ficar lado a lado porque ambas valorizam a educação financeira para melhor qualidade de vida, não apenas para os super-ricos, mas para qualquer pessoa disposta a aprender.

No entanto, uma marca é mais que um nome. A marca verdadeira não pode ser copiada porque é mais que um produto. É uma promessa, um reflexo do corpo, mente e espírito do empreendedor.

Lembre-se, você não pode agradar a todas as pessoas. Você nunca poderá fazer todos felizes, então, no mínimo, seja feliz — feliz por ser único, diferente, por dar aos outros o que você quer para si mesmo e por cumprir sua missão na Terra.

Se mantiver sua promessa e der às pessoas as mesmas coisas que quer, você pode ser um dos poucos empreendedores que transformam seu negócio em uma marca.

# O que Há em um Nome?

*Donald Trump*

Quando comecei no setor imobiliário, o nome de meu pai era conhecido nos bairros da cidade de Nova York, mas não em Manhattan. Ele vinha construindo conjuntos habitacionais e havia se tornado muito bem-sucedido. Interessou-se por construção e fez aulas de marcenaria ainda adolescente.

Aos 16 anos, construiu sua primeira edificação: uma garagem para dois carros. Ele então estabeleceu um negócio de construção de garagens pré-fabricadas por US$50 cada uma e foi bem. Um ano depois que se formou no colegial, construiu sua primeira casa. Rapidamente se tornou um sucesso construindo casas modestas de tijolos. O nome Trump se tornou conhecido pelos bons preços e alta qualidade.

A reputação de meu pai era sólida. Era para mim um exemplo do que qualidade deveria ser e de como alcançá-la — por meio de atenção escrupulosa aos detalhes e integridade em todos os níveis. Trabalhei com ele no início e nunca esqueci essas lições. Trabalhava todos os dias e nos levava junto, nos fins de semana, para ver o andamento das obras. Por conta de sua formação em marcenaria, sempre conseguia distinguir um grande trabalho de um trabalho medíocre e nos apontava esses detalhes. Quando me disse: "Saiba tudo o que puder sobre o que está fazendo", referia-se à experiência.

A marca representa sua reputação. Meu pai sabia disso, e Robert acerta no alvo quando diz que uma verdadeira marca é mais que um produto. É uma promessa. A marca *Trump* simboliza padrão-ouro, em todo o mundo, e essa é uma promessa na qual trabalhamos para manter intacta, assim como fez meu pai. O trabalho árduo de Robert para estabelecer o produto certo levou um tempo, e ele foi sincero em suas tentativas de apresentar o melhor produto que podia. E alcançou seu objetivo.

A experiência de trabalho com meu pai foi meu primeiro treinamento em marcas; segui em frente e estabeleci o nome *Trump* em Manhattan e, em seguida, nacional e internacionalmente. Assim como Robert teve seu pai rico para ensiná-lo, tive meu pai, Fred C. Trump, como mentor. Ele fazia questão de ressaltar quão importante é amar o que faz.

O sucesso, muito provavelmente, não acontecerá de outra forma. Ele também foi eficiente e me deu sua fórmula de quatro etapas para o sucesso:

1. Entre.
2. Faça.
3. Faça direito.
4. E caia fora.

Era exatamente assim que ele trabalhava. Mantive sua forma abrangente de abordar os negócios. Trabalhar com ele naqueles anos e vê-lo em ação foram um grande aprendizado, sem paralelo, na verdade. Isso prova que ter um exemplo é uma ótima maneira de aprender, e é uma razão para eu tentar dar o exemplo em minha organização. As pessoas aprendem observando e escutando.

Hoje, a marca *Trump* está firmemente estabelecida e simboliza a mais alta qualidade disponível, seja onde for. Quando você pensa em *Trump*, pensa em qualidade. Isso não aconteceu por acidente. Foi uma decisão consciente desde o primeiro dia, e trabalhamos diariamente para isso. Quando estamos em um novo projeto, por exemplo, fazemos pesquisas exaustivas. Na Escócia, não apenas contratamos geomorfologistas para estudar as dunas de areia, mas também fizemos melhorias significativas no plano inicial, com o objetivo de proteger a vida selvagem local: criação de tocas artificiais para lontras, proteção para os texugos, novos habitats para aves, construção de abrigos para ninhos e para morcego, criação de novos lagos, translocação de plantas e habitats, além da coleta de sementes para manter os habitats das novas dunas dos lagos. E isso é apenas uma pequena lista de quão abrangentes tínhamos de ser para conseguir a melhor qualidade possível. No caso desse projeto, melhor qualidade implicava ser ambientalmente sensível. Nada, das aves aquáticas às gaivotas de cabeça negra, tinha menor importância para nós.

É verdade. Ser o melhor requer atenção e disciplina em tempo integral. Faça algo errado e você vai parar nos jornais. O fato de eu ser de interesse para a mídia mantém meu nome circulando diariamente. Eles vão comentar qualquer coisa. Meu trabalho, e o trabalho daqueles que me cercam, é manter a mensagem número 1 de qualidade.

*O Aprendiz* também aumentou o reconhecimento da marca *Trump*, mesmo em países onde não temos empreendimentos. Ganho muita publicidade, boa e ruim, mas isso vem com o pacote da fama. Ser objeto de interesse é algo com o qual é preciso lidar. Mas se eu não fosse bem-sucedido, nem seria alvo, para início de conversa. Depois de um tempo, você desenvolve uma casca grossa quando se trata de crítica, seja sobre seu cabelo ou seu mais recente edifício. Qualquer empreendedor que se torne muito bem-sucedido está sujeito ao controle, bem como a críticas. Seus críticos virão à tona muito rapidamente, e você será julgado tanto pelo que faz quanto pelo que não faz, então esteja preparado. A vantagem é que seu nome se torna mais familiar, e sua marca fica mais estabelecida, desde que você esteja oferecendo produtos da mais alta qualidade.

Por causa de minhas experiências com a mídia, percebi que ser fiel a mim mesmo significa que, se agir a partir de uma base muito sólida, terei poder para me livrar de quaisquer coisas negativas no caminho. Vale a pena repetir isso: seja fiel a si mesmo!

Quando Robert usou o exemplo do Rolex falso, me lembrei de todos os programas do tipo *O Aprendiz* que tentaram fazer depois do nosso sucesso inicial. Quando algo é bem-sucedido, sempre haverá imitadores. Esteja preparado. No caso de *O Aprendiz*, nenhum dos imitadores conseguiu ser bem-sucedido. Foi uma fórmula que funcionou para nós, para a marca *Trump*, mas por algum motivo não ficou bem com outras pessoas no comando. Para mim, parecia que o formato não se encaixava com a imagem que o público tinha das outras pessoas. O programa não se encaixava com suas marcas, e depois, claro, o conceito já havia sido realizado. Os outros programas não foram diferentes o suficiente para construir suas próprias marcas. *O Aprendiz*, pelo contrário, foi desenvolvido com a marca *Trump* e *Trump Organization* em mente, e estávamos por trás do show em cada detalhe. Por isso ele se tornou sólido. Quando fazíamos um episódio do programa, nossa equipe não apenas estava totalmente organizada, mas também aberta à criatividade e a surpresas. Essa é uma das emoções de se ter um programa sem roteiro. Apenas o profissionalismo das equipes e Mark Burnett são previsíveis.

Em um início de temporada, durante uma reunião do conselho, um conflito entre vários participantes veio à tona e requereu que a equipe já dispensada retornasse à sala de reuniões. Honestamente, não lembro o que era, mas era algo que não podíamos deixar pendente. Tivemos de esclarecer a questão, o que levou várias horas. Claro que foi editado para a televisão em apenas alguns minutos, mas foi um longo processo. Não havia qualquer maneira de irmos em frente sem resolver o problema, então despendemos o tempo necessário nele. Eu teria preferido ir para casa jantar, mas não houve como ignorar a situação. Lá estávamos nós, resolvendo a bagunça, os participantes, bem como todos os outros, apenas fazendo seu trabalho e permanecendo sintonizados. Fazemos tudo com cuidado, com o entendimento de que o show deve ser divertido e ao mesmo tempo fiel a si mesmo e à sua finalidade. O que muitos críticos não conseguem perceber é que há um texto educacional implícito previsto para o programa, o que lhe dá uma significância que falta em muitos outros *reality shows*. A educação é e permanece um princípio vital do programa, e recebemos muitas cartas de escolas de negócios que utilizam o show como ferramenta de aula.

## *Um Homem em uma Missão*

As pessoas me perguntam com frequência se eu tinha uma missão em mente quando comecei a *Trump Organization*. Eu não sei se teria chamado isso de missão naquele momento, mas sabia que queria uma base sólida a partir da qual pudesse operar. Sabia que seria um aspecto importante de meu sucesso, pois me permitiria trabalhar de maneira mais eficaz possível. No início, se eu tivesse tido uma declaração de missão, ela teria sido concisa: "Ser o melhor — em todos os sentidos." Isso inclui meus edifícios, meus programas de televisão, meus campos de golfe, tudo. Tem sido meu objetivo pessoal, meu foco, e isso requer dedicação diária.

Assim como ter uma base sólida para sua marca é importante, e uma declaração de missão ajuda, ter as melhores pessoas a serviço da sua marca é crucial. Quando Robert fala sobre seus parceiros, penso em meus funcionários, assim como meus parceiros de negócio e como eles têm ajudado a marca *Trump* a ser sinônimo do que há de melhor. Ao longo dos anos, descobri que para uma marca se fazer, as pessoas que a cercam têm de trabalhar excepcionalmente bem juntas. Longevidade também é importante. Tenho pessoas comigo há 30 anos. Minha organização tornou-se maior à medida que a marca se expandiu e, apesar da fama que tenho de dizer "você está demitido", não gosto de demitir. Prefiro mantê-las ao meu redor, desde que estejam fazendo um bom trabalho. Questões éticas no trabalho também são importantes porque a construção da marca é constante e infinita. Tenho tido sorte porque pareço atrair pessoas que compartilham da minha ética de trabalho. Elas entendem que nunca podem decepcionar a marca.

Aqui está um exemplo do que estou falando. Recebemos um telefonema um dia de uma senhora que morava em frente a um de meus edifícios. Ela disse que os porteiros a estavam deixando louca porque, toda vez que ela olhava para fora, eles estavam limpando e polindo, o que ela pensava ser excessivo e desnecessário. Meus edifícios são conhecidos por terem intensa manutenção, e nossa teoria foi a de que ela estava com inveja porque não vivia no edifício. Os porteiros e os homens da manutenção compreendem perfeitamente a importância de seus trabalhos. Manter o prédio em perfeitas condições não só é fundamental para a marca, mas é o que nossos moradores e convidados esperam. Não estávamos dispostos a decepcioná-los por causa de uma pessoa irritada.

Esse é um pequeno exemplo, porém importante, do que quero dizer. Nossa equipe se esforça além do possível para realizar o que há de melhor em tudo. Há muitas coisas que não teríamos de fazer em nossos projetos, e ainda assim ganharíamos dinheiro. Não tínhamos de redesenhar o campo de golfe de Los Angeles inteiramente e torná-lo verdadeiramente espetacular. Poderíamos ter apenas consertado o buraco que desmoronou no oceano e pronto. Não tínhamos de tomar tanto cuidado, como fizemos, com o meio ambiente ao redor do campo de golfe da Escócia, no entanto, fizemos. Poderíamos ter feito o mínimo, ecologicamente falando, mas fizemos o máximo. Fazemos tudo isso porque achamos ser o melhor. Isso é o que somos. Essa é nossa marca. E as pessoas que trabalham nas organizações *Trump* se orgulham do nosso padrão e do papel que desempenham para torná-lo real.

Quando todos trabalham com essa mesma energia, lealdade e foco, tudo fica muito mais suave. Definitivamente estou no comando, mas espero que todos assumam suas responsabilidades individuais. Eu não sou o tipo de chefe babá. A empresa cresceu muito, mas a essência ética é a mesma — temos um padrão-ouro a manter. Em um anúncio que saiu anos atrás, com uma foto minha, a chamada era: "Só trabalho com os melhores." Na nossa empresa, todos têm de dar o melhor de si, e se elas entenderem isso, não haverá problemas. Eu dou o melhor de mim, e é isso que espero. Essa é outra razão pela qual espero padrão-ouro de todos os associados à minha marca.

Se você está começando a construir sua marca ou está pensando nisso, entenda que a integridade da marca deve falar por si. Isso deve ficar claro desde o início. Por exemplo, se você está segurando um ovo Fabergé autêntico, ou o diamante Hope, não é realmente necessário fazer uma apresentação do produto. Caso contrário, pode levar alguém a se perguntar se são verdadeiros. Mantenha o controle de qualidade sobre os esforços de vendas. Desespero nunca dá certo.

Quando eu estava apenas começando, já tinha a atitude de "apenas o melhor" em ação. Sempre tive isso em mim, e é meu lema até hoje. A reputação é algo que você não pode comprar. Eu sabia que queria estabelecer minha marca da melhor maneira possível logo no início. A reforma do antigo *Hotel Commodore* no magnífico *Grand Hyatt Hotel* me colocou em cena como alguém que fez um bom trabalho. A *Trump Tower* fortaleceu minha reputação em 1983 e, se você visitá-la, verá que ainda é um edifício de beleza inigualável.

Construir uma marca é como construir um arranha-céu — a fundação vem em primeiro lugar, e, quanto maior o edifício, mais profunda ela precisa ser. Na verdade, me ajuda pensar em termos de construção. Você tem um plano para sua marca? A fundação é profunda e suficientemente forte para suportar uma grande estrutura? Não deixe nada ao acaso. As pessoas gostam de segurança. Uma marca forte lhes dá segurança. Quando as pessoas compram Gucci, sabem que estão adquirindo alta qualidade de design e de materiais e que não correm riscos. Se ficarem em um hotel *Trump*, sabem que terão as melhores acomodações e os melhores serviços. Do ponto de vista dos empregados, uma marca forte significa orgulho e segurança. Do ponto de vista dos clientes, significa a mesma coisa: orgulho de possuir um grande produto e segurança de que a qualidade estará presente. Como disse Robert, um nome de marca sem uma grande empresa por trás não é nada.

## *Dê o Exemplo*

Percebo que dou o exemplo. Meus funcionários e parceiros veem como eu trabalho arduamente e por longas horas diariamente. Eles veem meus padrões, o que permite que a marca prospere dentro da empresa. Não fazemos reuniões ou encontros longos porque geralmente são desnecessários. Se alguém precisa saber algo, pode vir me perguntar. Tenho uma política de portas abertas. Sou acessível porque gosto de saber o que está acontecendo. As pessoas entendem que meu tempo é limitado, então aprendem a ser breves e ir direto ao ponto. Trabalho rápido, e é assim que elas devem trabalhar. É um sistema simplificado, e os visitantes ficam surpresos em ver quão pequeno é meu *staff* principal. Todos se esforçam para realizar o trabalho rápido. É uma equipe que aprecia e valoriza a responsabilidade individual. Descobri que as pessoas trabalham mais assim e que seu nível de confiança aumenta na mesma proporção. Nesse sentido, sou um professor e gosto de desafiar as pessoas a fazerem o melhor que podem. Quando você desenvolve sua marca, é bom se lembrar disso, porque as pessoas respondem não só ao desafio mas à confiança que lhes é instilada quando alguém acredita suficientemente em suas capacidades a ponto de expandir as responsabilidades. Nunca julgue alguém pelo cargo. Você ficaria surpreso com os talentos que as pessoas podem ter. Muitos de meus funcionários foram muito além do que seus cargos exigiam.

Outra consideração importante é que, muito provavelmente, você representará sua marca. Eu represento a minha em todos os momentos e gosto de partilhar meus feitos. Sou realmente um porta-voz da *Trump Organization* e de nossos projetos, o que é fácil para mim porque estou realmente feliz com o que faço e sei que minha marca é a melhor. O desafio é garantir que absolutamente tudo relacionado a você e à sua marca esteja alinhado ao que ela representa. Para nós, isso significa ser o melhor. Acho difícil acreditar que cada empresa, a sua inclusive, não gostaria de representar um bom trabalho, por isso não esqueça que todos e tudo relacionado à sua marca representam você, e sua reputação está sempre em jogo. Pode ser um porteiro que faz um esforço extra e depois alguém que nada faz. As pessoas podem ser muito críticas e, em algumas circunstâncias, estão certas. Prestar serviços é uma grande parte da minha marca. Meus clientes pagam pelo melhor e merecem obter o melhor em todos os níveis. Cada erro, não importa quão pequeno, é um reflexo seu e de sua marca. Aprenda com ele para que não volte a acontecer. Manter seu nível de excelência requer diligência constante.

## *Seja Fiel à Sua Marca e a Você Mesmo*

Gosto quando Robert diz que é preciso ser fiel à sua marca e a si próprio. Ele também está certo quando diz que você não pode agradar a todas as pessoas se quiser ser uma marca. Você tem de decidir como quer ser conhecido, tem de ser fiel a si mesmo, tem de agradar a si mesmo em primeiro lugar. Eu sei que todos nós já ouvimos isso antes, mas, por outro lado, por que você está fazendo isso? Fique alerta. Como eu disse, nem todos concordarão com a posição que você assume. Muita gente gosta de mim, muita, não. Tudo bem, porque minha marca é sólida e eu também. Aguento o comentário negativo porque as impressões positivas superam muito os relatos dos detratores. Mas faço os ajustes que possam causar danos à minha marca ou à minha reputação. As pessoas sabem que sou um lutador nesse sentido e vão pensar duas vezes antes de vir atrás de mim, porque irei atrás delas com tudo que tenho. Quando se trata de construir sua marca e de protegê-la, você tem de estabelecer limites. Robert menciona os períodos de provações e tribulações, e eu concordo. Perceba que tais experiências são esperadas, especialmente com a escalada de seu sucesso, e que cada situação deve ser tratada individualmente. Ser uma marca exige tática e estratégia.

Anos atrás, saiu um artigo sobre mim na revista *New Yorker* que foi basicamente um ataque devastador. Fiquei muito bravo e estava prestes a ligar para o editor para reclamar. Então, percebi que minha reação alavancaria suas vendas porque acabaria se tornando uma grande história em vez de apenas um artigo mal escrito, esquecido em algumas semanas. Quando repórteres me ligaram para falar sobre o artigo, eu disse que era tão longo e chato que eu nem tinha terminado de ler. Nenhuma reação foi mais forte neste caso. Depois que a revista já não estava mais nas bancas, finalmente escrevi uma carta ao editor e deixei claro que estava descontente com "a história longa e chata" e que não consegui desviar a atenção do jogo dos Knicks na televisão tempo suficiente para terminá-la. Também adverti para que nunca mais me pedissem uma entrevista.

Outro artigo mereceu uma resposta, e a carta que enviei ganhou o título de Melhor Carta enviada ao *New York Times Book Review*, segundo a *New York Magazine*. Terminei a carta com bons votos de que os autores do artigo medíocre sobre mim pudessem um dia nos surpreender escrevendo algo relevante. Há limites a serem considerados e, por vezes, uma "resistência" menos severa prova-se útil.

Robert fala sobre seus vários parceiros ao longo dos anos. Meus projetos podem ser enormes e envolver uma série de parceiros também: empreiteiros, designers, arquitetos, gerentes e assim por diante. Como ele menciona, é muito importante que o encaixe seja bom. Quando alguém projeta um campo de golfe, por exemplo, temos de ter a mesma visão. A capacidade técnica deles é necessária, é claro, mas o mais importante é nos sintonizarmos ou muito tempo e dinheiro serão desperdiçados. Isso vale para todos os níveis de pessoas com as quais você esteja trabalhando.

A essa altura da minha carreira, não preciso fazer mais dinheiro. Amo o que estou fazendo e me importo com a marca *Trump*, mas não sou movido a dinheiro. É por isso que tenho muitos relacionamentos de longa data. Eu me preocupo com as pessoas com as quais tenho de lidar e me preocupo também com os clientes. Como menciona Robert, se você não se importa, terá apenas transações, não relacionamentos. A preocupação com os clientes é parte da construção da sua reputação e deve ser a principal questão desde o início do processo.

Como a maioria das pessoas sabe, sou conhecido pela minha sinceridade, às vezes sem rodeios. Não vejo razão em ser politicamente correto se significar estar incorreto na verdade. Falo o que penso. Por causa disso, nem sempre sou popular, mas não consigo ser falso. Isso não significa que seja prioritariamente contraditório sem motivo. Também sou conhecido como grande negociador, que significa avaliar ambos os lados da história e trabalhar para uma situação benéfica para todos. Assim, como empreendedor, há uma linha tênue na qual você caminha, que também se reflete na vida e em qualquer tipo de negócio. Tenho me empenhado muito em ser prudente.

Veja um exemplo: tenho um edifício fantástico no centro financeiro de Nova York, no número 40 da Wall Street. É o edifício mais alto da parte baixa de Manhattan, uma beleza. Observei aquele prédio durante décadas antes de decidir comprá-lo e, quando o fiz, paguei US$1 milhão. Observei e esperei até que fosse o momento certo para dar o lance, e ele é agora considerado um dos melhores negócios imobiliários já feitos em Nova York. Mas não foi uma história de sucesso da noite para o dia. Esperei um longo tempo. A certa altura, perguntei aos proprietários, que o haviam comprado no início de 1990, se eles estavam interessados em uma possível parceria, mas eles estavam mais interessados em fazer do edifício o equivalente à *Trump Tower* do centro — incluindo um átrio. O que fazer com as colunas de aço que sustentavam um edifício de 72 andares não ocorreu a eles. A estrutura do prédio exigia colunas de aço a partir do chão, e a construção de um átrio aberto não seria possível. Fiquei espantado e, ao mesmo tempo, esperançoso. Eles obviamente não sabiam o que estavam fazendo.

Três anos mais tarde, em 1995, como supus, os proprietários queriam sair, o que me colocou em ótima posição. Eles aceitaram minhas condições sem restrições, e o edifício do número 40 da Wall Street era meu. Também voei para a Alemanha para me encontrar com Walter Hinneberg para reestruturar o contrato de arrendamento do terreno que ele detinha. Havia um monte de detalhes, sendo um deles a decisão se o edifício deveria ser um imóvel residencial (aconselhado por todos) ou ser mantido como incrível endereço empresarial. Meu instinto me dizia que deveria ser mantido assim, e acabou sendo um tremendo sucesso. Além disso, ele é bonito e o edifício mais alto de Lower Manhattan. Eu sabia que seria um acréscimo fantástico à marca *Trump* de grandes edifícios, e estava certo.

Conhecer sua marca e mantê-la intacta enquanto você progride exige diligência e foco. Sou muito bom em foco porque, quando tive uma reviravolta financeira na década de 1990, a lição número 1 que aprendi foi como o foco é importante. Esse foi o cerne do capítulo anterior e é isso que o dedo indicador representa. Eu tinha perdido o foco, e os resultados foram todos demasiadamente óbvios. Eu estava assistindo a desfiles de moda em Paris, viajando por todo o mundo, participando de eventos sociais e não estava trabalhando tão arduamente como deveria. Fiquei um pouco preguiçoso. Mas o melhor chamado foi quando o *Wall Street Journal* e o *New York Times* publicaram, ambos, artigos de primeira página prevendo minha bancarrota

— no mesmo dia! É claro, a história se espalhou pelo mundo todo em um piscar de olhos. É um dia do qual não vou me esquecer. Mas me recompus e sou muito mais bem-sucedido agora do que era então porque meu foco está definitivamente controlado, pessoalmente, profissionalmente e em relação à minha marca. Hoje, não me permito distrações e, portanto, posso administrar muitas empresas de uma só vez. A marca *Trump* permaneceu intacta durante os tempos difíceis e, dali, seguimos em frente e expandimos com novo vigor.

## *Maior É Melhor?*

Vamos falar sobre a expansão da marca. Acredito que sua marca pode se expandir, mas a integridade deve permanecer a mesma. Já expandi para o negócio do entretenimento, o desenvolvimento de campos de golfe, uma rede de hotéis e muitas outras coisas, mas o denominador comum está sempre lá: padrão-ouro de qualidade. Mantenha o padrão da sua marca em mente, e sua expansão parecerá possível e gratificante. Isso não significa que vai ser fácil. O campo de golfe na Escócia, por vezes, foi intensamente difícil. Apenas o fato de que estávamos operando em um país estrangeiro foi suficiente, mas houve muitos fatores diferentes envolvidos, o que traz de volta a questão de ser fiel a si mesmo e à sua marca. Essa é a base sólida que resiste ao teste do tempo e às tribulações e que manterá sua marca próspera.

## *Trabalhar Sua Marca*

Sempre fui o porta-voz de minha própria marca. Quando sua marca começar a se formar, você também terá oportunidades de maior reconhecimento. Passei a ter a atenção do público, como incorporador imobiliário em Manhattan, relativamente jovem. Meus projetos eram grandes e às vezes surpreendiam as pessoas, o que gerava interesse da mídia. Eu me acostumei com a atenção, positiva e às vezes negativa, mas de uma maneira ou de outra, essa atenção ajudou a estabelecer a marca *Trump*. Também ajudou as pessoas a me conhecerem e a reconhecerem o nome *Trump*. Finalmente, tornei-me muito conhecido fora de Nova York também.

Quando meu primeiro livro, *A Arte da Negociação*, publicado no Brasil em 1988, tornou-se um *best-seller*, meu fator de reconhecimento deu um salto ainda maior. Foi nessa época que Mark Burnett leu o livro. Ele disse depois que foi o catalisador para que se esforçasse e se tornasse um sucesso. Sei que Robert também foi impactado pela leitura. Naquela época, Mark trabalhava como *baby-sitter* e vendia camisetas na Venice Beach, na Califórnia. Muitos anos depois, ele se aproximou de mim, na pista de patinação Wollman, onde estava filmando um episódio de *Survivor*. Ele tinha alugado a minha pista para a filmagem e queria discutir a possibilidade de fazer um *reality show* baseado em mim. Perguntou se poderíamos marcar uma reunião em meu escritório e concordei. Mark veio e explicou seu conceito de *O Aprendiz*, que me intrigou. No entanto, administro uma empresa e fiquei preocupado com o tempo que levaria. Mark disse: "Donald, eu prometo a você, não mais que três horas por semana." Acredite ou não, ele me convenceu! Para um programa em horário nobre? De qualquer forma, eu não só gostava de Mark, mas gostava de seu conceito, e fechamos o acordo. Meus conselheiros me disseram que era um risco e que poderia danificar a minha reputação, imagem e marca. Mas eu já tinha acordado e tinha um sentimento bom a respeito do programa. Eu não sabia que 95% de todos os novos programas de televisão fracassam — o que foi bom, ou eu poderia não ter concordado tão prontamente.

Felizmente, o programa foi o sucesso número 1 da temporada, e meu fator celebridade disparou. Eu me tornei famoso internacionalmente, o que teve um impacto muito positivo sobre meu negócio. O programa também deu à *Trump Organization* reconhecimento como uma empresa que realiza projetos benfeitos. Isso foi, e é até hoje, uma maravilhosa oportunidade para qualquer marca.

Eu sempre fora abordado para falar em vários eventos e reuniões, mas após o sucesso de *O Aprendiz*, fui convidado a fazer muitos comerciais de televisão e apresentar um *Saturday Night Live*. Eram dúzias de convites semanais para palestrar. Também fui abordado por editoras para escrever mais livros. Foi uma tremenda oportunidade para meu negócio expandir e florescer como nunca. Meu ponto é que tive uma parte muito ativa em todas essas oportunidades, porque sabia o que significava a marca. Ter um excelente produto não basta, se ninguém sabe ou nunca ouviu falar dele. O nome tem de se popularizar, e o reconhecimento tem de ser instantâneo.

Quando lhe forem apresentadas oportunidades semelhantes de trazer maior reconhecimento para sua marca, não se esqueça de avaliá-las e tirar proveito da chance de trazer reconhecimento à marca. Nunca se permita permanecer na zona de conforto. Você deve acolher os riscos. Se não tem certeza de sua marca, deve ajustá-la antes de comentar muito a respeito dela. Você deve estar tão certo de que sua marca é a melhor, que anunciá-la para todo o mundo deve ser emocionante, não assustador.

## *Você É um Comunicador?*

Sou extrovertido por natureza. Gosto de me comunicar, seja com duas pessoas no meu escritório ou com milhares de pessoas. Gosto de contar histórias para ilustrar meus pontos. Se você tem dificuldade nisso, uma forma de superar é fazer das pessoas da plateia o seu foco. O que elas gostariam de saber? O que seria interessante e divertido para elas? De certa forma, é como negociar. Tente descobrir de onde elas são. Quando o foco é menos sobre si mesmo, seu nervosismo desaparece ou, pelo menos, acalma um pouco.

Ser capaz de falar em público é fundamental para o desenvolvimento de sua marca. Caso contrário, você deve encontrar um porta-voz para tomar seu lugar até que suas habilidades sejam aperfeiçoadas. As histórias que uso são normalmente pessoais. Por exemplo, gosto de contar a história de um amigo que estava no negócio errado. Por meio dela, enfatizo a importância de você amar o que faz para ser bem-sucedido, e esse cara foi um grande exemplo. Ele trabalhava no mercado financeiro, seguindo o exemplo familiar. O problema é que ele era terrível nessa área e tinha a aparência doente e infeliz. Sou conhecido por ser direto. Um dia, eu lhe disse que ele parecia um perdedor. Palavras duras, mas eu me preocupava com ele. Perguntei o que ele gostava de fazer, e ele mencionou que gostava de cuidar dos gramados de seu clube de golfe. Citei o golfe como uma opção de negócio. Por fim, ele entrou nesse ramo, se tornou bem-sucedido e, consequentemente, muito saudável e feliz.

Uma vez, eu estava várias horas atrasado para um discurso, devido a imprevistos. Assim que o avião pousou, precisei de escolta policial para nos ajudar com o tráfego pesado e com a chuva. Fizemos disso uma aventura para o paciente público de muitos milhares de pessoas, mantendo-os informados dos atrasos aparentemente intermináveis. Eu estava viajando com a equipe de *O Aprendiz*, que estava filmando a viagem e o evento, de modo que o público se sentiu parte de um *reality show* que era, obviamente, improvisado. Quando afinal cheguei, eles anunciaram que "Donald Trump entrara no prédio", e houve um sentimento de celebração, não de desgosto pelo longo atraso. Todos se divertiram. Minha marca e meu nome fizeram inclusive o público me desculpar por estar tão atrasado! Transformaram uma situação muito negativa para mim e para as pessoas que me convidaram em algo positivo. Isso é poderoso.

Acho que você mesmo representar sua própria marca é a melhor maneira de agir. Ninguém conhece seu produto ou marca tão bem quanto você. Se você não conseguir vendê-la, quem o fará? Você deve ser capaz de representar sua própria marca na vida, no dia a dia, bem como em apresentações. Essa é a chave para tornar sua marca hermética. Empreendedores que querem ter sucesso precisam saber como ser persuasivos. O entusiasmo tem de estar lá e tem de ser genuíno. Se você não se sente confortável apresentando seu nome e sua marca, procure alguém que personifique a forma como quer que eles sejam percebidos.

A imagem é importante e fala mais que as próprias palavras ou entrelinhas do contrato de garantia que vão com o produto. Pense em associação de palavras quando disser o nome de uma marca — e a associação de palavras realmente se tornará uma imagem, se você realizar bem o processo de *branding* (dar nome à marca). Foque o reconhecimento instantâneo. O nome deve ser capaz de dizer tudo se a marca tiver sido cuidadosa e corretamente estabelecida. Por exemplo, diga "Chanel", e a imagem vai preceder as palavras, assim como "Gucci". E "*Trump*".

É aí que a marca começa a trabalhar para você. Basicamente, sua marca está trabalhando por você quando alguém fala um nome e ele funciona como propaganda instantânea para sua marca. Você pode estar apenas na criação do básico, ou talvez já esteja tudo definido. Uma vez instalada e funcionando, você vai ver, ela vai lhe poupar muito tempo. Apresentações e explicações não serão necessárias. Com uma marca, você não terá de buscar oportunidades. Elas virão até você. O que há em um nome? Muita coisa! E esse é o Toque de Midas.

## Destilação: Marca

Muitos empreendedores trabalham arduamente para construir um negócio, mas apenas poucos constroem uma marca. Construir uma marca para seu negócio é essencial para desenvolver seu Toque de Midas. Perceba você ou não, sua marca pode ser muitas vezes mais valiosa que o negócio. Por exemplo, a marca Coca-Cola vale muito mais que todas as fábricas de engarrafamento, equipamentos e bens de capital que compõem o negócio. A Coca-Cola costumava ser a marca mais valiosa do mundo, mas hoje é a Google. O Facebook vai superar a Google no futuro? Quem sabe?

Se seu negócio não é uma marca, é uma mercadoria. Há muitos negócios de hambúrguer, mas só há um McDonald's. Há muitos cafés, mas só um Starbucks. E independentemente de você amar essas marcas ou não, seu sucesso é indiscutível. A marca é poder. Ela precede você e trabalha em seu nome. Isso é alavancagem e, nos negócios, a alavancagem é uma grande vantagem. Um negócio que não seja uma marca não é nada. É um trabalho para você e para seus empregados. Ele o mantém ocupado, mas, no fim do dia, semana, mês ou ano, tudo que você tem para mostrar pelo esforço é trabalho e, se fez um bom negócio, os lucros. Nada de errado com isso, mas os empreendedores com o Toque de Midas querem mais.

E isso conduz a uma verdade em termos de marca: dentro de cada grande marca está o DNA do empreendedor que começou tudo. Esse DNA é um bem precioso e valioso que poucas empresas ainda reconhecem ter até o momento em que o perdem. Se o DNA não for protegido, a marca logo morre. É por isso que tantas marcas morrem quando o empreendedor vende seus negócios para uma grande corporação. A AOL e o MySpace são exemplos recentes da morte do DNA do empreendedor.

### *O que Você Defende?*

Muitas pessoas se tornaram empreendedoras para ganhar dinheiro. Poucas empreendem para fazer a diferença. Que tipo de empreendedor é você? Você pode querer se fazer essa pergunta agora, pois ela é mais importante na busca pelo sucesso do que você pensa.

Kathy Heasley, uma empreendedora de desenvolvimento de marca, trabalhou com Robert escrevendo suas seções neste livro. A empresa de Kathy, Heasley & Partners, trabalha com empreendedores novos e estabelecidos e empresas empreendedoras e lhes mostra como transformar seus negócios em marcas. Após mais de 20 anos orientando empreendedores, ela criou o que chama de *Heart & Mind® Branding* (Marcas Coração & Mente), sua empresa própria de construção de marca. Pelo método desenvolvido por ela, as empresas aprendem a infundir coração — o propósito maior, o espírito, a alma da empresa — em tudo o que comunica e faz. Essa forma de *branding* se estende para além de marketing e comunicação e se infunde por toda a empresa.

Uma de suas inúmeras histórias de sucesso foi trabalhar com Doug Ducey, um empreendedor e a força motriz por trás do sucesso da Cold Stone Creamery, hoje, uma marca internacional de sorvete.

Em 1999, quando Kathy assumiu pela primeira vez a Cold Stone Creamery como cliente, a Cold Stone estava em fase de lançamento como franquia, com cerca de 12 empregados, 35 lojas e alguns milhões de dólares em receita bruta. Quando a Cold Stone foi comprada, 10 anos depois, tinha mais de 1.400 lojas e mais de US$500 milhões em receita bruta.

Sobre empreendedores, empresas, empresários e marcas, Kathy afirma: "As pessoas muitas vezes acham que uma marca é um logotipo. Elas acham que é uma campanha de publicidade ou promoção de vendas. Não é nada disso. A marca se resume a duas palavras: uma 'promessa' que você sinaliza e a 'experiência' que você entrega. A marca se faz sobre o que o empreendedor representa. Quando as pessoas veem sua marca, ouvem seu nome ou usam seus produtos, os símbolos e as experiências devem desencadear nelas o que você representa. Vou adiante. Você, seu nome, seus produtos e seus serviços devem acionar tanto uma resposta emocional quanto intelectual em seu cliente. Minha marca, Heart & Mind baseia-se no fato de que todos nós compramos com nossos corações e justificamos com nossas mentes. Em outras palavras, uma marca deve ser emocional primeiro, lógica depois."

### *Perguntas a Se Fazer*

Empreendimentos de sucesso têm algo especial, aquela magia que inflama uma marca. Para a Cold Stone Creamery, foi a paixão por fazer pessoas felizes, um impulso para ser a melhor e para vender a melhor experiência possível na degustação de um sorvete. Então, essa é a missão da existência desta marca.

Os líderes precisam ter uma chama acesa no coração e uma boa razão para existir — a história por trás da história — e devem conectar-se com essa história e deixá-la transparecer.

Para começar a desenvolver uma marca os empreendedores devem se fazer as três grandes perguntas fundamentais sobre o panorama geral:

#### *Pergunta #1: Por que você faz o que faz?*

Você conhece o seu "porquê" por trás do seu "o quê"? Você precisa de uma boa razão para fazer o que está fazendo, porque as pessoas se conectam com o porquê. Você tem de dar vida a essa autenticidade na sua marca. Os empreendedores devem colocar coração no que fazem porque o primeiro sinal de uma marca é a autenticidade. Não é só dinheiro. Isso pode ser suficiente quando você é um A, mas não o será para transpor seu negócio para o quadrante D.

Quando as pessoas nos conhecem, elas podem dizer que há um enorme "porquê" por trás do que cada um de nós faz. Afinal, ambos somos empreendedores e homens de negócios experientes. Somos altamente bem-sucedidos. Nenhum de nós tem de trabalhar, mas trabalhamos. Mesmo estando no negócio do dinheiro e desfrutando do jogo de ganhá-lo, não estamos fazendo tudo isso apenas por dinheiro. Ele não é o "porquê". O fato é que se você olhar profundamente, somos, de fato, professores. Gostamos genuinamente de ensinar as pessoas a se tornarem o melhor que elas podem ser e a viver da melhor forma possível. Esse "porquê" subjacente está por trás de cada livro que escrevemos, cada projeto e cada investimento que fazemos. Escrevemos nosso primeiro livro juntos, *Nós Queremos que Você Fique Rico*, por nenhuma outra razão além de esclarecer as pessoas sobre como o mundo funciona e sobre a ameaça que todos nós enfrentamos hoje. Escrevemos sobre a erosão da classe média, por que está acontecendo e o que você pode fazer para aumentar sua riqueza em vez de cair para a pobreza. Isso é ensinar, e é aí que o nosso coração está. Queremos que as pessoas vivam melhor.

Muitas pessoas certamente já ouviram falar de Donald Trump, e o mesmo acontece com o livro *Pai Rico, Pai Pobre*. Explore os mundos dos negócios e do empreendedorismo e, em pouco tempo, você saberá exatamente quem somos. Você imediatamente sentirá que temos uma personalidade que representa algo muito maior que apenas ganhar dinheiro. Vivemos pelo velho ditado: "O que você pensa de mim não é da minha conta." Em outras palavras, não precisamos de sua aprovação para existir. Socialmente, somos ambos respeitosos, frequentemente educados, mas você sabe que há um fogo que queima em nossos seus corações. Somos intensos, vigorosos e movidos por nossas missões.

As pessoas sabem quem somos por trás de nossas imagens e como estamos conectados com nossas empresas. Elas veem o nosso nível de foco, a força emocional e nossa dedicação em trabalhar arduamente. O processo de uma marca é uma maratona, uma dinâmica empresarial. Os líderes não podem entrar e sair a seu bel-prazer.

Para continuar sua busca pela marca, faça a si mesmo as seguintes perguntas:

- O que você quer alcançar com seu negócio?
- O que o tira da cama de manhã?
- Alguma vez você já fracassou?
- Em que situação você se vê daqui a cinco anos?
- O que você quer deixar como legado?

À medida que você se faz essas perguntas, chame um amigo em que confia e tenha uma conversa. Troque feedback e anote tudo. Repita mais de uma vez esse processo. As perguntas são importantes. Repita o processo até que fique claro quem você é, por que faz o que faz e se você tem a chama necessária para se tornar uma verdadeira marca. Por esse processo, você descobrirá verdadeiramente o que representa.

Você também deve querer fazer perguntas semelhantes sobre seus clientes e funcionários. Quando se trata de descobrir o empreendedor genuíno, a empresa genuína, todo mundo tem uma voz.

***Pergunta #2: Que problema quer resolver?***

Um verdadeiro negócio só existe para resolver um problema e para tornar a vida melhor. Se o que você faz não beneficia outras pessoas, não é significativo. Grandes marcas não são apenas genuínas, são também significativas.

Nossas marcas funcionam bem juntas, porque atuam sobre os mesmos problemas. Embora sejamos muito diferentes e vindos de extremidades opostas dos Estados Unidos, Nova York e Havaí, ambos tivemos pais ricos. Um de nós é de família rica e o outro é de família de classe média e, ainda assim, são unidos pelo coração como educadores. Somos professores, muitas vezes compartilhando palcos, falando para grandes públicos, incentivando os participantes a buscarem seus sonhos. Ambos temos programas educativos na televisão: o sucesso de Donald é *O Aprendiz*, e Robert faz programas na rede pública de televisão. Ambos temos jogos sobre educação financeira, comandamos empresas de educação financeira e escrevemos livros. Estamos fazendo o melhor que podemos para preencher um vazio educacional causado pela falta de educação financeira nas escolas. Sabemos que um grande problema na sociedade é a falta de educação financeira. Quando combinado com outras forças, essa lacuna provoca o aumento da distância entre ricos e pobres juntamente com o encolhimento da classe média. Perda de emprego, salários baixos, impostos mais altos, desvalorização dos imóveis, aumento da inflação, assistência médica inacessível e falta de poupança para a aposentadoria estão afetando seriamente muitas pessoas em todo o mundo. Queremos ser parte da solução. É por isso que ensinamos e compartilhamos nossos conhecimentos, para que mais pessoas possam desfrutar de uma vida melhor.

Nossos princípios têm sido testados. Nenhum de nós divide o palco com especialistas financeiros que dizem: "Gaste menos do que ganha." Queremos que as pessoas tenham conhecimento financeiro suficiente para realizarem seus sonhos mais ousados. Mark Burnett, o produtor de *O Aprendiz*, e Robert se inspiraram a viver além de seus sonhos depois de lerem o livro de Donald, *A Arte da Negociação*. Como Donald já afirmou: "Mark estava trabalhando como *baby-sitter* e vendia camisetas em uma praia, Venice Beach, na Califórnia. Foi nessa época que ele leu meu livro." Hoje, Mark Burnett é líder no mundo dos *reality shows* e é rico além de seus sonhos.

A esposa de Robert, Kim, diz: "Em 1987, ainda estávamos em dificuldades financeiras. Em 1986, havíamos, finalmente, pagado cerca de US$1 milhão em perdas no negócio das carteiras de Robert. Estávamos zerados. Não tínhamos dívida, mas também não tínhamos renda. Assim que ouvimos sobre o livro de Donald, corremos para comprá-lo, lemos, estudamos e discutimos o assunto em profundidade. Esse livro mudou nossas vidas. Ele mudou nossas vidas porque Donald nos permitiu ver seu mundo através de seus olhos. Ele não nos deu respostas. Apenas abriu nossos olhos para um mundo de possibilidades. Isso é o que os grandes mestres fazem."

As marcas *Trump*, *Kiyosaki* e *Burnett* são todas significativas no mundo de hoje. Elas resolvem problemas, criam empregos e nos movem para a frente em sincronia com o que está acontecendo no mundo. Ambas as marcas *Kiyosaki* e *Burnett* têm se associado à marca *Trump*. Os resultados são benéficos para todos. Marcas individuais são poderosas, mas, quando juntas, podem se tornar exponencialmente maiores.

Entenda o que torna seu negócio significativo, refletindo por meio das seguintes perguntas:

- Qual é o problema que pretende resolver?
- Por que é um problema?
- O que causa o problema?
- Se seu negócio acabasse amanhã, o que o mundo perderia?
- O que o faz pensar que você pode resolver o problema?
- Como seu produto ou serviço resolve o problema?
- Como seu produto ou serviço torna a vida de seu cliente melhor?
- O que você acha que seus clientes realmente precisam de uma empresa como a sua?

Mais uma vez, reserve tempo para se fazer essas perguntas. Então, peça a seu amigo que as faça novamente para você. Repita o processo até que se esclareça o que o torna significativo. Essa é a segunda característica de uma grande marca.

***Pergunta #3: Quem ou o que é seu concorrente?***

Todo negócio tem concorrência e ao construir uma marca, você deve ser diferente. Na verdade, essa é a terceira característica de uma grande marca — diferença. Muitas empresas são do tipo "mais do mesmo" e nunca vão vencer a concorrência. Quando ouvimos alguém dizer: "Meu produto não tem concorrência porque somos únicos", sabemos que temos um sonhador em nossa frente, e não um empreendedor. Sempre há competição, mesmo que seja o fato de que seu cliente não saiba que você existe. A ignorância também pode ser um concorrente.

A maioria das pessoas tem um foco muito restrito. Elas só veem seus produtos ou serviços, o topo do Triângulo D–I. Muitas vezes, não conseguem ver o escopo total das oito integridades de um negócio. Se não conseguem ver todo o Triângulo D–I, há pontos cegos em sua visão de mundo, e nunca encontrarão ou serão plenamente capazes de criar seus diferenciais.

Muitas vezes, por ser fiel a quem você é e significativo para as pessoas a quem você serve ou deseja servir você é, por definição, diferente. Poucas empresas entendem isso, então você se destaca. Trabalhar em uma empresa que tenha um propósito é mais divertido, mais significativo e mais satisfatório.

Para revelar o diferencial de uma empresa, busque compreender o seguinte:

- Por que as pessoas escolhem sua empresa em detrimento de outras?
- Você pode dizer como é diferente em menos de 25 palavras?
- Seus colaboradores conseguem dizer qual é a diferença, e todos eles apontam o mesmo fator?
- Qual é seu estilo de apresentação?
- Você se sente seguro em situações de vendas?
- Você se sente seguro no palco?
- O que sua empresa, e só ela, "possui"?
- Quando as pessoas procuram sua empresa no Google para analisar, os resultados valorizam sua marca?

- Quão disposto você está a mudar e a se adaptar?
- Quão rápido você e sua organização podem mudar?

Faça a si mesmo essas perguntas e encontre suas próprias respostas. Então peça a um amigo para refletir com você sobre as mesmas perguntas e fornecer feedback. É importante repetir o processo até que as respostas estejam claras.

Se você é empregado, faça as mesmas perguntas e responda-as pelos gestores da empresa onde você trabalha. Em outras palavras, seus gestores são dinossauros ou não? Se você não gostar das respostas dos gestores, pode querer começar a procurar outro emprego porque, de qualquer maneira, é provável que tenha de fazê-lo em um futuro próximo.

No mundo de hoje, de aceleração da tecnologia, há mais e mais competição pela atenção, tempo e dinheiro dos clientes. O mundo virtual é o novo mundo do "grátis". Como você pode competir quando todo mundo está dando ou vendendo com grandes descontos o que você está tentando vender? Aqueles que nasceram antes de 1970 podem ter a sabedoria de negócios, mas correm o risco de não serem muito ligados em tecnologia, mesmo usando e-mail e tendo uma conta no Facebook. Já para as pessoas nascidas depois de 1970, muitas vezes mais ávidas por tecnologia, lhes falta a sabedoria para usá-la bem. Hoje os empreendedores devem ser as duas coisas, ávidos e sábios. O empreendedor que possui ambos os traços tem uma enorme vantagem competitiva.

O mundo mudou em 1989, o ano em que o Muro de Berlim caiu e a internet surgiu. Esses eventos sinalizaram o fim da Era Industrial e o início da Era da Informação. Hoje, a concorrência está em todo lugar. A sua está na casa das pessoas, no escritório e no telefone celular. O mundo virtual do "grátis" está derrubando antigas grandes marcas de revistas porque muitas não têm ideia de como competir no novo mundo. Além disso, a tecnologia acelera o tempo de transação. A razão pela qual temos bilionários de 20 anos e desempregados de 50 anos com formação superior é porque as empresas no mundo virtual podem vender para mais pessoas, mais rápido, por preços mais baixos e com menos funcionários. Um jovem de 20 anos sabe como construir um nome, suas empresas e sua linha de produtos. É mais fácil que nunca, mas também é mais difícil que nunca. A internet nos dá acesso, mas porque dá acesso a todos, tumultua o meio de campo. É preciso estratégia e trabalho constante para vencer. Mas sem uma marca, você está perdido em um mar enorme, sem fundo.

A internet pode ser um lugar perigoso, e é fácil os consumidores serem enganados. Marcas trazem segurança e proteção a esse mundo desenfreado. Se sua marca pode fluir facilmente entre o mundo virtual e o real e vice-versa, tanto melhor. Na verdade, melhora sua credibilidade. Uma marca que pode conectar-se, competir e realizar negócios em alta velocidade no mundo real e no virtual tem grande potencial.

## *Grandes Marcas*

As principais características das grandes marcas são:

- Autenticidade
- Significado
- Diferencial

Ser autêntico é praticar o que você prega: viver suas palavras, seu discurso e sua caminhada. O Rolex falso diz que se você finge no exterior, provavelmente está fingindo no interior. Quem acha que as pessoas não captam a falsidade está enganando a si mesmo. Mesmo que seus clientes não captem isso de imediato, em algum momento acontecerá. Como diz aquele velho ditado: "Você pode enganar algumas pessoas por algum tempo, mas não pode enganar todas as pessoas o tempo todo."

Na economia de hoje, as pessoas são muito sensíveis às promessas de marca, preço e valor. Isso significa que querem saber se você está mais preocupado com elas ou com o que está vendendo. Hoje, você, sua empresa e sua marca devem primeiro permitir que as pessoas saibam com o que você se preocupa e que se preocupa com elas. Se não fizer isso, seu concorrente fará. Veja, não se trata de dinheiro, mas de cuidar. Se você fizer isso — realmente se preocupar, cumprir a promessa da sua marca, com experiência inigualável, funcionar 24 horas por dia, sete dias por semana, e de qualquer lugar —, ganhará muito dinheiro.

Grandes marcas começam no coração da empresa, permeiam a organização por meio dos funcionários e depois saem a público.

Todas as forças armadas dos Estados Unidos — Exército, Marinha, Aeronáutica, Guarda Costeira e Fuzileiros Navais — são grandes marcas. No entanto, a mensagem de cada uma delas é diferente. Quando uma pessoa decide participar de determinada área das Forças Armadas, ela não se limita a vestir um uniforme. Não, antes que aquele uniforme lhe seja conferido, o futuro soldado é desmontado, despido de identidades, crenças, pensamentos e hábitos anteriores. Só então ele estará pronto para se tornar um membro da Marinha, Exército, Guarda Costeira ou Força Aérea. As Forças Armadas certificam-se de que seu pessoal seja de primeira linha — mental, física e espiritualmente.

Este processo de *branding* é especialmente verdadeiro para os SEALs da Marinha (Sea [mar], Air [ar], Land [terra]) —, uma das unidades de elite de combate de maior prestígio do mundo. Os 2.500 SEALs são considerados alguns dos melhores soldados do mundo. Eles passam por um programa de treinamento extremamente árduo de dois anos antes de se tornar um SEAL. O processo elimina de 75% a 90% dos aceitos no programa. Em um dos testes de resistência, um desafio conhecido como "prova de afogamento", os candidatos com os pés e mãos amarrados, são jogados em águas profundas e lhes é dito para chegar à superfície de alguma forma enquanto prendem a respiração. Em seguida, eles têm de nadar 50m, ainda amarrados. O pior desafio é a "semana infernal", um período em que os recrutas mantidos acordados durante 20 horas por dia, realizando manobras implacáveis, fisicamente impiedosas, enquanto vão sendo constantemente convidados a sair. No final da semana infernal, se não saírem, os candidatos recebem duchas de água fria para induzir a hipotermia. Em seguida, nadam cerca de 4km pelo oceano. Quando terminam de nadar, recebem de um instrutor uma caneca de chocolate quente, mas só podem beber se admitirem o fracasso e abandonarem o programa. Muitos SEALs admitem que devolver a xícara de chocolate quente é a coisa mais difícil que já fizeram.

As organizações militares são alguns dos mais sofisticados criadores de marcas do mundo. Uma marca de verdade começa a partir da essência, o coração, e permeia os corações e as mentes de todos na organização e depois no mundo exterior. As melhores marcas tornam-se parte do nosso DNA.

Quando o Time 6 dos SEALs (ST6) matou Osama Bin Laden, o poder de sua marca ecoou pelo mundo todo. Muitas pessoas que nunca tinham ouvido falar dos SEALs se perguntaram: "Quem são esses caras?" Dado que os SEALs respeitam um código de silêncio, seu silêncio absoluto tornou a marca ainda mais poderosa. O que isso diz sobre as empresas que nos bombardeiam com publicidade sem sentido, alta e irritante? Significa que elas não estão construindo uma marca, mas sendo um incômodo.

Um dos maiores criadores de marca de todos os tempos foi Átila, o Huno. Sua marca o precedia tão poderosamente que exércitos inimigos, muitas vezes, se rendiam antes mesmo de confrontá-lo em batalha. Embora fosse o líder dos hunos entre os anos 434 e 453 d.C., as pessoas ainda falam de Átila nos dias de hoje. Isso é poder da marca e a prova de que uma marca pode construir um legado.

Hoje, empreendedores como Mark Zuckerberg do Facebook e Sergey Brin do Google são átilas modernos que estão construindo suas marcas e seus legados. Eles têm construído algumas das marcas mais poderosas da história. Quando Zuckerberg ou Brin se mexem, o mundo treme e as empresas são forçadas a mudar ou morrer.

Mesmo as organizações criminosas têm marcas. Por exemplo, o nome Cosa Nostra traz medo às pessoas em toda parte. O mesmo vale para a Yakuza, do Japão. No mundo das drogas, o cartel de Cáli e Medellín, da Colômbia foram e ainda são conhecidos como líderes no comércio de cocaína.

Vigaristas também têm marcas. O nome Bernie Madoff significava ouro no mundo dos ricos e famosos. Hoje, é famoso por ter armado o maior esquema Ponzi da história. Poderia o nome Bernie Madoff tornar-se mais famoso que o de Charles Ponzi, a pessoa que deu nome ao esquema de pirâmides? O tempo dirá se, em alguns anos, o que antes foi chamado de esquema Ponzi vá se tornar conhecido como "esquema de Madoff". De muitas maneiras, o nome Bernie Madoff descreve melhor o crime!

É importante perceber a força e o valor de uma marca. É preciso estar disposto a fazer o que for preciso, em relação a tempo e dinheiro, antes de começar o processo. Muitos líderes querem crescer, criar grandes empresas, mas nem todos estão dispostos a fazer o que é preciso para que essa intenção se torne realidade. Para muitos CEOs, o tempo é mais caro que o dinheiro.

Perceba que o processo de construção de uma marca é um modo de vida, não um evento. Saiba que é a marca que lhe permite cumprir o propósito de sua vida, então, vale sua energia e seu tempo. Seja uma marca, não um negócio, e valorize-a.

## *Consideração Final*

Marcas estão por toda parte e em tudo. Há marcas globais e marcas locais. Existem marcas para os ricos e para os não tão ricos e todos os outros. Existem marcas para crianças e para adultos. Cada setor tem uma marca. Por exemplo, no mundo do ouro, há a American Eagles, a Canadian Maple Leafs, a Australian Kangaroos e a South African Krugerrands. Embora sejam marcas de ouro, seus preços são diferentes.

Na religião, existem muitos tipos e submarcas. No cristianismo, há protestantes e católicos. No budismo, há budistas tibetanos, chineses e japoneses. O Dalai Lama é uma marca de poder em si mesmo, é um budista tibetano. Dentro do budismo tibetano, há submarcas e subconflitos. E em um mundo de terrorismo, estamos todos conscientes das batalhas entre judeus, muçulmanos e cristãos. Por que existem as tensões e os conflitos? A resposta é parcialmente explicada a partir do contexto das marcas, submarcas e da batalha pelos corações e mentes dos seguidores religiosos.

Na política americana, os republicanos não teriam muito a dizer se não fossem os democratas. Se não houvesse republicanos, não precisaríamos de democratas. As pessoas se reúnem em marcas e são polarizadas por elas.

No mundo dos negócios, cada vez mais competitivo, um mundo de maior qualidade a preços mais baixos, um mundo de rápida evolução da tecnologia e de operações cada vez mais velozes, a construção de uma marca pode ser mais importante que a de um negócio. Na verdade, a construção de um negócio sem uma marca está se tornando mais difícil a cada dia.

## Pontos a Lembrar; Coisas a Fazer

- A menos que transforme seu negócio em uma marca, você nunca terá o Toque de Midas.
- Sua marca deve ser genuína, não falsa. As pessoas podem identificar uma falsificação.
- A marca não é um logotipo. A marca é a promessa que você faz ao mundo, e a experiência que você entrega.
- As pessoas compram com o coração e justificam suas compras com a mente. Então, tenha a coragem de encontrar seu coração e coloque-o em sua marca.
- Descubra o que realmente o motiva. Você tem de ter a chama acesa para alcançar o Toque de Midas.
- Se você economizar nos investimentos em sua marca ou em si mesmo, o Toque de Midas não estará ao seu alcance. Quando falamos em investimentos, estamos falando de dinheiro, tempo, comprometimento e pessoas.
- Faça o que for preciso para melhorar suas habilidades de falar em público. Você definitivamente precisará delas.

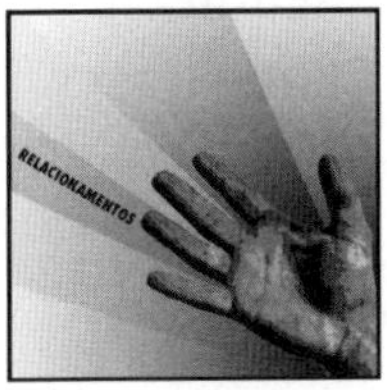


CAPÍTULO 4

# O DEDO ANELAR
## RELACIONAMENTOS

*"Ao final, todas as operações de negócios se reduzem a três palavras: pessoas, produtos e lucros. A menos que você tenha uma boa equipe, não poderá fazer muito com as outras duas."*

*— Lee Iacocca*

## Os Perigos das Parcerias

*Robert Kiyosaki*

"Você não pode fazer um bom negócio com um parceiro ruim."

Essas palavras podem ser as mais importantes na vida, não apenas no mundo dos negócios.

Elas são mais que palavras de sabedoria. São guias para a vida.

Sempre que você vir uma empresa em dificuldades, um casamento ruim ou um investimento que deu errado, encontrará um parceiro ruim.

Isso não significa que a pessoa seja má, embora possa ser. Significa apenas que é um parceiro ruim, a pessoa errada para a tarefa em questão.

O mundo está cheio de pessoas boas, mas que não seriam bons parceiros nos negócios. Na instituição do casamento, o mundo também está cheio de boas pessoas que estão casadas com a pessoa errada. E se você encontrar uma pessoa realmente má — uma pessoa com baixos valores legais, éticos e morais —, não importa quão bom você seja, o negócio ou o casamento não dará certo.

### *O Dedo Anelar*

O dedo anelar representa as relações essenciais para o Toque de Midas. Se você tem parceiros ruins, tudo que tocar não dará certo. E se você tiver grandes parceiros, tudo que tocar virará ouro.

### *Palhaços, Não Parceiros*

No final dos anos 1970, meu negócio de carteira de náilon e velcro para surfistas estava decolando. O problema foi que o sucesso estava nos custando dinheiro. Escrevi sobre essa história no início do livro. Dado que nossa empresa sempre estava sem dinheiro, eu tinha de levantar capital continuamente. Comprávamos uma produção de carteiras das fábricas na Coreia e Taiwan e, em seguida, as enviávamos para as lojas depois de chegarem ao nosso estoque. Parece bastante bom, certo? Estávamos vendendo o produto mais rápido do que conseguíamos produzi-lo. O problema foi que precisávamos pagar os fornecedores antes que os clientes, as lojas, nos pagassem. É por isso que estávamos sempre com problemas de fluxo de caixa. Estimamos que, em média, a cada US$1 gasto em abril só veríamos algum retorno sobre esse dólar em fevereiro do ano seguinte. Era um ciclo de 10 meses. O dinheiro estava escoando, não entrando. Quanto mais bem-sucedidos nos tornávamos, mais dinheiro escoava e mais lentamente ele entrava.

Como a demanda por produtos *Rippers* cresceu, nossa demanda por dinheiro também cresceu. Logo, levantar de US$5 mil a US$10 mil não era suficiente. Para manter os produtos fluindo para as lojas e para construir o negócio, precisávamos levantar pelo menos US$100 mil. Dado que meu pai rico era a única pessoa que eu conhecia que tinha esse dinheiro todo, liguei e marquei um encontro.

O pai rico ouviu pacientemente por cerca de 10 minutos minha história sobre o investimento. Depois de ouvir até o ponto em que aguentou, ele educadamente pediu aos meus dois sócios para saírem da sala. Depois que a porta se fechou, os gritos começaram. Foi uma das mais severas reprimendas que já recebi.

Em vez de se referir aos meus dois parceiros como sócios, ele os chamou de "palhaços". Para piorar a situação, ele estava certo a respeito de um deles, o CFO (diretor financeiro), que era fraco, desonesto e potencialmente um bandido. Ele sequer conhecia o cara. Apenas não confiou nele desde o momento em que o conheceu.

Embora ele gostasse de mim e do meu outro sócio, não sentiu que éramos bons o suficiente para serem seus sócios, tampouco seus parceiros financeiros.

"Por que eu deveria ser seu sócio?", perguntou o pai rico. "Vocês não têm experiência, não têm sucesso, e não confio em nenhum de vocês. Se você se associa a uma pessoa em quem eu não confio, me faz não confiar em você e mostra que não sabe o que é um bom sócio. Vocês são palhaços, não pessoas de negócios."

O sermão foi doloroso e pareceu durar para sempre. Desnecessário dizer que saímos sem o dinheiro. Fiquei anos sem falar com meu pai rico.

Conseguimos levantar os US$100 mil, mas o pai rico estava correto. Éramos parceiros ruins. O dinheiro sumiu, e a pessoa em quem pai rico não confiava, um contador com o título de CFO, na verdade, fugiu com o dinheiro.

## *Mais Parceiros Ruins*

Gostaria de poder dizer que a experiência me ensinou uma lição. Serviu de alerta, mas aparentemente eu precisava aprender mais porque passei por isso mais de uma vez. Ao longo dos anos, tive vários parceiros ruins o que, segundo a avaliação de pai rico, faz de mim um sócio ruim.

O padrão de parceiros ruins se repetiu muitas vezes. Eu começava um negócio com alguém que julgava bom parceiro, o negócio decolava, mas assim que nos tornávamos bem-sucedidos e o dinheiro entrava, a pessoa boa se transformava em um sócio ruim.

Foi o que aconteceu com a *Rippers*, em seguida, com a fase *rock and roll* da *Rippers*, depois com a empresa de educação e, finalmente, com a minha sócia e seu marido na *Rich Dad Company*.

Em duas empresas, o sucesso revelou parceiros ruins que não conseguiam lidar com o sucesso. Eles não eram pessoas realmente ruins ou desonestas. Nunca tinham sido bem-sucedidas. Quando o sucesso surgiu, também apareceram suas falhas de caráter. Por exemplo, uma sócia em uma pequena empresa de educação começou a gastar dinheiro como se fosse rica. Dado que ela nunca tivera dinheiro antes, ver tanto dinheiro entrando só liberou seu desejo de ir às compras. Quando ela começou a comprar itens pessoais usando o cartão de crédito empresarial, Kim e eu terminamos a parceria. Nossa sócia era uma pessoa boa que gostava de comprar.

Em alguns casos, parceiros ruins foram desonestos. Curiosamente, meus parceiros ruins em ambos os negócios da *Rippers* e da *Rich Dad Company* foram os contadores e advogados por formação, profissionais que eu tinha contratado para me proteger de pessoas como eles.

Mais uma vez, sei que isso me faz parecer um idiota e, eu mesmo, um parceiro ruim. Gostaria que a sequência do início de meus negócios, de seu sucesso e da revelação de parceiros ruins fosse diferente. Quisera estar escrevendo sobre experiências com bons parceiros para que eu pudesse ser mais positivo a respeito disso. Pensei em ser mais geral e não escrever sobre minhas escolhas malfeitas de sócios, mas acredito que as lições para você, leitor, são muito mais importantes que preservar meu ego ou a ilusão de que sei o que estou fazendo. Como muitas pessoas, vou de erro em erro e, de alguma forma, tudo acaba bem.

## *Para Dizer a Verdade*

Eu poderia não ter sobrevivido se não tivesse uma grande esposa e parceira de negócios, Kim. Desde 1985, passamos por traições horríveis por parte de nossos parceiros. Se não fosse por ela e alguns grandes amigos, não teria sobrevivido à devastação financeira e emocional que tivemos de suportar. O custo financeiro foi de dezenas de milhões de dólares, quase uma centena de milhões, mas o dano emocional foi muito, muito maior. Ver as pessoas que já foram seus amigos e parceiros serem desmascaradas de repente, as pessoas que trabalharam lado a lado por anos revelando seu comportamento mais baixo, é perturbador. É algo que nunca se esquece.

No Vietnã, achei que tinha visto o pior lado animal do ser humano, mas o lado obscuro que vi no Vietnã não é o mesmo que vejo no mundo dos negócios. No Vietnã, o medo traz à tona o lado animal em alguns soldados. Nos negócios, a ganância e o medo motivam o lado animal do ser humano. As traições no mundo dos negócios são mais sinistras porque muitas vezes são contra amigos e colegas de trabalho, não contra inimigos.

## *Traições São Parte da Vida*

Existem dois tipos básicos de traição. Um é a traição criminosa ou intencional. O outro é a traição que resulta de incompetência ou ignorância. Se conseguir aprender e crescer com as traições da vida, você tem a chance de evoluir para ser um empreendedor com seu próprio Toque de Midas.

O aspecto interessante de todas as traições é que a pessoa que está lhe traindo muitas vezes sente que é ela quem está sendo traída. Em outras palavras, a pessoa encontra uma maneira de justificar o fato de estar lhe traindo.

Seu desafio é se tornar uma pessoa melhor. Por exemplo, não retaliar mesmo que seja sua vontade ou não colocar lenha na fogueira para não intensificar o processo de traição. É difícil, mas o desafio é tornar-se maior que a pessoa que traiu você. Se for traído, verá um lado de si mesmo que pode nunca ter visto. Se você sabe o que é, provavelmente já foi traído.

A dor da traição pode ser tão intensa que sua primeira reação pode ser querer punir quem lhe traiu. Resista a esse desejo primitivo, mesmo se achar justificável. Veja, isso é o que a pessoa que o está traindo está fazendo. Ela encontrou uma maneira de se justificar ao trair você, independentemente de você merecer. De fato, ela o está punindo pela sua traição, mesmo que você nada tenha feito.

Na *Rippers*, meu contador Stanley pegou os US$100 mil que levantei de um investidor e pagou seus amigos que tinham investido no negócio. Quando eu o confrontei, lembrando-lhe que havíamos acordado que o dinheiro era para comprar mais produtos em vez de pagar de volta os investidores, ele reagiu dizendo: "Mas eu tive de pagar meus amigos primeiro." Em sua cabeça, ele fez a coisa certa, mesmo tendo traído seus sócios.

Quando lhe expliquei que aqueles US$100 mil em produtos resultariam em US$1 milhão ou mais em vendas, mais que suficiente para saldar todas as nossas dívidas com os investidores, ele não quis ouvir. Após pagar os amigos, ele se demitiu, e o negócio logo entrou em colapso. Depois que saiu, Stanley ligou para os outros investidores para dizer quão incompetente eu era. Em seguida, mais e mais investidores começaram a exigir seu dinheiro de volta. Eu quis trair Stanley? É claro, mas não o fiz.

Foram necessários dois anos para reconstruir o negócio e começar a pagar os investidores de volta. No fim, fazer a coisa certa, a parte difícil, em vez de pedir falência, foi uma experiência inestimável para meu desenvolvimento como empreendedor. Por mais doloroso que tenha sido, me tornei melhor com a experiência. Não espere chegar a esse tipo de visão da noite para o dia. Se você for como eu, vai querer acertar tudo muitas vezes, antes de aprender a apreciar a experiência.

O pai rico sentiu que Stanley era fraco e covarde. Quando a pressão dos amigos se tornou muito forte, ele traiu os sócios e o negócio.

Não sei onde Stanley está hoje, mas sei que sou um empreendedor melhor por causa da experiência dos US$100 mil. De uma forma estranha, Stanley me ajudou a desenvolver meu Toque de Midas. Hoje, estou mais atento às pessoas fracas para os negócios e ao quanto elas podem ser perigosas.

Como ex-fuzileiro, retaliação, dor e vingança fazem parte da minha personalidade. Os fuzileiros têm pouca tolerância com pessoas fracas como Stanley. Foi um teste de caráter não castigá-lo no estilo dos fuzileiros navais. Se você viu o filme *Questão de Honra*, com Jack Nicholson e Tom Cruise, teve uma amostra de como funciona o código de honra e a cultura dos fuzileiros navais. Não retaliar foi um passo imenso para mim.

Superar as situações e me tornar ainda melhor, apesar das traições, tem sido essencial para meu desenvolvimento pessoal. Diria que tem sido a chave do meu sucesso. Ainda que eu tenha a mesma gana por vingança e retaliação que desenvolvi como fuzileiro naval, hoje foco essa violência em eventos e ações mais positivos e benéficos em longo prazo.

Há muita verdade no ditado "olho por olho torna todos cegos". Em vez de tirar os olhos da outra pessoa, o que o fuzileiro em mim faria, opto por seguir o provérbio "a melhor vingança é o sucesso". Parceiros ruins são a lenha na minha fogueira para o sucesso. Em vez de retaliar, uso a raiva para tornar-me ainda mais bem-sucedido.

Hoje, atribuo muito do meu sucesso aos meus parceiros ruins porque eles me ensinaram como me tornar um bom parceiro. E ainda tenho muito a aprender.

## *Lições de Relacionamentos*

Vamos a algumas lições sobre parceiros, pessoas e relacionamentos, duramente aprendidas ao longo de uma estrada longa e acidentada.

1. **Você não pode fazer um bom negócio com um parceiro ruim.**
   Repito isso porque vale a pena repetir. Sempre que vejo um negócio, um casamento ou um grupo com dificuldades financeiras, procuro o parceiro ruim. Frequentemente, é o líder, alguém que pode ser uma boa pessoa, mas um péssimo parceiro para os negócios.

2. **Você faz bons negócios quando é um bom parceiro.**
   Este é o lado positivo da primeira lição. O pai rico me ensinou que eu nunca seria bem-sucedido se fosse um parceiro ruim por estar associado a outros parceiros ruins. Ele me inspirou a ser um estudante da natureza humana e dos negócios, trabalhar com diligência e levar a vida um dia de cada vez. Ele me garantiu que se me tornasse um bom parceiro, pessoas boas e bons negócios viriam ao meu encontro.

   Até agora, a promessa do pai rico se tornou realidade. Entre 2007 e 2010, durante minhas experiências com meu antigo sócio e uma economia em decadência, bons negócios vieram a mim e a Kim com mais frequência que em qualquer momento anterior. Ganhamos muito dinheiro com boas pessoas. Se fôssemos pessoas ruins, com má reputação, certamente nunca teríamos sido convidados a investir com um dos mais proeminentes grupos de investimento dos Estados Unidos.

3. **De maus negócios surgem bons parceiros.**

   Por causa de maus negócios, consegui encontrar grandes parceiros. Conheci Ken McElroy, meu sócio e de Kim em um grande número de prédios, por causa de um mau negócio.

   Ken, seu sócio, Ross McCallister, Kim e eu passamos a ganhar milhões juntos.

   Se não fosse por um mau negócio, oferecido por uma má pessoa, Kim e eu nunca teríamos conhecido Ken. Você pode ver um padrão? Isso aconteceu muitas vezes na minha carreira como empreendedor. Então, agora eu sei. Sempre que um negócio está indo mal, começo a procurar pelo meu novo parceiro.

4. **Boas pessoas podem ser parceiras ruins.**

   Muitas pessoas querem ser empreendedoras, mas não deveriam ser convidadas a fazer parte de uma empresa, especialmente uma que esteja começando.

   Uma vez que a maioria das pessoas é treinada para ser E ou A, empregados ou autônomos, não tem a experiência, educação ou maturidade emocional para ser parte de uma equipe de negócios. A falta de experiência, de educação e de maturidade emocional pode transformar uma boa pessoa em um parceiro ruim.

   Um amigo meu tem um bufê. Ele adora cozinhar e passa a noite toda acordado pensando em novas receitas e maneiras de tornar seus jantares memoráveis. O problema é que ele não está interessado no negócio. Ele nunca fez um curso de contabilidade, de marketing, de finanças ou de direito empresarial. Ele não é um estudante de negócios; consequentemente, seus negócios e funcionários sofrem por sua falta de educação empresarial.

   Infelizmente, ele acha que é bom em negócios. Ninguém pode dizer a ele qualquer coisa.

   Quando ele quis fazer parte de uma de minhas empresas, nós o recusamos. Ele é uma boa pessoa, mas não sentimos que seria um bom sócio. Descobri que esse fenômeno é especialmente verdadeiro com contadores e médicos. Eles sentem que são boas pessoas de negócios porque se saíram bem na escola e gerenciam os próprios escritórios e consultórios. Infelizmente, descobri que os médicos ou advogados que são bons em negócios são a exceção, não a regra. Portanto, eles são sócios ruins.

5. **Pessoas boas e inexperientes não são convidadas para os melhores negócios.**

   Uma vez que a maioria das pessoas nunca fez parte de uma empresa de sucesso, a maioria não é convidada a participar das melhores oportunidades. Elas podem ser convidadas para negócios ruins, ofertas de trabalho que ninguém mais quis, mas as melhores propostas não são oferecidas a elas primeiro.

   Quando você alcança o sucesso como empreendedor e tem boa reputação, todo mundo quer tê-lo como sócio. Em outras palavras, quanto mais bem-sucedido, mais o sucesso o persegue. Se você tem algum dinheiro, mas não tem qualquer experiência do mundo real nem sucesso como empreendedor, as leis do mercado o impedem de investir nas melhores opções, nas mais rentáveis e de menores impostos.

   Os reguladores do mercado recomendam, e muitas vezes requerem, que pessoas boas, mas inexperientes apliquem em poupança, ações, títulos e fundos, mesmo que esses investimentos estejam entre os mais arriscados, mais tributados e de menor retorno.

## *Relações Inestimáveis*

O pai rico costumava dizer: "O mundo dos negócios é fácil. As pessoas são difíceis." Eu diria que isso é verdade para mim. Ao longo dos anos, conheci algumas pessoas horríveis e algumas maravilhosas. Conheci pessoas fantásticas, como Donald Trump, Dalai Lama, Steve Forbes e Oprah Winfrey — pessoas que eu nunca teria encontrado se não tivesse iniciado meu primeiro negócio e persistido, aprendendo com os erros depois de ter falido.

Quando você olha para o diagrama a seguir do Triângulo D–I — oito integridades de um negócio, é fácil entender por que o pai rico disse que "o mundo dos negócios é fácil. As pessoas são difíceis".

Um negócio verdadeiro requer um mínimo de oito conjuntos de diferentes habilidades, idealmente oito pessoas diferentes, todas trabalhando para um objetivo único. Há muitas razões pelas quais 9 entre 10 empresas quebram nos primeiros cinco anos, mas a incapacidade do empreendedor em se concentrar nas oito integridades e produzir um resultado rentável é o que faz a maioria das empresas fracassarem.

Comecei meu negócio de carteira de náilon e velcro para surfistas, mesmo que soubesse que a probabilidade de fracassar era elevada, porque eu não conhecia maneira melhor de aprender a lidar com pessoas diferentes, a maioria delas com algum sucesso e ego forte. Suspeito que se eu tivesse persistido no processo, vendo o lado bom das situações ruins, aprendendo e crescendo em vez de retaliar, eu poderia ter evoluído e me tornado um bom parceiro. Continuo no processo hoje porque tenho muito a aprender. Aprender a lidar com pessoas diferentes parece um processo sem fim, e eu sempre posso aprender mais. A boa notícia é que quanto melhor me relaciono e encontro bons parceiros, a vida fica mais fácil e mais feliz, e a minha fortuna, maior.

De todos os cinco dedos da mão do Toque de Midas, penso que o mais importante é o anelar porque, se você aprender a tornar-se um bom parceiro, encontrará algumas das melhores pessoas do mundo as quais não encontraria se não tivesse decidido viajar na espinhosa estrada do mundo dos negócios.

Lembre-se, você não pode fazer um bom negócio com um parceiro ruim. O mundo está cheio de grandes negócios e grandes parceiros para quem se torna um bom parceiro.

## *Consideração Final*

Há alguns anos, entrei no escritório de Donald enquanto ele ainda terminava um telefonema.

"Eles são boas pessoas?", perguntou Donald à pessoa do outro lado do telefone. "Não me importo se o negócio é bom. Tenho um monte de bons negócios. Quero saber se eles são boas pessoas."

Depois de ouvir a resposta, Donald disse: "Fico feliz em ouvir isso. Se eles são boas pessoas, eu vou em frente." Com isso, ele desligou.

Donald olhou para mim e disse: "Na nossa idade, não temos tempo para fazer negócios com pessoas más. Não precisamos de dinheiro e não temos tempo. Além disso, o mundo dos negócios já é duro o suficiente. Por que iríamos fazer negócios com pessoas más? É mais divertido fazer negócios com pessoas boas."

Com isso, ele olhou para mim e perguntou: "Então, o que vamos fazer agora? Vamos nos divertir e ganhar dinheiro."

Capítulo 4

# Relacionamentos Fortes São o Segredo

*Donald Trump*

Tive milhões de relacionamentos de negócios ao longo dos anos. Descobri que relacionamentos e reputação estão intimamente conectados.

Às vezes, são necessários anos para se perceber a firmeza de caráter — ou a ausência —, outras vezes, isso fica evidente imediatamente. Sempre gostei da afirmação de Henry Ford: "Você não pode construir uma reputação com base naquilo que ainda vai fazer." E você não pode construir uma reputação se seus relacionamentos ou sócios não são corretos. Sei que Robert concordaria com isso. Tive parceiros potenciais que eram ótimos em ideias — mas ruins em realizá-las. E tive outros parceiros fantásticos, bons em todos os aspectos.

## *O Melhor Parceiro*

Quando comecei, tive um parceiro incrível — meu pai. Isso é difícil de superar. Nós tínhamos um excelente relacionamento. Eu trabalhava em seus pátios de construção durante o verão. Já mencionei sua atenção aos detalhes, característica que eu também tenho, a ponto de recolher do chão e reciclar pregos não utilizados nas obras.

Ele não tinha qualquer hobby. Seu trabalho era exaustivo, mas nunca se cansava, portanto, distrações não eram necessárias. Sempre fazia anotações e, à noite e nos fins de semana, quando falava ao telefone, ouvi-lo já era uma aula em si. Sabia como negociar, e acho que parte da minha força como negociador vem de prestar atenção nele quando falava ao telefone — sempre sobre os negócios. Ele era direto e não gostava de perder tempo. Ia imediatamente ao ponto.

Ele também me ensinou a ser cauteloso. Aprendi que negócios exigem firmeza, assim como novas ideias. Meu pai era um trabalhador árduo e sentia imediatamente se alguém não fosse. Era tão sólido que podia facilmente detectar fraqueza em outra pessoa.

Também aprendi a confiar na minha intuição. Isso pode ser desenvolvido, mas também pode ser um talento inato. Às vezes, não me sinto confortável com uma pessoa. Outras, sei imediatamente que gosto de alguém, como foi o caso com Mark Burnett e Robert. Tenho experiência suficiente agora para saber que meus instintos estão bem desenvolvidos.

Como empreendedor, você terá empregados. Eu tenho uma teoria de que cada pessoa que você contrata é uma aposta, não importa quais sejam suas credenciais. Eu contratei pessoas das melhores escolas que não foram grande coisa. E contratei pessoas sem diplomas que foram fantásticas. Às vezes, é o contrário. Mas nem sempre é fácil avaliar as habilidades de alguém até que você veja a pessoa em ação e lhe dê alguns desafios. Fui surpreendido, ao longo dos anos, positiva e negativamente. Mas é importante dar às pessoas uma chance de provarem quem são.

Com parceiros, é um pouco diferente. O instinto tem de prevalecer, porque não há como passar por fases de tentativas e erros para avaliar as qualificações da pessoa. É difícil explicar como isso funciona, mas é uma dinâmica tácita à qual você deve prestar atenção. Lealdade e integridade são essenciais em uma parceria. Pergunte-se se esses dois atributos estão aparentes e se estão trabalhando em mão dupla. Se um parceiro potencial tem de se autoelogiar excessivamente, às vezes é uma dica de que algo não está muito certo. Para começar, o nível de confiança tem de estar claro. Você quer um parceiro, não um aprendiz.

Parcerias também requerem negociação. Deve ser uma configuração de ganha-ganha. Caso contrário, não é uma parceria. Meu critério é que os parceiros têm de ser pessoas boas. Não preciso lidar com qualquer outro tipo de pessoa.

Robert teve algumas experiências extraordinárias de aprendizagem ao longo do caminho, e suas lições são dignas de atenção. Mesmo como empreendedores, contamos com as pessoas para executar as tarefas. Podemos ter a ideia original, mas avançar pode requerer o envolvimento de centenas de pessoas. Cada uma se torna essencial para o sucesso geral.

## *Parcerias Podem Acontecer*

Mencionei que sabia que havia gostado de Mark Burnett desde o momento em que o conheci e que essa parceria vem sendo próspera desde 2003. *O Aprendiz* estreou na televisão em janeiro de 2004 e, desde então, estamos indo muito bem. Mark sabia que eu era novo na indústria do entretenimento e, ainda assim, demonstrou imenso respeito. Trabalhamos como colaboradores desde o início. Ouvia minhas sugestões e perguntas (e eu tinha um monte delas). Burnett provou que minha intuição inicial estava correta. Ele é uma pessoa incrível e um visionário.

Mark tem impactado imensamente a indústria de entretenimento. Ele nunca para de avançar. Não sabe o que é exaustão e tem alto controle de qualidade em tudo que realiza. Não somos apenas coprodutores, mas amigos e nos encontramos sempre. O que mais me impressionou quando o conheci foi o quão direto era. Teve uma ideia, marcou uma reunião, fechamos um acordo e, em seguida, nos pusemos a trabalhar. Ele sabia exatamente como *O Aprendiz* deveria ser apresentado na televisão e cada detalhe fora pensado. Obviamente ele já havia refletido muito a respeito da ideia, o que facilitou minha tomada de decisão. Estando tão cuidadosamente preparado, não foi difícil me convencer. Ele também tinha um histórico de experiências bem-sucedidas na televisão, portanto, eu sabia que tinha experiência e entendia do que estava falando. Ele não teve muito trabalho para me convencer, e o fator de risco era definitivamente pequeno.

Da mesma forma, quando me encontrei com Robert, soube que ele também era um cara bom e inteligente. Fiquei impressionado com sua história de vida e com o incrível número de livros que vendeu. Achei que ele seria um grande cara com quem eu pudesse escrever um livro, o que acabou sendo uma boa ideia. Ele foi meu primeiro colaborador. Nosso livro foi um grande sucesso e recentemente esteve novamente na lista dos mais vendidos em Xangai, desde que saiu em 2006 nos Estados Unidos.

Eu brigo se for provocado. Quando as pessoas sabem que você retribui, elas pensam duas vezes antes de mexer com você. Isso economiza tempo e despesas advocatícias para todos. Não gosto de ir atrás das pessoas, mas às vezes é necessário. Estou de acordo com Robert de que o sucesso é a melhor vingança.

O benefício de ter trabalhado e observado meu pai desde a tenra idade é algo que me salvou de muitas situações de tentativa e erro. Foi um excelente treinamento, e fico grato pelo seu exemplo. Robert não teve isso na mesma medida e aprendeu algumas lições bem difíceis — ainda assim, ele é bem-sucedido e credita às suas dificuldades seu caminho para o sucesso. Tive minha quota de dificuldades, mas acho que aprendi a avaliar pessoas desde muito cedo devido à influência de meu pai.

## *Aprendendo a Gerenciar uma Equipe*

Quando eu estava começando, fiz durante a faculdade um negócio com meu pai em Cincinnati, Ohio. Encontramos um conjunto habitacional chamado Swifton Village, financiado pelo governo federal, que estava em execução hipotecária. Um conjunto de 1.200 unidades de apartamentos com 800 vagos, em tal estado de deterioração que ninguém mais queria. Seria um trabalho imenso, mas demos o lance mínimo, que acabou aceito.

Para encurtar a história, no prazo de um ano o lugar estava lindamente reformado, e conseguimos alugar todos os apartamentos. A questão é que tivemos de passar por cerca de seis gerentes de projeto diferentes antes de encontrarmos o mais acertado. Alguns eram honestos, mas não muito brilhantes. Um deles pintou um autorretrato no canto de um apartamento. Eu tinha de avaliá-los continuamente, e alguns não tinham as qualidades necessárias, como habilidades gerenciais. Finalmente, encontramos o cara que serviria. Ele era na verdade uma grande fraude, um trapaceiro, mas tinha talento real como gerente. Eu percebia que ele fazia um bom trabalho — quase sempre. Eu apenas tinha de aprender a lidar com ele. Eu sabia que ele não era completamente confiável, por isso nosso relacionamento era de respeito mútuo e defensivo. Não era o ideal, mas funcionou para nós, e Swifton Village deu certo sob seus cuidados. Ele podia ser um ladrão, mas era competente. Eu brincava com ele, dizendo: "Nós lhe pagamos US$50 mil e mais tudo o que você consegue roubar." Era um estranho tipo de negociação, mas ele mantinha o lugar em boas condições.

Alguns anos mais tarde, como o bairro estava ficando ruim, colocamos o empreendimento à venda, e a resposta foi imediata. Mas trabalhar com esse cara foi uma grande lição de negociação e de parceria. Por razões óbvias, minha confiança era limitada, eu ficava em estado de alerta, o que me serviu de lição.

## *Minhas Equipes*

Em qualquer projeto que fazemos, nacional e internacional, temos equipes de trabalho para lidar com as necessidades diárias e as demandas que uma construção requer. O *Trump International Hotel & Tower Chicago* terá um gerente-geral, assim como todos os outros projetos. Naturalmente, haverá também uma equipe completa. De certa forma, essas equipes são parecidas com as parcerias. Todos os envolvidos têm de trabalhar juntos para serem bem-sucedidos, particularmente na indústria hoteleira, já que ela depende tão fortemente da excelência nos serviços. Claro, isso é uma prioridade em todos os nossos empreendimentos. Meus gerentes e todos os funcionários sabem que sou exigente, porém justo, e o padrão que representam pode trazer à tona o melhor das pessoas.

Tenho uma nova equipe na organização que trouxe ao conjunto de hotéis Trump reconhecimento internacional. A equipe a que me refiro são meus três filhos mais velhos: Don, Ivanka e Eric. Eles trabalharam em muitos projetos e, como parceiros, mostraram-se dignos. Podem ter começado como aprendizes, mas agora essa palavra só se aplica às suas aparições como meus assessores no programa.

Quando penso em parceiros ideais, penso neles, que labutam arduamente, de maneira independente, e amam o que fazem, e obtêm resultados que fariam qualquer bom empresário orgulhoso. Ivanka tem sua própria linha de joias, além de sapatos e bolsas, e administra as responsabilidades extras com profissionalismo. Os três são ativos e eficientes em seus trabalhos sociais, e suas éticas são irrepreensíveis. Como pai, não poderia estar mais orgulhoso. Quando se trata de três grandes parceiros, eu diria que sou um homem de sorte.

## *Parceiro Bom, Parceiro Ruim*

Parceiros são cruciais. Para Robert, um bom parceiro é, acima de tudo, confiável. Claro, eles possuem todas as habilidades e talentos necessários para serem seus parceiros, mas a honra, para um fuzileiro naval como Robert, está no topo da lista. Ele só pede das outras pessoas que retribuam o que ele mesmo lhes dá. E é assim que se encontra um bom parceiro. Procuro pessoas que tenham os mesmos valores que eu. Caso contrário, não vai funcionar.

Se você se questiona se seria um bom sócio, talvez não deva ser. Nem todo mundo é talhado para parcerias em sentido tradicional. É quase impossível construir um negócio bem-sucedido sem relacionamentos. Mas você pode fazê-lo sem parceiros se for capaz de estruturar acordos e trazer o talento certo para projetos ou realizações específicas. Por exemplo, se estou construindo um novo prédio, contrato o arquiteto que trará sua equipe e encontrarei o empreiteiro certo, os paisagistas adequados e assim por diante. Pode ser complexo, mas vale a pena, porque o empreendimento inteiro é seu, e está no controle. Assim, se você se questiona se pode ou não construir bons relacionamentos de negócios, acho que é hora de se olhar no espelho e se perguntar o porquê.

Uma maneira de tornar-se um bom parceiro é perguntar a si mesmo "que tipo de parceiro eu gosto de ter?". E, em seguida, tornar-se esse tipo de parceiro. A integridade tem uma forma de atrair integridade, mas isso não acontece automaticamente. Algumas pessoas não são necessariamente ruins, são apenas ineptas. Por outro lado, outras são ruins. É como se não pudessem evitar. Então, fico em alerta até que os parceiros se mostrem íntegros.

Tive amigos e parceiros que se tornaram adversários por causa de alguma propriedade. Um amigo foi atrás de algo que ele sabia que eu queria, e não exatamente um tipo de parceria. Foi um choque, uma vez que eu o conhecia havia muito tempo e o considerava um amigo. Fico feliz em dizer que tudo acabou bem, mas foi uma lição. Não vou mencionar seu nome porque é desnecessário, e essas coisas acontecem, mas foi um bom aprendizado. Quando se trata de negócios, as pessoas podem ser surpreendentes em todos os sentidos.

Em um episódio de *O Aprendiz*, Niki Taylor era o gerente de projeto, e sua equipe perdeu. Em vez de culpar alguém, ela assumiu total responsabilidade pela derrota e se ofereceu para ser demitida. Demonstrou grande integridade, e eu e sua equipe admiramos sua força de caráter. A relação dela com a equipe foi de total respeito, e saiu do programa com grande dignidade e admiração de todos.

## *Negócios versus Parcerias*

Lembro de uma conversa que tive com Robert há alguns anos sobre parcerias e como elas podiam ser difíceis. Ele estava no meio de um problema com sócios. Prefiro fazer negócios com outras pessoas, mas sem sócios, porque são muito complicados e podem traí-lo. Fazer acordos é mais fácil. Você ainda tem a relação, mas não a bagagem que requer uma sociedade completa. Uma sociedade é como casamento, pode ser maravilhoso ou terrível. Se puder, prefira fazer negócios com pessoas de quem você gosta e em quem confia. Então, você poderá partir para o negócio seguinte.

Há muitos anos estou no mundo dos negócios. Minha reputação é tamanha que posso contratar as pessoas certas e facilmente resolver as coisas.

Entendo que não é assim para todo mundo, especialmente se você está apenas começando. Por isso, gostaria de sugerir que você mantenha a palavra "negócio" em mente à medida que gradualmente progredir na carreira de empreendedor. Pensar "é um negócio" em vez de "é uma parceria" ou "é um casamento" é muito mais libertador. Sua mente se abrirá a novas ideias. É semelhante à minha abordagem para situações difíceis. Pergunto: "Isso é um pontinho de luz no radar ou é uma catástrofe?" Na maioria das vezes, trata-se de um pontinho no radar. É incrível como as coisas se tornam mais claras quando você faz isso.

## *A Arte da Negociação*

Uma habilidade que você precisará aperfeiçoar é a da negociação. Sou conhecido por ter essa habilidade, e isso vem com o pacote de fechar acordos. As melhores ofertas são boas para todos, o que cria uma situação de ganha-ganha. A negociação é mais que poder de persuasão, é um pouco como a diplomacia, embora se possa ser diplomata e ainda assim ser teimoso. Você tem de saber o que quer o outro lado e de onde ele está vindo. Seja razoável e flexível e nunca deixe ninguém saber exatamente de onde você está vindo. Conhecimento é poder, portanto, mantenha tudo em segredo o máximo possível. E lembre-se da regra de ouro da negociação: "Aquele que tem o ouro faz as regras." Isso não nega a igualdade de oportunidades, mas é um fato omitido que definitivamente está presente. Lembre-se sempre de que você pode estar estabelecendo os alicerces para futuros negócios; assim, a ênfase deve ser em justiça e integridade.

As pessoas gostam de fazer negócios comigo porque sabem que serão rentáveis, que trabalho de forma rápida e que elas serão tratadas com imparcialidade. Eu me esforcei para ter essa reputação, que permanece intacta. Isso não significa que eu seja uma pessoa fácil, porque sou exigente. Mas as expectativas não me limitam e, muitas vezes, os negócios funcionam em benefício de todos. Quando Robert e eu decidimos escrever o primeiro livro juntos, não foi complicado. Havia pouca negociação envolvida porque não era necessária.

Houve situações em que eu não podia acreditar o quanto o outro lado desconhecia. Imediatamente, entendia que poderia ganhar todas e rápido, com base apenas na aparente falta de informação e preparação do negociador do outro lado. Isso sempre me deixa perplexo. Não que eu goste de ganhar com facilidade. Por isso, é uma boa ideia estar sempre o mais preparado possível em tudo que fizer. E às vezes é interessante se fazer de idiota. "É preciso inteligência para se fazer de idiota", como diz o ditado. Por quê? É uma boa maneira de observar o quanto seus parceiros de negociação desconhecem, além de ajudá-lo a perceber se eles estão tentando intimidá-lo. Conclusão: confie na sua intuição, especialmente se ela for forte.

Novos empreendedores poderiam perguntar: "Como você aprimora sua intuição?" Isso vem com a experiência, mas acho que todos nós temos essa campainha de alerta que dispara quando necessário. Preste atenção nela. Você pode até mesmo não conseguir verbalizar o que sente, mas vai servir de aviso. Frequentemente aconselho as pessoas a "serem paranoicas". Isso é uma maneira de dizer para serem cautelosas. Outra maneira é se certificar de que você está sempre preparado. Faça uso dos meios de comunicação para estar ciente de eventos globais e nacionais. Trabalhe no sentido de ser bem versado em todos os assuntos e setores possíveis.

## *Crítica e Conflito*

Tive as melhores e piores experiências com a mídia. As boas permanecem. Já dei muitas entrevistas para a televisão com Regis Philbin, Barbara Walters, Larry King, Neil Cavuto, Access Hollywood e muitos outros ao longo dos anos. Sou convidado frequente e mantemos relações profissionais e, por vezes, amizades, porque o respeito é via de mão dupla. Há respeito profissional e pessoal.

Mas, de vez em quando sou detonado pela imprensa — na verdade, em muitas ocasiões. Mas o fato é que há grandes escritores e jornalistas que são e serão justos.

Eu me lembro de ter sido criticado quando ergui o edifício *Trump World Tower* na Praça das Nações Unidas, em Nova York. Um artigo publicado pelo estimado crítico de arquitetura, Herbert Muschamp, no jornal *New York Times*, o elogiou: "Uma bela torre de vidro." Ele então comentou que "Trump é melhor quando ignora seus críticos que quando presta atenção a eles". Fica mais fácil receber críticas quando você percebe que as únicas pessoas que não são criticadas são as que não correm riscos. Não tenha medo do risco — saiba que está em boa companhia se for criticado.

As pessoas o farão de alvo se perceberem que, com isso, terão atenção. Geralmente, há uma mensagem implícita no ataque, algo que percebi após ter sido alvo várias vezes. Uma maneira de acabar com a chiadeira é não responder, porque são apenas tentativas de provocar sua reação. Enquanto isso, elas o puseram em foco, e isso pode trabalhar a seu favor em alguns casos. Certifique-se de avaliar ambos os lados quando e se isso acontecer com você, porque há momentos em que uma resposta de autodefesa se justifica.

Também estive envolvido em uma série de ações judiciais, pelas quais não tenho qualquer predileção, mas às vezes são necessárias. As pessoas saem da linha e tornam-se irracionais e inescrupulosas. Você tem de lidar com elas ou vai ficar conhecido como molenga. Tem de se defender.

"O mundo dos negócios é fácil. As pessoas são difíceis", dizia o pai rico de Robert. Mas as habilidades das pessoas vêm com experiência e atenção. Como aconteceu com Robert, passaram pela minha vida pessoas fantásticas, puro ouro maciço, e seus conhecimentos, experiências e profissões eram as mais diversas. Muitas delas tornaram-se meus amigos como resultado de negócios que fizemos juntos. Por isso, no seu primeiro dia no mundo dos negócios, leve em conta a importância de suas parcerias — nos níveis pessoal e profissional.

## Destilação: Relacionamentos

Há um ditado que diz: "Você não pode escolher sua família, mas pode escolher seus amigos." Se você é empregado, não pode escolher os colegas de trabalho, mas se é um empreendedor, seu trabalho mais importante é escolher quem trabalha com você. Na verdade, não há nenhum trabalho que seja mais importante, porque serão seus funcionários que representarão você e sua empresa.

### *Seu Programa de Desenvolvimento Pessoal*

Tornar-se um empreendedor pode ser seu melhor programa de desenvolvimento pessoal, e seu empreendimento, sua melhor escola de negócios. Se você cresce, sua empresa cresce. Infelizmente, o contrário também é verdadeiro.

O empreendedorismo é como o jogo de golfe. Quando você perde uma tacada, não há ninguém a culpar a não ser você mesmo, não importa o quanto tente buscar outra razão.

Embora as ações de outras pessoas possam afetar seus resultados, ao final, é você quem está em jogo. Quando outras pessoas perdem dinheiro da sua empresa, são sua empresa e seu dinheiro. Se seus conselheiros lhe derem maus conselhos, você paga por eles, muito mais caro do que eles cobraram. Se culpar os outros por suas perdas, você perde mais que dinheiro, perde a oportunidade de aprender, crescer e se tornar um empreendedor melhor.

Uma das razões por que a maioria das pessoas permanece no quadrante E ou não crescem dentro do quadrante A é por não quererem assumir a responsabilidade por outras pessoas. Pessoas podem ser seu maior ativo ou seu maior passivo.

## *Seu Trabalho Mais Importante*

Uma razão para que muitas pessoas não se saiam bem nos negócios é o fato de não lidarem bem com pessoas. Conhece alguém assim? Uma pessoa que não consegue se relacionar com outra? Pode ser um grande engenheiro, contador, inventor, advogado, artista ou cantor, mas não se dá bem com as pessoas. Trabalhar bem com pessoas é o fator mais importante para o Toque de Midas, é sua tarefa mais importante e, realmente, não é fácil. Por quê? Porque as pessoas vêm em diferentes formas, tamanhos e sabores. Aqui estão algumas das pessoas com as quais você precisará se relacionar como empreendedor.

## *Trabalhando com Investidores*

Essas são as pessoas que têm o poder de transformar sua ideia em um negócio. Se eles não tiverem fé em suas habilidades empreendedoras, dirão: “Grande ideia, mas não, obrigado.” Elas podem dizer isso de maneira pouco agradável. Ironicamente, o mundo está cheio de investidores à procura de grandes investimentos. O problema é que há poucos grandes empreendedores em quem vale a pena investir. Seu trabalho é tornar-se um deles, o que exige crescimento pessoal, porque ser um empreendedor é muito diferente de ser um empregado. Um empreendedor deve ter habilidades que a maioria das pessoas não tem.

Aqui está a primeira lição para levantar capital. Vamos chamá-la de "Curso Básico de Levantamento de Capital". Em primeiro lugar, a maioria das pessoas tem grandes ideias. O problema é que elas não podem levantar dinheiro porque estão observando o mundo sob o ponto de vista errado. Se você deseja levantar capital, precisa olhar o mundo através dos olhos de um investidor profissional do quadrante I. Investidores profissionais realmente não se importam com produtos, embora sejam importantes. A primeira coisa que o investidor profissional quer saber é: quem é você, qual é sua experiência, quem é a equipe e quem mais o está apoiando. Eles querem saber quem são seus parceiros, seu conselho consultivo, seu banqueiro e outros investidores. Um profissional observa as pessoas porque sabe que é disso que se trata um negócio.

Como a maioria dos novos empreendedores não tem experiência, e empreendedores profissionais não vão investir neles nem em seus negócios, muitas startups (empresas que estão iniciando) levantam dinheiro com amigos e familiares, apostando em amizade e amor, em vez de competências empresariais. É aí que tudo se complica e vira um círculo vicioso. Você quer uma chance para provar que é um empreendedor com grandes habilidades de negociação, mas tem de convencer as pessoas de que é um empreendedor de fato, antes que possa adquirir as habilidades de grandes negócios. Essa é precisamente a razão pela qual o próximo tipo de pessoa é importante.

## *Trabalhando com Parceiros*

Alguns empreendedores agem sozinhos, mas muitos outros têm parceiros. Parceiros são importantes porque ninguém sabe todas as respostas ou possui todas as habilidades necessárias para cada nível do Triângulo D–I. Ter um parceiro pode aumentar sua chance de sobreviver aos primeiros cinco anos, o período no qual a maioria dos negócios iniciantes fracassa.

As melhores parcerias são aquelas em que cada pessoa traz competências, talentos e experiências complementares para a empresa. Por exemplo, é comum ver um parceiro extrovertido e outro que se destaca nas negociações internas. Em outras parcerias, você pode encontrar um parceiro que ama a visão geral e outro que ama o detalhe. Bom, você entendeu. Uma parceria de negócios é como um casamento. Se você escolher o parceiro certo, pode ser o céu. Escolha o parceiro errado e será um inferno.

As melhores parcerias são constituídas de três pessoas diferentes:

1. **O Sonhador**
   Ele é otimista, tem a visão perfeita de um belo futuro.

2. **A Pessoa de Negócios**
   Ela administra e garante que as peças do quebra-cabeça se ajustem e que o trem não se atrase.

3. **O F.D.P.**
   Esse é o cão de guarda. Não confia em ninguém nem acredita em qualquer um. Se alguém tem de ser mordido, ele deve ser o responsável para executar o serviço.

Aprendemos a nos tornar as três pessoas. Alguns empreendedores são apenas uma ou duas. Você é capaz de ser as três? Se não, contrate a pessoa ou pessoas que você não é porque precisará de todas elas.

Aqui estão alguns conselhos jurídicos baratos, mas eficazes. Antes de se tornar um parceiro oficial em um negócio, é melhor ter um advogado que elabore os contratos de "compra e venda", para o caso de as coisas não darem certo ou de um parceiro querer manter o negócio e o outro querer seguir em frente. Um contrato de compra e venda é como um acordo pré-nupcial. Como você sabe, a maioria dos casamentos termina com a frase "até que a morte nos separe". Uma das razões por que 50% dos casamentos terminam em divórcio é porque ele é muito melhor que a morte.

Como acontece com muitos casais, muitos parceiros potenciais descobrem que são incompatíveis quando começam a trabalhar no contrato de compra e venda. O mesmo acontece com um acordo pré-nupcial. É melhor encontrar as diferenças antes que após o início do negócio ou casamento.

Há uma piada antiga que é mais ou menos assim:

*Terapeuta*: "Por que você tem tantos problemas de relacionamento?"

*Cliente*: "Parece que atraio o tipo errado de homens."

*Terapeuta*: "Isso não é verdade. Seus problemas começam quando você lhes dá seu número de telefone."

Tenha cuidado ao escolher parceiros. Como se costuma dizer: "Apaixonar-se é fácil. Difícil é manter o relacionamento." Os problemas começam assim que a lua de mel acaba. Se vocês não podem resolver os problemas juntos, eles só se acumulam.

No casamento e no negócio, é fácil odiar as pessoas que um dia amamos. Então, comece com um contrato de compra e venda antes de se tornarem parceiros. Todos nós temos lados bons e ruins. A simples discussão de um acordo de compra e venda pode permitir que você veja o lado real do seu parceiro potencial, e o seu próprio.

Apenas sonhadores acham que os relacionamentos são sempre felizes. Todas as relações têm divergências. Se você tiver bons parceiros, as divergências podem ser produtivas. Muitas vezes, as melhores ideias resultam de discussões acaloradas. No entanto, se houver apenas argumentos, brigas, desentendimentos e nenhuma ideia resultante, trata-se de uma parceria ruim. Quando Larry Page e Sergey Brin se conheceram, eles discordavam em quase tudo. Por fim, concordaram sobre a criação do Google.

## *Como Ser um Bom Parceiro*

Você pode observar em *O Aprendiz* que Donald ouve, observa e faz perguntas mais do que fala ou dá conselhos. É o que fazem os bons líderes. Nosso Criador nos deu dois olhos, dois ouvidos e apenas uma boca. A mensagem é: ouça mais, observe mais e fale menos. A empresa terá grandes problemas se as pessoas só falarem e ninguém escutar. Líderes que falam, mas não conseguem ouvir não são bons líderes.

Quando for pedir dinheiro a um investidor, é melhor falar menos e ouvir mais. Você vai aprender muito sobre o negócio ao descobrir o que os investidores consideram importante.

## *Trabalhando com Consultores*

Investidores querem saber quem são seus consultores. Todas as empresas de capital aberto precisam ter um conselho de administração. Mesmo que não esteja planejando abrir o capital da empresa, você deve ter um grupo de consultores. Se está planejando, por exemplo, abrir um restaurante, deve ter assessores que conhecem o ramo. Também precisará de bons consultores jurídicos e contábeis. Escolha-os com muito critério. Nem todos são bons. Um grupo bem escolhido poupará tempo, problemas e dinheiro. Um investidor profissional olhará suas credenciais e a de seus assessores.

Pense em seus consultores como instrutores e melhores professores da escola de negócios. Ser dono de uma empresa de verdade e ter uma equipe de consultores de fato podem ser a melhor maneira de se obter uma educação empresarial genuína. Mas tem de fazer sua parte, o que significa ser um bom aluno, ouvir, aprender e fazer correções. Você não tem de fazer tudo que seus consultores dizem, mas tem de ouvir tudo o que dizem. Se você não os ouvir, ou não precisa de consultores ou precisa mudá-los.

## *Trabalhando com Empregados*

Com frequência, esse é o grupo mais difícil com o qual você terá de trabalhar, mas persista, porque seus funcionários podem ser seus melhores professores. Uma vez que uma empresa é constituída por diferentes habilidades (como áreas contábeis, jurídicas, atendimento ao cliente, marketing, publicidade, vendas, desenvolvimento de produto e muito mais), representadas pelas oito integridades de negócios, você está lidando com um grupo de pessoas altamente especializadas. Algumas estarão motivadas, outras não, algumas serão honestas, outras não. Fazer esse grupo se concentrar nos objetivos do negócio não é tarefa fácil, mas é sua tarefa. Lembre-se, uma maçã podre vai estragar as outras do cesto. É importante aprender como proteger seus funcionários de maçãs podres. Se um investidor sente que você tem problemas com empregados ou que não é um líder competente, não investirá em você.

Uma das maiores reclamações que você usará ou ouvirá de outros empreendedores é: "Não consigo encontrar pessoas boas." Como a maioria dos novos empreendedores tem pouca experiência real em liderar pessoas, eles costumam dizer: "Não se consegue encontrar bons funcionários nos dias de hoje." Na maioria dos casos, o verdadeiro problema é que o empreendedor ainda não é um bom líder. À medida que desenvolvem suas habilidades de liderança, o nível dos empregados melhora.

## *Trabalhando com Clientes*

Por último, mas não menos importante, um negócio precisa de clientes e de excelente relacionamento com eles. Alguns clientes serão seus melhores professores.

Um investidor profissional sempre irá perguntar: "Quem são seus clientes e por que eles precisam do seu produto ou serviço?" Em um mundo de crescente competição pelo tempo e dinheiro do cliente, você precisa conhecê-lo, entender por que ele precisa do seu negócio e saber manter esse relacionamento.

Muitas vezes, os empreendedores no quadrante A têm uma relação de um para um com os clientes. Alguns exemplos seriam a relação médico-paciente, na área médica, e a relação advogado-cliente, na área jurídica.

No quadrante D, a relação é diferente. Não é mais de um para um. Empreendedores do quadrante D devem manter uma relação de pessoa para pessoa através de diferentes meios de comunicação, que, novamente, requerem habilidades diferentes.

Mantemos um relacionamento pessoal com nossos milhões de clientes por meio de equipes de gerenciamento, televisão, rádio, mídias sociais, aparições pessoais e livros. Obviamente, um investidor quer saber como você vai atrair e manter bons clientes.

## *A Melhor Escola de Negócios*

É por isso que sua empresa pode ser sua melhor escola de negócios e um programa de desenvolvimento pessoal permanente. Se você melhora, tudo fica melhor. Se você se torna excelente, dinheiro e fama fluirão. E se você se culpa, lembre-se de que a palavra "culpa" incapacita. O mundo está cheio de empreendedores incapazes, muitas vezes porque não conseguem ver seu negócio como uma escola.

## *Tiro Certeiro em Venda*

Você está pronto para se vender? Você vai precisar disso porque é fundamental para levantar capital. Primeiro, deve saber o que dizer; é aqui que marca e planejamento entram em jogo. Mas, depois que estiver afiado no discurso, é hora de praticar, praticar e praticar.

Como qualquer coisa na vida, se quiser ser bom, deve praticar. Aprenda a se vender. Quanto melhor souber fazer isso, melhor para você e sua empresa.

Lembre-se do polegar. O polegar constrói a força de caráter. O dedo indicador o mantém focado durante a venda. O dedo médio faz você se lembrar de sua marca e do que você representa. O anelar propicia a construção de relacionamentos melhores. Então, pratique a venda. Quanto mais você se expuser, mais vai aprender, melhor se tornará e, consequentemente, melhor se tornarão seus relacionamentos.

A venda deve ser um tiro certeiro, rápido e eficaz. Como a maioria de nós, os investidores são pessoas ocupadas, sem tempo e com pouca paciência para apresentações monótonas. Vá ao ponto rapidamente.

## *Guia para o Tiro Certeiro em Vendas*

Um guia simples concentra-se em quatro pontos principais. Curiosamente, são os mesmos quatro pontos que você deve seguir quando projeta seus negócios. Permita-se não mais que dois minutos para cada um dos pontos.

1. **Projeto**
    - O que é o projeto?
    - Por que ele é único?
    - Por que ele é necessário?
    - Por que os clientes vão adorar o produto?

2. **Parceiros**
    - Quem é você?
    - Quem são os parceiros?
    - Qual é seu histórico de formação?
    - Qual é a experiência de cada pessoa envolvida?
    - Você e seus parceiros são qualificados para fazer do projeto um sucesso?

3. **Financiamento**

    - Qual é o custo total do projeto?
    - Quanto há de dívida e de capital?
    - Os parceiros estão investindo o próprio dinheiro?
    - Qual é o retorno do investidor pelo risco?
    - Quais são as consequências fiscais?
    - Quem é seu CFO ou a empresa de contabilidade?
    - Quem é responsável pelas relações com o investidor?
    - Como é a saída do investidor?

4. **Gerenciamento**

    - Quem dirige a empresa?
    - Qual é a experiência dos administradores?
    - Qual é a reputação?
    - Eles já fracassaram?
    - Como a experiência deles se relaciona com o setor?
    - Você acredita que esta seja a melhor equipe de gerenciamento que pode montar?
    - Você pode apresentá-los com segurança?

Esse é seu discurso certeiro, com a duração de no máximo oito minutos. Uma vez que você tenha abrangido brevemente os quatro pontos, cale-se. Incentive perguntas, ouça e dê respostas breves. Lembre-se de ouvir mais e falar menos.

Você também deve fazer perguntas ao potencial investidor. Eis alguns exemplos:

- Você tem interesse por esse projeto?
- Você já investiu em startups?
- Quais são suas preocupações?

Se, e somente se, eles estiverem realmente interessados, mostre o plano de negócios e outras informações relevantes. Lembre-se, a pessoa que fala mais perde. A pessoa que escuta mais ganha.

Ouvir é um sinal de respeito. Estar interessado em vez de tentar ser interessante também é. Seja respeitoso e vencerá não só nos negócios, mas na vida.

## *Duas Dicas para Levantar Capital*

**Dica #1: Procure aconselhar-se com contadores e advogados ao preparar sua apresentação de venda.**

Não só é uma boa prática, mas um aprendizado fabuloso. Se forem contadores e advogados afiados, você construirá grandes relacionamentos. Eles também podem apresentá-lo a outras pessoas interessantes.

Se forem profissionais incompetentes, e há muitos deles, você e sua empresa sofrerão as consequências. Portanto, seja cauteloso e exigente quanto à seleção de advogados e contadores.

**Dica #2: Comece a pedir dinheiro antes de precisar dele.**

Tudo que você precisa é: "Estou começando um negócio em poucos meses." Descreva resumidamente o negócio e por que você está animado. Esse discurso deve durar menos de um minuto. Novamente, se você continuar falando, perderá. Após um minuto, faça perguntas como: "Você está interessado? Gostaria de ouvir mais?" Se a resposta for sim, pergunte: "Posso chamá-lo quando estivermos prontos para começar a falar com potenciais investidores?"

Se a resposta for afirmativa, anote os nomes e mantenha a promessa de entrar em contato — no futuro, não no dia seguinte.

Lembre-se da regra: "É mais fácil pedir dinheiro quando você não precisa dele." Você não quer parecer desesperado e necessitado, mesmo se for o caso. Não lhes conte desgraças ou infortúnios. Evite exageros e promessas de retornos excessivos. Os investidores estão mais propensos a acreditar em alguém que seja conservador e cauteloso em vez de excessivo e arrogante. Então comece cedo, pratique, não prometa demais e obedeça a essas regras para levantar capital.

## *Do que os Investidores Têm Medo*

Muitas pessoas sonham em largar o emprego e iniciar o próprio negócio, mas têm medo de fracassar. Essa é uma preocupação legítima.

No entanto, tornar-se um empreendedor não é difícil. Quase qualquer pessoa consegue. Se uma criança apara o gramado do vizinho por US$10, ela é empreendedora.

O que vai determinar se ela irá se tornar uma grande empreendedora é o que vai fazer com o dinheiro.

Muitos empreendedores colocariam os US$10 no bolso. Milhões de pequenos empreendedores em todo o mundo fazem isso. Quando colocam o dinheiro no bolso, juntam-se à economia informal, sem registro e sem pagar imposto algum.

É isso que a maioria dos investidores profissionais mais teme. Eles sabem que a maioria dos pequenos empreendedores embolsa o dinheiro, alimentando-se, em vez de alimentar o negócio e de dar retorno aos investidores. Além disso, embolsar o dinheiro é um ato criminoso. A maioria dos investidores não investe em criminosos.

O mundo está repleto de empreendedores do quadrante A, criminosos e fraudadores fiscais, membros da economia informal. Você se depara com esses tipos nas ruas: são ambulantes, feirantes, pessoal de limpeza, pessoas que lavam os vidros do seu carro enquanto você espera o sinal abrir, garçons que não declaram as gorjetas e bilhões de outras pessoas que fazem qualquer coisa por um dinheirinho. Nos Estados Unidos, estima-se que a economia informal chegue a cerca de US$1,5 a US$2 trilhões e que continua crescendo. Sem registros, é difícil mensurar essa economia.

Se você fizer parte dessa economia, sem registro e sem imposto, é melhor continuar pequeno e fora do radar. O problema de pertencer à economia subterrânea é tornar-se rico. Se uma pessoa na economia informal ganha muito dinheiro, compra de repente uma casa grande, dirige carros chamativos, sai para velejar em um barco novo e usa grandes somas no cartão de crédito, seu "modo extravagante de viver" a coloca na tela do radar do fisco. Se pegos pelo fisco por evasão fiscal, muitas vezes os negócios se destroem, e muito tempo e dinheiro são gastos para se defender.

Obviamente, não é recomendável tornar-se empreendedor na economia subterrânea. Mencionamos a informalidade por reconhecermos que existe e que está prosperando, e para aconselhá-lo a evitá-la se quiser ter o Toque de Midas.

## *De E para A*

Os empregados não precisam manter registros contábeis nem pagar impostos. A empresa onde trabalham faz isso por eles. Se chegarem a fazer declaração de impostos, é apenas pela restituição. Assalariados não precisam de advogados tributaristas ou administradores contábeis porque há pouco a fazer por um empregado. Quase não há incentivos fiscais para empregados. Para piorar, quanto mais dinheiro um assalariado ganha, mais impostos paga.

É essa falta de conhecimento sobre impostos e registros contábeis que deixa até mesmo os empreendedores honestos em apuros. Quando uma pessoa se move do quadrante E para o A, se depara com uma enxurrada de impostos e regulamentos governamentais que poucos assalariados conhecem. É por isso que relacionamentos com profissionais como contadores e consultores fiscais são tão importantes.

Os empreendedores, além do IRPJ (Imposto de Renda das Pessoas Jurídicas), pagam taxas adicionais como:

- PIS/Pasep — Programa de Integração Social.
- CSLL — Contribuição Social sobre o Lucro.
- Cofins — Contribuição para o Financiamento da Seguridade Social.
- INSS — Previdência Social.
- IPI — Imposto sobre Produtos Industrializados.
- ICMS — Imposto sobre Circulação de Mercadorias e Serviços.
- ISS — Imposto sobre Serviços de Qualquer Natureza.
- Outros impostos, taxas e regulamentações.

Podemos entender melhor o problema dos impostos usando o exemplo da criança que ganhou US$10. Um empregado do quadrante E que ganhe US$10 pagará aproximadamente US$3, em impostos sobre a renda, embolsando US$7.

Seguindo o raciocínio simplificado, uma pessoa no quadrante A que ganhe US$10 pagará aproximadamente 60% de impostos, ficando com US$4 líquidos. É por isso que a maioria dos pequenos empreendedores coloca os US$10 no bolso, transformando-se em fraudadores e sonegadores. É disso que muitos investidores têm medo.

## *Alto Desemprego*

Esse exemplo ilustra também altas taxas de desemprego. Por que alguém iria querer se tornar um empreendedor se o governo pune o pequeno empreendedor com mais impostos, regras e regulamentos excessivos? Por que assumir tanto risco apenas para ser punido pelo governo? Como um pequeno empreendedor pode sobreviver quando o governo é sua maior despesa? Como pode contratar novos funcionários quando o governo transforma a contratação de empregados em algo tão caro? Se você está desempregado, por que se tornar um empreendedor se pode ganhar mais recebendo dinheiro dos programas sociais do governo?

O problema é a solução. Em outras palavras, os impostos e regulamentos são o problema e também a maneira de solucioná-lo. Uma das maiores vantagens de se tornar um empreendedor é o fato de o governo dar incentivo fiscal na contratação de profissionais das áreas contábil, jurídica e tributária. Aos funcionários, não é permitida essa redução de impostos. Se um assalariado contrata um contador, paga por esse acompanhamento com dinheiro já tributado (após impostos). Como empreendedor, você paga pelos aconselhamentos com dinheiro ainda não tributado, antes de impostos. Em termos simples, o governo dá incentivo fiscal para a contratação de consultores experientes. É nessa situação que o empreendedor obtém treinamento real, que os funcionários nunca recebem.

A maioria dos pequenos empreendedores vê os impostos, contadores e advogados como parasitas. Mas, com uma mudança de ponto de vista, um empreendedor passa a enxergar os impostos, contadores e advogados como parceiros no desenvolvimento de seu Toque de Midas. O problema com a maioria dos As é que eles são antigos empregados que largaram seus postos de trabalho anteriores para gerenciar os atuais. Eles não possuem um negócio. As leis fiscais vigoram para os empregadores, não para os empregados.

O trabalho mais importante de um A é transformar o trabalho em uma empresa. Eles fazem isso ao desenvolverem seu Toque de Midas e evoluírem para os quadrantes D e I.

### *Como um A Se Torna um D?*

A ironia é que as leis tributárias são, na verdade, leis de incentivos e fomento. As leis fiscais incentivam todos a se tornarem D e I. Ao mesmo tempo em que punem aqueles nos quadrantes E e A. Isso vale no mundo inteiro.

A maioria dos empreendedores no quadrante A estão tão ocupados mantendo o emprego que não conseguem fazer seu trabalho verdadeiro, ou seja, fazer seu negócio passar para os quadrantes D e I. Se você não fizer seu trabalho real, o governo irá puni-lo com impostos excessivos.

### *Por que Impostos São Incentivos?*

Incentivos fiscais são dados às pessoas que fazem o que o governo quer que seja feito, o que inclui:

1. Criação de postos de trabalho
2. Produção de alimentos
3. Construção de imóveis para habitação
4. Fornecimento de energia

Se você quiser saber mais sobre impostos, contrate um advogado tributarista ou um contador e pergunte sobre os quatro pontos listados. Se eles disserem que essas isenções fiscais não existem, ou são muito arriscadas, procure assessores mais inteligentes que estejam dispostos a instruí-lo, não apenas a cobrar por hora. Os impostos são cruciais. É por isso que estamos falando sobre eles. Mas você não pode tirar proveito de seus direitos, a menos que tenha sólidas relações com excelentes assessores.

Depois de compreender os impostos nos quadrantes D e I, você saberá por que empresas como a General Electric ganham bilhões de dólares e, de acordo com a lei, pagam quase nada de imposto. Elas pagam excelentes consultores com a ajuda do governo.

É por isso também que os governos socorrem grandes bancos e grandes empresas para, em seguida, aumentar os impostos sobre os Es e As. Os impostos são neutros sob o ponto de vista de receitas. Isso significa que se o governo dá, ele também toma. Por conseguinte, ele dá incentivos fiscais a quem faz o que ele quer que seja feito e leva os impostos daqueles que não estão fazendo o que ele quer.

O trabalho de um empreendedor é passar do quadrante E para A, em seguida de A para D e capitalizar-se no quadrante I. O governo quer a mesma coisa. O processo tem a seguinte configuração:

Esse é o caminho da maioria dos grandes empreendedores.

- Henry Ford começou a Ford Motor Company em sua garagem.
- Michael Dell começou a Dell no dormitório da faculdade.
- Steve Jobs começou a Apple em uma garagem.
- Sergey Brin e Larry Page começaram a Google na faculdade.
- Mark Zuckerberg começou o Facebook na faculdade.

- Hewlett e Packard começaram a HP em uma garagem.
- Bill Gates adquiriu seu sistema operacional da Microsoft de uma pequena empresa de programação.

Em seguida, eles percorreram seu caminho pelo quadrante CASHFLOW.

## *Consideração Final*

A grande diferença entre os empreendedores do quadrante A e os do quadrante D é a palavra *network*. A maioria dos Es e dos As não está ciente do poder do *network*, mas as pessoas mais ricas e as maiores empresas, na verdade, o possuem. Por isso, os ricos possuem redes de televisão e rádio, redes de franquia, empresas de marketing de rede e redes de revenda.

A boa notícia é que a tecnologia torna mais fácil que nunca construir *network* e mantê-lo conectado. A tecnologia torna mais fácil evoluir para os quadrantes D e I. Hoje, as empresas estão fazendo negócios em todo o mundo instantaneamente. É por isso que existem tantos jovens de 20 anos milionários e bilionários.

Embora a tecnologia facilite isso, os empreendedores ainda precisam de grandes relacionamentos para aconselhá-los, orientá-los e ajudá-los a crescer nos quadrantes D e I. Para atrair boas pessoas, os empreendedores devem primar pelo caráter legal, ético e moral, e devem se tornar mais experientes.

Mesmo que você tenha pouco dinheiro, pouca experiência de negócios e poucos amigos empreendedores, encare seu negócio como sua própria escola de negócios e de desenvolvimento pessoal. Há muito a aprender. As pessoas com quem você se relaciona são suas instrutoras. Quanto mais você cresce, mais sua empresa cresce.

# Pontos a Lembrar; Coisas a Fazer

- Nem todo mundo é talhado para ser um parceiro/sócio e nem todos precisam de um. Mas parceiros que tenham habilidades diferentes das suas podem ser muito valiosos.
- Parceiros nem sempre concordam. Mas, se os desentendimentos não trazem uma ideia melhor, a parceria pode ser ruim.
- Há muitos tipos de pessoas com quem você terá de trabalhar. Trate-as segundo as necessidades delas, não as suas.
- Você precisará de investidores para crescer. Parte do desenvolvimento de relacionamentos sólidos é respeitar o tempo e a atenção deles e ir direto ao ponto.
- Impostos são importantes enquanto você se move de E para A e, em seguida, para D e I. Não ignore esse aspecto crucial da gestão empresarial. Desenvolva relacionamentos com os melhores consultores fiscais que puder encontrar.
- Ao final, quanto mais você cresce por meio das pessoas que o cercam, mais cresce sua empresa. Seja exigente.
- Associe-se a pessoas que compartilham seus valores, atitude e motivação.
- Faça planos para o fim da parceria antes de começar, elaborando um contrato de compra e venda. Você pode descobrir que é incompatível antes mesmo de assiná-lo, o que pode ser bom.

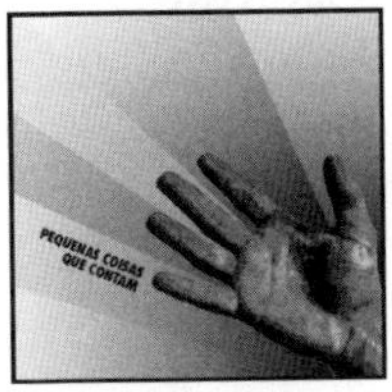

CAPÍTULO 5

# O DEDO MINDINHO
## PEQUENAS COISAS QUE CONTAM

*"Se fizéssemos tudo do que somos capazes, literalmente nos surpreenderíamos."*

*— Thomas Edison*

## Pequenas Coisas São Muito Importantes

*Robert Kiyosaki*

Em primeiro lugar, há uma grande diferença entre *pequenas coisas que contam* e *pensamento pequeno*. É um grande motivo para que alguns empreendedores nunca desenvolvam seu Toque de Midas. Muitos *pensam pequeno* e deixam de focar *as pequenas coisas que contam*.

### *O quadrante CASHFLOW*

Vamos começar pelo básico. Sempre volto para o quadrante CASHFLOW porque ele explica claramente muitos aspectos do comportamento dos negócios e torna mais fácil entender por que tantos empreendedores estão prisioneiros do pensamento pequeno. Não é sua culpa. O que acontece é que eles vivem no contexto dos quadrantes E e A.

Os Empregados (E) podem largar os empregos e iniciar a própria pequena empresa. Em outras palavras, eles migram para o quadrante A. Nada de errado com isso, exceto que a maioria deles permanece lá. O A, como você se lembra, significa autônomo, são empresas pequenas e especializadas.

Muitas pessoas no quadrante A são felizes, o que não configura um problema. Mas muitas adorariam migrar para o quadrante D, a esfera dos negócios, e para o quadrante I, o reino dos investidores. Esses dois quadrantes representam liberdade e riqueza infinita. São os quadrantes dos ricos.

Não é que os Es ou As não sejam inteligentes o suficiente para se moverem para os quadrantes D e I. Muitas vezes, se acham inteligentes demais e acabam se prejudicando. É o pensamento pequeno que os mantém encurralados no quadrante A. Encurralados, sim, aprisionados. Os As muitas vezes trabalham mais que todo mundo. Aqui estão alguns exemplos de pensamento pequeno.

**Exemplo #1: Trabalhando arduamente, mas pensando pequeno**

Tenho um amigo que é dono de um pequeno restaurante. Ele está nesse negócio há anos. Todas as manhãs, antes de o sol nascer, ele vai aos mercados em busca de frutas, verduras, carnes, aves e peixes mais frescos. Por volta de 9h, de volta ao restaurante, ele se prepara para o grande movimento do almoço. Às 10h30, chegam as duas garçonetes e começam a preparar o salão de refeições. Às 11h ele abre as portas e fica ocupado o almoço inteiro, saindo da cozinha para cumprimentar pessoalmente os clientes. Ele finalmente tem uma folga em torno das 14h. Enquanto as máquinas de lavar louça funcionam, ele vai para casa tirar um cochilo e retorna por volta de 17h para se preparar para o jantar. Ele vai para a cama por volta de 23h, pronto para recomeçar no dia seguinte. Essa é sua rotina, seis dias por semana.

Meu amigo reclama das longas horas, dos impostos, do aumento dos custos dos alimentos, das regulamentações governamentais e da luta para encontrar e manter bons funcionários. Ele também está chateado porque nenhum dos cinco filhos quer assumir o negócio.

Ele acredita que seu toque pessoal — selecionar os ingredientes, cumprimentar cada cliente que entra, as toalhas brancas da mesa, as doses generosas de bebidas e os preços justos — é o que faz os clientes retornarem. E ele pode estar certo.

Mas é também seu pensamento pequeno que o mantém longas horas no trabalho e seus ganhos baixos. O que ele acredita ser *as pequenas coisas que contam* é na verdade um exemplo de *pensar pequeno.*

Meu amigo não é pobre. Ele ganha bastante dinheiro. Mas duvido que seu negócio irá crescer ou lhe trazer muita riqueza. Sei que isso não vai acontecer a menos que ele pare de pensar pequeno e comece a refletir sobre as pequenas coisas que contam.

**Exemplo #2: Pensando pequeno e ficando cada vez menor**

Tenho outra amiga que é agente imobiliária, muito bem-sucedida. A empresa dela sofreu muito quando o mercado imobiliário americano despencou, em 2007. Em vez de mudar o pensamento, ela escolheu fechar o escritório, demitiu boa parte da equipe e foi trabalhar em casa. Ela encolheu, assim como a economia.

Em uma festa recente, ela veio até mim e perguntou: “Você perdeu seus investimentos imobiliários?”

“Não”, respondi, com um sorriso. “Na verdade, 2010 foi o melhor ano da minha vida. Kim e eu compramos cinco prédios, um total de quase 1.400 apartamentos, inclusive um hotel resort e cinco campos de golfe por cerca de US$87 milhões.”

"Por que você não me ligou se estava procurando investimentos?", perguntou ela, surpresa. "Você sabe que eu vendo imóveis. Ainda estou trabalhando."

"Por que você não me ligou?", respondi. "Você sabe que eu invisto em imóveis."

"Presumi que o mercado imobiliário estava ruim e que ninguém estava comprando", reclamou ela de volta. "Como você conseguiu empréstimos? Como você encontrou dinheiro para dar entrada nos imóveis?"

Com essa resposta, ficou claro que havia um abismo entre nós. Para ela o setor de imóveis estava exaurido, para mim estava em pleno vapor. Ao final da noite, ela fez mais uma tentativa para conectar-se, dizendo: "Liga para mim da próxima vez que quiser comprar algo."

Respondi: "Liga você, quando encontrar algo."

Até agora, ela não ligou.

**Exemplo #3: Um especialista especializado**

Um colega meu, muito inteligente, foi para a faculdade de Medicina para se tornar um médico altamente especializado. Foi um processo longo, muito longo. Ele se tornou um pequeno superespecialista do quadrante A.

Cerca de três anos atrás, ele recebeu o diagnóstico de câncer de estômago e teve de parar de trabalhar. Imediatamente, mudou o estilo de vida e seu rendimento despencou. A boa notícia é que ele se recuperou e recomeçou seu consultório e sua base de pacientes. O problema é que ele está fisicamente mais fraco e incapaz de trabalhar longas horas como fazia antes. Assim, sua renda continua baixa.

Ele quer se aposentar, mas sem atender pacientes, não tem como ganhar dinheiro suficiente para cobrir os gastos cotidianos, muito menos sua aposentadoria. Ele planeja trabalhar pelo resto da vida, mas não sabe quanto tempo lhe resta.

Estes três empreendedores são exemplos de pessoas de sucesso aprisionadas no quadrante A, pensando pequeno e fracassando em fazer as pequenas coisas que contam.

## *O que São as Pequenas Coisas?*

As pequenas coisas que contam são um conceito também conhecido como vantagem competitiva nos negócios. É algo único que o empreendedor tem e traz para o negócio, não apenas no quadrante A, mas também nos quadrantes D e I.

Posso ouvir você dizendo: "Mas o dono do restaurante, a corretora de imóveis e o médico tinham uma especialidade. Eles estavam fazendo as coisas pequenas, mas elas não funcionaram."

Isso é verdade, mas aqui está a diferença sutil: as pequenas coisas que importavam eram suas especialidades pessoais, não suas especialidades de negócios. Até que a pequena coisa que você faz se torne a pequena coisa que o negócio faz, ela não fará a diferença. Até que as especialidades de meus amigos se tornem a especialidade de seus negócios, eles permanecerão presos no quadrante A. No caso deles, foram suas especialidades, coisas que só eles podiam fazer, que os mantiveram pequenos.

Aqui estão alguns exemplos de pequenas coisas que contam.

**Pequena Coisa #1: Pizza mais rápido**

Pizza é um dos alimentos mais populares nos Estados Unidos e no mundo. Quase todas as cidades têm uma pizzaria, e os mercados, em geral, vendem pizza congelada. Não é difícil achar em sua correspondência cupons de descontos do tipo "duas pizzas pelo preço de uma". É um negócio altamente competitivo, repleto de concorrentes em cada esquina.

Décadas atrás, a Domino's Pizza estourou no cenário lotado de pizzarias com sua "pizza em no máximo 30 minutos". Uma pizza em no máximo 30 minutos é um exemplo de uma pequena coisa que conta. A Domino's estava ciente de que, quando as pessoas querem muito uma pizza, não querem esperar. Portanto, em 1973, a Domino's redesenhou o negócio inteiro para o quadrante D em torno dessa promessa de 30 minutos. A empresa, já bem-sucedida, deslanchou. Trinta minutos não é grande coisa. Mas, para a Domino's, foi a pequena coisa que fez uma grande diferença.

Infelizmente, na pressa de cumprir sua promessa de 30 minutos, houve dois acidentes envolvendo veículos de entrega. A Domino's foi processada em milhões e, desde então, voltou atrás na promessa. No entanto, quando penso em encomendar pizza, a promessa de 30 minutos da Domino's ainda vem à mente, mesmo que eles já não a garantam.

A promessa de 30 minutos da Domino's é um exemplo de uma pequena coisa que conta. Uma empresa inteira foi construída no quadrante D por causa de uma promessa. Hoje, a Domino's tem filiais em mais de 60 países. Em 30 minutos ou não, eles continuam a vender um monte de pizzas.

**Pequena Coisa #2: Preços sempre baixos**

O Walmart, o maior empregador dos Estados Unidos, construiu um negócio em torno de uma pequena coisa que os clientes querem — preços baixos. Sam Walton, fundador do Walmart, não apenas cortou preços ou ofereceu descontos. Quando ele mudou do quadrante A para o D, construiu a empresa inteira em torno de uma simples promessa de marca — preços baixos. Preços baixos são o DNA do imenso e complexo negócio do Walmart, focado em oferecer os preços mais baixos em grandes produtos. O negócio Walmart — os armazéns, caminhões, compras, sistemas de computador, tudo — está focado em manter a promessa de oferecer preços baixos, sempre.

Recentemente, durante a crise financeira mundial que começou em 2007, muitas empresas foram obrigadas a reduzir os preços apenas para manter os consumidores nas lojas. Infelizmente, como algumas empresas de varejo não foram projetadas para oferecer preços baixos, as reduções de preço as colocaram fora do negócio.

Em todo o mundo, milhões de pequenas empresas são expulsas do mercado porque não podem competir com o Walmart, Home Depot e os negócios online de baixo custo como a Amazon. As pequenas coisas que contam fazem uma empresa crescer muito.

Agora que você entende como certos empreendedores mantêm suas empresas pequenas por pensar e agir com mentalidade pequena, veja como funciona sob as perspectivas de negócio. Usaremos o Triângulo D–I.

O Triângulo D–I inteiro é focado em pequenas coisas. O DNA do negócio começa com a missão da empresa, a base. Depois que Sam Walton foi claro na missão de fornecer aos clientes os preços mais baixos possíveis, ele encontrou seu objetivo de vida e construiu o resto da empresa para cumprir essa missão.

Quando as pessoas do quadrante A reduzem preços ou oferecem descontos pelos serviços, muitas vezes fracassam porque apenas baixam o preço do produto. O resto da empresa não muda. As outras áreas do Triângulo D–I continuam a fazer o que já faziam. Isso não vai funcionar. Uma empresa construída para preços altos vai morrer quando os preços forem excessivamente reduzidos, a menos que todo o resto seja alterado proporcionalmente.

**Pequena Coisa #3: Remessa rápida**

A Federal Express, agora chamada FedEx, estourou na cena empresarial com a promessa de remessa rápida. A entrega em 24 horas foi uma pequena coisa que contou muito. Hoje, a FedEx é um negócio de vários bilhões de dólares.

Por causa de suas operações em todo o mundo, a FedEx teve de abandonar a garantia de 24 horas. No entanto, a promessa permanece no DNA, a missão da FedEx.

**Pequena Coisa #4: Você merece uma pausa hoje**

O McDonald's sabe o que significa ser pai de crianças pequenas. Manter os filhos felizes é outra pequena coisa que conta. Nunca vi uma criança infeliz no McDonald's. E tenho visto vários pais aliviados, felizes porque seus filhos estão felizes.

Sempre que ouço nutricionistas reclamarem que a comida do McDonald's é nociva para crianças, sei que a nutricionista não entende por que o McDonald's é bem-sucedido. Uma ida ao McDonald's não tem nada a ver com comida; representa crianças felizes e pais que precisam de uma pausa. Repetindo a campanha mais recente do McDonald's: "Amo muito tudo isso."

Observe o Triângulo D–I novamente e você terá uma ideia do brilhantismo dos sistemas globais do McDonald's.

Quando alguém entra no McDonald's e, no balcão, diz: "Quero um Big Mac, uma porção média de batatas fritas e uma Coca-Cola", todo Triângulo D–I entra em hipereficiência. Imediatamente, o hambúrguer, batatas fritas e Coca-Cola, os produtos no Triângulo D–I, mercadorias originadas do mundo inteiro, se juntam e são fornecidas ao cliente em menos de cinco minutos. Se isso não é um milagre, não sei o que é. Além disso, a precisão e a eficiência são replicadas no mundo inteiro, em cidades e vilas, em todos os lugares. Isso significa sistemas no Triângulo D–I.

Na verdade, se você quiser entender o poder do Triângulo D–I, basta ir até o McDonald's mais próximo de você e sentar-se lá por uma hora. Imagine os milhões de trabalhadores necessários para manter o Triângulo D–I em funcionamento — entregar o que os clientes querem, o que mantém crianças felizes e pais aliviados — em menos de cinco minutos, em todo o mundo. Uma pessoa, um A, não consegue. É preciso milhões de pessoas.

Fico maravilhado com isso. No momento em que você faz o pedido, pães de padarias e campos de trigo, em todo o mundo, entram em ação. Toneladas de batatas são cortadas para serem fritas. Carne do mundo inteiro é cortada, moída, moldada e disponibilizada para quando você quiser. A Coca-Cola é borbulhante e refrescante. O sabor é consistente, e os banheiros, limpos. O McDonald's é um excelente exemplo de um negócio eficiente e global do quadrante D, que conhece seus clientes. Essa pequena coisa é uma grande coisa. Eles sabem o que os clientes desejam.

Donald entende o que quero dizer com todos esses exemplos. Ele tem sido fiel à pequena coisa que significa muito quando se trata de seu negócio. Quando as pessoas se hospedam em um hotel Trump, compram uma propriedade Trump ou jogam em um campo de golfe Trump de 18 buracos, estão comprando dinheiro, sexo, fama e poder de Donald Trump, que é a marca dele. Essa é sua promessa. É a pequena coisa que faz a grande diferença. Ele as transforma em grandes coisas, em coisas gigantescas. Tudo isso é importante para seus clientes e funciona bem.

**Pequena Coisa #5: Simples e divertido**

A pequena coisa que conta para a *Rich Dad* é o fato de mantermos a educação financeira simples e divertida. Muitas pessoas entram em pânico sempre que se veem diante de uma conversa sobre dinheiro, finanças ou números pares. A maioria dos concorrentes da *Rich Dad* é muito séria e chata. Os concorrentes agem como ditadores, dedo em riste, dizendo: "Cortem seus cartões de crédito, poupem dinheiro e gastem menos do que ganham." Eles tratam as pessoas como filhos, dizendo-lhes o que devem ou não fazer, na tentativa de educá-los.

Eles dizem que você deve viver aquém das suas possibilidades. É fácil dizer, mas quem quer se contentar com menos? Eu não. Você não. Em minha opinião, viver aquém das possibilidades mata seu espírito. Acho que a maioria das pessoas é como eu, prefere expandir possibilidades a viver aquém delas.

Além disso, depois da última crise financeira, muitas pessoas sabem agora que os conselhos financeiros de meus concorrentes são ruins. Ao invés de enriquecer, as pessoas que seguiram seus conselhos perderam muito dinheiro. Agora eles estão aconselhando como recuperar o dinheiro e o que se deve fazer hoje. Não consigo descobrir o que é a pequena coisa que os torna importantes, mas sei o que é a pequena coisa da minha empresa — educação financeira simples e divertida.

As pessoas se perguntam por que Donald e eu nos unimos em 2006 para escrever o primeiro livro, *Nós Queremos que Você Fique Rico*. Porque ambos estávamos vendo um problema surgindo: o desaparecimento da classe média. Advertimos as pessoas nesse livro. Pusemos tudo em termos simples. Queríamos que as pessoas ficassem ricas para que não acabassem pobres. Com o sumiço da classe média, você só poderá ser duas coisas: rico ou pobre. Queremos que você seja rico. Essa é, também, a importância do livro. Estamos colocando em termos bem simples a forma de se construir um negócio bem-sucedido do tipo Toque de Midas, para que você não acabe como meus amigos — o dono do restaurante, a corretora de imóveis e o médico.

**Pequena Coisa #6: Divertir-se aprendendo**

Quando eu tinha cerca de 9 anos, meu pai rico começou a dar lições sobre dinheiro para o filho e para mim usando o jogo *Banco Imobiliário*. Em outras palavras, o pai rico tornou o aprendizado divertido, desafiador e interessante. Hoje, sou um homem rico porque me diverti jogando *Banco Imobiliário* quando criança.

Em 1984, o ano em que decidi deixar de ser fabricante de carteiras, me tornei professor de negócios, investimentos e empreendedorismo usando muitos jogos diferentes. Kim e eu passamos dez anos nos especializando no uso de jogos como ferramentas educacionais.

Em 1996, antes do livro *Pai Rico, Pai Pobre*, lançamos o jogo *CASHFLOW® 101*. Hoje, esse jogo é jogado em todo o mundo, em cerca de 15 idiomas.

Ele é bem-sucedido porque as pessoas aprendem finanças se divertindo com dinheiro de brincadeira. Quando jogam, muitos aprendem mais sobre assuntos financeiros do que estariam interessados.

Agora temos jogos de tabuleiro e jogos online para *CASHFLOW® 101*, o avançado *CASHFLOW® 202*, bem como jogos para crianças. Há jogos de desafios *CASHFLOW* gratuitos ou de baixo custo em todo o mundo. Usar jogos nos ajuda a manter um assunto complexo e chato simples e divertido. Simples e divertido é a pequena coisa da *Rich Dad* que conta.

## *Duas Lições da Escola Militar*

Como você já sabe, Donald e eu estudamos em escolas militares. Ele frequentou a Academia Militar de Nova York, e eu a Academia Militar de Marinha Mercante dos Estados Unidos, também em Nova York. Acredito que as escolas militares nos deram uma vantagem arrebatadora no mundo dos negócios.

Ao contrário das escolas tradicionais, nas militares há forte ênfase em missão, competências de liderança e equipe, coragem, foco e disciplina. As duas lições a seguir, da Academia, me foram úteis nos negócios.

**Lição #1: A diferença entre tática e estratégia**

Táticas são o que você faz. Em termos muito simples, um líder deve definir a única tática, o único objetivo da equipe ou organização.

Todas as estratégias devem assegurar que a única tática, o objetivo, seja realizada.

As empresas começam a fracassar quando têm táticas e estratégias demais. Você entenderá a que me refiro quando vir o diagrama a seguir, de uma campanha militar bem-sucedida.

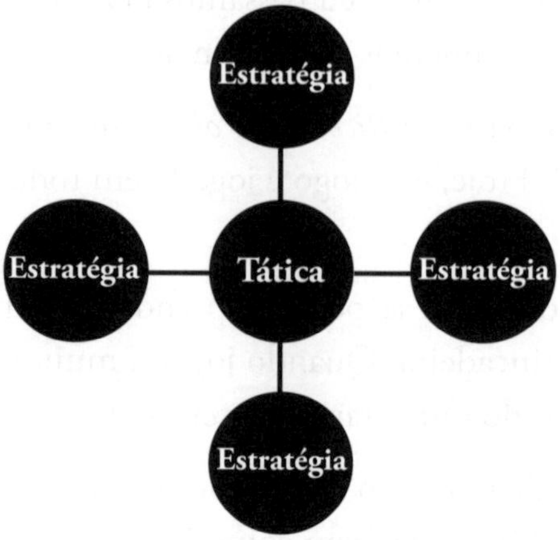


Usando a pizza Domino's como exemplo (a pizza com a promessa de entrega em no máximo 30 minutos), todas as estratégias da empresa — estratégias de publicidade, jurídicas, contábeis, de desenvolvimento de produto — estão claramente incluídas no Triângulo D–I. Todas essas estratégias devem apoiar a única tática, o foco do negócio, a promessa para o cliente.

Surgem problemas em organizações quando as estratégias tornam-se mais importantes que a tática singular unificadora.

Já vi isso acontecer muitas vezes. Os advogados acham que os documentos jurídicos são mais importantes que o cliente. Ou o pessoal de recursos humanos pode contratar pessoas com todas as qualificações, mas que não se encaixam na cultura da empresa. Ou a contabilidade, em razão de querer fazer tudo direito, não aprimora seus sistemas para acompanhar a velocidade das transações.

Quando as estratégias se dividem, resolvê-las toma tempo, dinheiro, e o foco se distancia da tática essencial. As vendas caem, as despesas sobem e os lucros sofrem. A lição é que nenhuma das integridades de negócios dentro do Triângulo D–I é mais importante que qualquer outra.

Isto nos leva à segunda lição da escola militar.

**Lição #2: O trabalho do líder é unir e focar o Triângulo D–I**

A maioria de nós está familiarizada com a frase "dividir e conquistar". Nosso sistema de educação tradicional se baseia nesse conceito. Desde o momento em que as crianças entram na escola, o sistema educacional as divide em inteligentes, médias e, hoje, o que eles chamam de baixo desempenho (embora quando eu estava na escola, fôssemos chamados de estúpidos). Esse dividir e conquistar está treinando as crianças para que pertençam aos quadrantes E e A a vida toda.

Nos quadrantes E e A, a vida se transforma em competição por trabalho ou promoções ou aumentos de salário. Essa programação "dividir para conquistar" é a razão para que muitos Es e As tenham dificuldade em fazer a transição para os quadrantes D e I, nos quais unificar uma organização é essencial.

ESCOLA MILITAR

ESCOLA TRADICIONAL

A partir do momento em que entram na escola militar, ensina-se aos alunos a importância da missão, das habilidades de trabalho em equipe e dos fundamentos da liderança — as integridades externas do Triângulo D–I.

Nas escolas militares, martela-se na cabeça dos alunos: "Unir-se para ganhar. Dividir para conquistar." Os alunos militares são treinados em habilidades para unir e, em seguida, concentrar a força unida para dividir e conquistar o inimigo.

Infelizmente, nas escolas tradicionais, os alunos não aprendem a unir-se para ganhar, mas apenas a dividir e conquistar. As escolas treinam os alunos para competir contra seus próprios companheiros de equipe, por notas, classificações e ingresso na faculdade. Quando saem da escola, eles competem por empregos, promoções e aumentos.

Essa é uma das razões por que tantas pessoas ficam aprisionadas nos quadrantes E e A. O sucesso nos quadrantes D e I requer habilidades de liderança, necessárias para unir as pessoas. A capacidade de unir é essencial à liderança na guerra e no negócio. Outra razão para que os As tenham de se esforçar tanto é o fato de, muitas vezes, competirem com organizações que atuam como uma equipe.

Por exemplo, o proprietário de uma pequena loja de ferragens encontra dificuldades para competir contra uma grande loja como a Home Depot.

## *Como Obter Vantagem Competitiva*

Se você não tiver vantagem competitiva na empresa, é difícil ter um negócio. Essa vantagem deve basear-se nas pequenas coisas que contam. São essas pequenas coisas que têm me possibilitado avançar e me ajudado a melhorar meu Toque de Midas. Elas podem fazer o mesmo por você.

- **Adquira habilidades de liderança.**
  A Academia Militar de Marinha Mercante dos Estados Unidos treina os alunos para serem líderes no momento em que entram na escola, diariamente, até que se formem. Ter sido oficial do corpo de fuzileiros navais e piloto por seis anos também foi excelente treinamento e desenvolvimento de liderança para os negócios.

- **Aprenda como vender e investir.**
  Quando voltei do Vietnã, em 1973, decidi seguir os passos do meu pai rico, não os do meu pai pobre. Eu tinha mais um ano de contrato com o Corpo de Fuzileiros Navais e meu pai rico me aconselhou a começar a me preparar para os quadrantes A, D e I.

  Em vez de voltar para a escola e obter o mestrado como meu pai pobre recomendou, o pai rico sugeriu um caminho educacional muito diferente, uma vez que as habilidades necessárias para os quadrantes D e I são diferentes. O pai rico recomendou que eu aprendesse a vender e a investir em imóveis antes de deixar o Corpo de Fuzileiros Navais. Ele tinha duas razões. A primeira, os empreendedores devem ser capazes de vender para os clientes, funcionários e investidores. Se o empreendedor não consegue vender, a empresa enfrentará problemas financeiros. A segunda razão era o fato de os investidores imobiliários deverem saber como gerenciar e lucrar usando dívida. Esse aprendizado foi me preparando para o quadrante I.

  Assim, em 1973, me inscrevi para meu primeiro curso de investimento imobiliário. Em 1974, deixei o Corpo de Fuzileiros Navais e juntei-me à Xerox Corporation para aprender a vender. Trabalhei na Xerox por quatro anos. Saí apenas depois que me tornei o número 1 em vendas.

Ambos os programas educacionais fizeram de mim um multimilionário repetidamente. Essas habilidades geralmente não são ensinadas nas escolas.

- **Contrate um *coach*.**
  As três coisas mais importantes para mim são saúde, riqueza e felicidade. Para cada uma dessas áreas da minha vida, tenho um *coach* (um treinador ou mentor). Sei que pagar por um *coach* pode ser difícil, especialmente se o dinheiro estiver curto. Agora, se você quer ser um verdadeiro empreendedor, não pode permitir que a falta de dinheiro o impeça de seguir em frente. Em vez de dizer: "Eu não posso pagar um *coach*", use sua mente criativa para encontrar uma maneira de fazer isso acontecer, especialmente para as coisas que são importantes em sua vida. Se eu tivesse permitido que o pensamento "não posso pagar" me parasse, hoje eu seria pobre, doente e infeliz.

- **Não trabalhe por dinheiro.**
  Sei que soa estranho para a maioria das pessoas, mas nessas palavras está o segredo para a riqueza extraordinária. Se você leu *Pai Rico, Pai Pobre*, recorda-se da primeira lição do meu pai rico: os ricos não trabalham por dinheiro. Uma das razões por que a maioria dos Es e As enfrentam dificuldades financeiras é o fato de eles trabalharem por dinheiro. Você provavelmente está se perguntando: "Se eu não trabalho por dinheiro, trabalho por quê? Como me alimento e arranjo um teto para morar?" São todas boas perguntas. Eis a resposta.

Ds e Is ganham muito mais dinheiro porque trabalham para construir, comprar ou adquirir ativos. O demonstrativo financeiro a seguir explica a diferença.

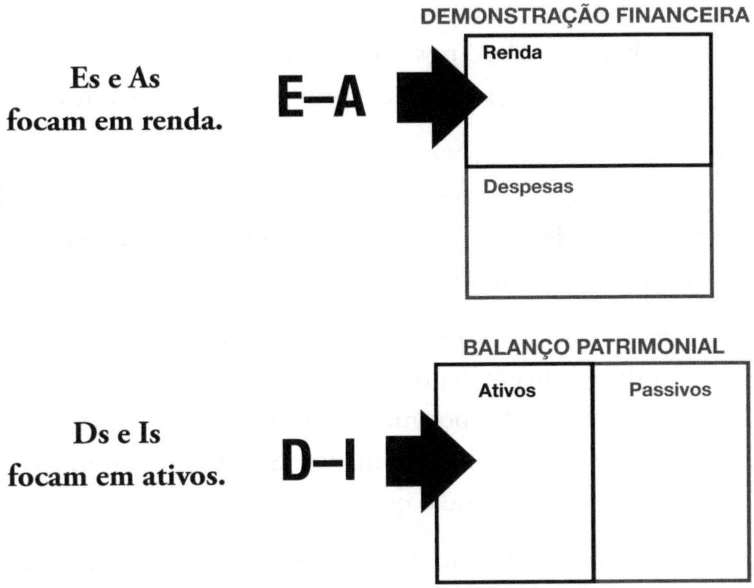


Os ativos incluem empresas, marcas, patentes, marcas comerciais, imóveis, ativos de papel e commodities. Trabalhar por ativos, em vez de por dinheiro, é uma pequena coisa muito importante que faz uma diferença enorme ao longo da vida de um empreendedor. Isso lhe dá vantagem competitiva, pois ativos continuam a render esteja você trabalhando ou não, e vários ativos podem estar rendendo ao mesmo tempo. É assim que você constrói riqueza. Trabalhar por dinheiro significa que você só recebe pelas horas trabalhadas. Não é assim que se constrói riqueza.

## *Habilidades que Você Deve Dominar*

Neste livro, tenho me referido ao quadrante CASHFLOW várias vezes. Cada área dele exige habilidades diferentes para o sucesso. Para ser realmente bem-sucedido no quadrante E, são necessárias formação avançada e forte capacidade de subir a longa escada corporativa.

Mas, se você quiser ser um empreendedor, essas são as habilidades de que necessitará para ser bem-sucedido nos quadrantes A, D e I. Domine-as e você poderá ser um vencedor. Não as domine e provavelmente não crescerá.

- *Habilidades para o quadrante A.* Qualquer empreendedor que diga que odeia vender ou que não consegue vender não será empreendedor por muito tempo. Eles devem ter essa habilidade. É uma coisa pequena e, ao mesmo tempo, imensamente grande.
- *Habilidades para o quadrante D.* Os empreendedores devem saber expandir seu negócio por meio de sistemas. Por exemplo, o McDonald's se expandiu por meio de franquias. A *Rich Dad Company* se expandiu por meio de licenciamento. Saber se expandir é o que permite que você alavanque o que faz.
- *Habilidades para o quadrante I.* Os empreendedores devem saber se capitalizar. Um verdadeiro empreendedor nunca pode dizer "não posso pagar" ou "não tenho dinheiro". Quando um investidor imobiliário vai a um banco pegar dinheiro emprestado para investir em uma propriedade de aluguel, ele está levantando capital.

Quando os empreendedores aprendem a vender no quadrante A, desenvolvem negócios no quadrante D e se capitalizam no quadrante I, eles entram em um mundo que poucas pessoas conhecerão. Se você realmente quer se tornar um empreendedor, faça treinamento de vendas, busque sistemas que podem expandir seu negócio e aprenda a utilizar dívida para investir em imóveis.

## *Concentre-se na Sua Atividade*

Uma lição que aprendi com meus próprios erros. Muitos empreendedores fracassam porque querem se concentrar nas atividades. Eles gostam da noção de quebrar regras e de impor seu próprio ritmo. Eu era o pior deles. Esse tipo de mentalidade meio caubói é sedutora, mas infelizmente, os negócios dos quadrantes A, D e I requerem disciplina. Concentrar-se nas atividades normalmente leva ao fracasso ou a dificuldades financeiras.

O fato é que sobreviver no quadrante A exige mais disciplina que sobreviver no quadrante E. O quadrante A requer novos níveis de responsabilidade pessoal, financeira e empresarial. Quando você se tornar um empregador em vez de um empregado, todo um novo conjunto de leis — como as trabalhistas, tributárias e ambientais — passa a governar sua vida.

O quadrante D exige disciplina mais elevada que o quadrante A. O sucesso no quadrante D exige maior foco em sistemas — tais como operacionais, contábeis, de gestão de pessoas, financeiros, jurídicos e de folha de pagamento. Ele também requer funcionários mais talentosos e mais bem pagos para crescer.

O quadrante I é o que exige mais disciplina. Quando se levanta capital, as regras das agências reguladoras do governo, como o Banco Central e a CVM, exigem muito mais disciplina. A maioria dos empreendedores na cadeia quebrou leis no quadrante I.

Em outras palavras, se você quiser apenas "concentrar-se na atividade", é melhor ficar pequeno.

## *Aprenda Muito e Rápido*

Como você sabe, há muito a aprender para se tornar um empreendedor. Se você não gosta de aprender muitas coisas diferentes e rápido, é melhor continuar empregado ou permanecer pequeno no quadrante A.

Tenho uma amiga que é chef. Ela tem seu próprio bufê, uma empresa de *catering*, em uma vinícola da Califórnia. Trabalha arduamente, possui uma equipe de oito pessoas leais e ganha um bom dinheiro no quadrante A. O problema é que o único treinamento que ela faz são mais aulas de culinária. Está sempre competindo com outros chefs para conquistar os corações e estômagos dos clientes e não tem interesse em estudar a área de negócios ou em investir. Planeja trabalhar arduamente a vida toda, fazendo o que ama e permanecendo pequena no quadrante A.

Simplificando, ela está fazendo o que ama, ser chef. Mas não está fazendo o que deveria para ser uma empreendedora.

Como você deve ter notado, acredito que a pequena coisa mais importante para os empreendedores é o compromisso com o estudo contínuo ao longo da vida. Isso é a coisa mais importante na vida e nos negócios. No mundo real, são as pessoas que fazem o que precisam fazer que vencem as pessoas que só fazem o que *amam* fazer.

Fazer o que você deve fazer, mesmo não querendo, é uma pequena coisa que faz uma grande diferença. Em qualquer caso, isso significará estudar e aprender sobre assuntos que você pode não gostar. Lembre-se, você não precisa ser um especialista. Você apenas tem de saber o suficiente para falar o idioma e contratar especialistas. Há por aí muitos cursos nas áreas mais vitais a preços razoáveis, e existem inúmeros livros e recursos online que você também pode usar.

Se você está comprometido com o Toque de Midas, recomendo os seguintes tópicos básicos de estudo:

- **Treinamento de vendas**
  Aprenda técnicas de vendas. A maioria dos empreendedores realmente precisa.

  Há aqueles que tiveram sucesso fazendo parte de uma empresa de marketing de rede onde obtiveram treinamento em vendas da vida real.

- **Direito comercial básico**
  É extremamente útil ter um conhecimento básico sobre legislação e sobre como ela afeta sua empresa em áreas como propriedade intelectual, leis trabalhistas, leis ambientais, tributos e contratos. Isso vai lhe poupar muito dinheiro e dores de cabeça. Não significa que você não precisará de um advogado, mas pelo menos será capaz de falar e entender a linguagem.

- **Contabilidade básica**
  Dou palestras sobre a importância da demonstração financeira e do balanço patrimonial. É um começo importante. Um curso de contabilidade básica irá ensiná-lo a começar seu negócio com o pé direito ou se organizar, caso já tenha sua própria empresa. Novamente, você ainda precisará de um contador.

- **Marketing e publicidade**
  Antes de investir em atividades de marketing e publicidade, aprenda o máximo que puder sobre elas. Há um monte de informações disponíveis — livros e cursos, tanto presenciais quanto online.

- **Web, internet e redes sociais**
  Faça cursos e mantenha-se atualizado sobre os últimos acontecimentos. Essa área está em constante mudança. Acompanhar a velocidade requer leitura diária.

- **Habilidades sociais**
  Associe-se a organizações e grupos de redes de relacionamento apenas para praticar habilidades vitais com pessoas. Você tem de ser capaz de lidar com pessoas diferentes e que tenham habilidades de negociação diversas.

- **Técnicas de investimento**
  Faça cursos sobre análise técnica ou negociação no mercado futuro. Um empreendedor deve saber como ganhar dinheiro em mercados que estejam em alta e nos que estão caindo. Acreditar que o mercado só sobe é ingenuidade.

Lembre-se de que não se trata de se tornar um aluno nota "A" nessas matérias. Apenas saiba como esses temas interagem com um negócio. Você não precisará fazer todos os cursos ao mesmo tempo. Apenas dedique sua vida, ao longo do tempo, para aprender continuamente. Seu compromisso com a aprendizagem contínua é uma coisa pequena que faz uma diferença muito grande. Todos conhecemos pessoas que prometem continuar aprendendo, mas que não conseguem cumprir essa promessa. Manter a promessa é a pequena coisa que mais conta. Lembre-se, empreendedorismo tem pouco a ver com o tipo de escola que você frequentou. O sucesso é alcançado pelo empreendedor que continua a aprender, mesmo quando já saiu da escola.

## *Uma Palavra sobre Generosidade*

Contrário à crença popular, tornar-se rico nos quadrantes D e I requer generosidade, não encontrada nos quadrantes E e A. Os Ds e Is devem ser generosos para ter sucesso. Os Es e As não. Como um D, você precisa estar disposto a enriquecer um monte de gente antes de se tornar rico.

Para se tornar rico no quadrante I, você deve se dispor a compartilhar a riqueza com investidores.

Se não for uma pessoa generosa, precisa começar a desenvolver habilidades pessoais nessa área. Precisa querer ganhar dinheiro para outras pessoas e incluí-las nas recompensas que advirão do que você está criando, se quiser ter o Toque de Midas.

## *Consideração Final*

Se eu soubesse quanto teria de aprender, talvez nunca tivesse começado minha carreira como empreendedor. É muito mais fácil ser empregado. Ainda assim, em retrospecto, tornar-me empreendedor foi o melhor programa de treinamento que fiz — e continuo a aprender.

Vale a pena? O processo foi e continua sendo difícil para mim, mas tem valido a pena na mesma proporção. Ele me deu:

- **Riqueza ilimitada**
  Embora tenha sido difícil no início, hoje, Kim e eu temos muito dinheiro para viver como quisermos.
- **Liberdade global**
  Ser um empreendedor global me dá a liberdade de fazer negócios em qualquer lugar do mundo.
- **Grandes amigos**
  Se eu não tivesse me tornado um empreendedor, não teria encontrado outros grandes empreendedores, como Donald Trump, Steve Forbes e Oprah Winfrey.

- **Tranquilidade**
  Ao contrário do meu pai pobre, que sempre estava preocupado com dinheiro ou com a perda do emprego, isso não acontece comigo. Não sou escravo do dinheiro.

Meu pai rico dizia, com frequência: "Se você desse a todas as pessoas do mundo US$1 milhão e lhes dissesse que tinham um ano para gastar tudo, a maioria conseguiria."

"Mas se você perguntar a todas elas se, 'começando do nada, você conseguiria adquirir US$1 milhão em um ano?', só umas poucas conseguiriam. E essas poucas provavelmente seriam empreendedoras."

O mundo precisa de muito mais pessoas que possam criar riqueza e, no processo, resolver muitos dos desafios que enfrentamos. Leva tempo. Os verdadeiros empreendedores raramente o fazem por dinheiro. Eles quase sempre atendem a um chamado divino. Mas, quando conseguem sua própria riqueza, a liberdade que advém dela é o que os motiva a ir em frente, prontos para a próxima aventura.

Se eu perdesse todo meu dinheiro, sei que poderia fazer tudo de novo e dar continuidade à minha missão. Esse conhecimento pode parecer pouca coisa para a maioria das pessoas, ainda assim, esse poder é muito importante para mim.

Desejo o mesmo poder para você.

# Luxo e Detalhes: Algo Pequeno que Se Tornou Grande

*Donald Trump*

A *Trump Tower* estava quase pronta e eu não tinha certeza de como batizá-la. Eu disse a um amigo que estava pensando em "Tiffany Tower" por causa da proximidade com a loja da Tiffany. Ele questionou por que eu usaria o nome de outra pessoa em vez do meu próprio. Muito bem observado. A aliteração era semelhante, e assim se tornou *Trump Tower*. Essa pequena coisa, um detalhe que quase se tornou uma reflexão tardia, virou uma grande coisa, e meu nome tornou-se conhecido. Foi o começo de minha marca.

*Trump* tornou-se um grande nome em boa parte porque trouxe reconhecimento do nome para a empresa, começando com a *Trump Tower*. Em essência, eu estava fazendo minha própria publicidade com um nome e um marco. Não subestime o poder da publicidade, mesmo que não seja uma campanha enorme, não importa a forma que assuma. Quando a *Trump Tower* foi inaugurada, havia luxo em cada detalhe, o que fez a marca *Trump*, a partir daí, se tornar sinônimo de luxo. No fim das contas, a publicidade nos trouxe fama e fez nossa marca ficar associada a dinheiro, poder e luxo. Você descobrirá que sua marca refletirá em você, portanto, escolha com cuidado aquilo pelo qual quer ser conhecido.

## *Quando Pequeno É Grande*

Robert não poderia estar mais correto quando fala sobre focar as pequenas coisas que contam. Para a marca Trump, a pequena coisa é o desejo das pessoas pelas coisas mais agradáveis da vida — fama, poder e status de celebridade. É como se uma pequena parte da vida das celebridades se tornasse real por meio de nossas propriedades e produtos que ostentam nosso nome. Essa pequena coisa tornou-se uma muito grande para mim e para a *Trump Organization*. Esse desejo aparentemente pequeno que as pessoas têm tornou-se o alicerce da nossa empresa. Você tem alguma ideia do que seria essa pequena coisa para você ou para sua empresa?

Quando Robert fala sobre pensar pequeno, tenho de rir, pois sou conhecido pela minha crença em "pensar grande". Nunca fui acusado de pensar pequeno, e creio que é um elogio. Pensar grande tem funcionado para mim, mas também sou conhecido por ser detalhista. Pensar grande conduz a inúmeros detalhes que exigem atenção. Na verdade, para ser muito bem-sucedido, você tem de perceber que não há nada que seja de fato pequeno. Tudo é importante, especialmente quando você tem uma marca conhecida pelo luxo. Como alguém disse uma vez, e como eu disse antes: "Um pequeno vazamento pode afundar um navio."

Robert diz que se ele perdesse todo o dinheiro, saberia como recuperá-lo. Isso representa poder para ele. Ele tem esse poder porque tem educação financeira e muitas experiências às quais recorrer.

Conheço a sensação, porque passei por uma grande agitação financeira no início de 1990, e sobrevivi. Voltei a ser muito mais bem-sucedido que antes — em grande parte, por ter aprendido muita coisa no processo. Não quero passar por isso novamente, mas percebo que teve seu propósito.

Meu CFO, Allen Weisselberg, que está comigo há mais de trinta anos, aconselha: "Administre seu dia a dia operacional como se maus momentos estivessem sempre por aqui." É uma grande precaução.

## *Quando Grande É Grande*

Quando você pensa grande, automaticamente pensará em mais detalhes, pois eles são o principal componente ao construir algo grandioso. Eles são o trampolim para a alta qualidade e para uma estrutura forte.

Penso em termos de construção, e um projeto é algo a considerar quando você inicia seu negócio. É um projeto pequeno? Pode ser ampliado? Não pouparia tempo se o projeto fosse maior? Muitos anos atrás creditaram a mim a seguinte citação: "Se você vai ter de pensar de qualquer jeito, pense grande logo de uma vez." Meu objetivo era construir arranha-céus, e é preciso pensar grande nesse caso. Para mim, pensar grande era questão de bom senso.

Robert diz que há uma grande diferença entre "pequenas coisas que contam" e "pensar pequeno". Ele está certo. Quando eu estava construindo a *Trump Tower*, meu pai não conseguia entender por que eu queria usar vidro quando tijolos sempre tinham funcionado bem para ele e eram mais baratos. Mas minha visão era a de uma torre elegante, e vidro era um dos detalhes que fariam dela uma construção excepcional e bela. Sei que meu pai ficou impressionado e orgulhoso quando a *Trump Tower* recebeu críticas entusiasmadas, mas não houve quem o convencesse de que vidro funcionaria melhor que tijolos quando mostrei meus planos a ele pela primeira vez. Tive de me ater à minha visão. Eu tinha uma imagem do todo e não mudaria isso. Essa imagem era torná-la o melhor edifício de Manhattan.

Assim como a Domino's sabia que as pessoas queriam pizza rapidamente, eu sabia que havia pessoas que queriam um ambiente luxuoso e serviço personalizado e excepcional. Eu estava confiante de que, com atenção às pequenas coisas — os detalhes — poderíamos atender a essa necessidade.

Cada imagem do todo está repleta de pequenos detalhes. Toda grande sinfonia pede um número surpreendente de instrumentos e muitos detalhes minuciosos que, somados, resultam em incrível harmonia sonora. Quando penso grande, quase sempre, pode ter certeza de que estou ciente das inúmeras pequenas coisas que teremos de levar em conta. Acompanhar a construção de um edifício desde sua fundação lhe dará uma boa ideia do que frequentemente passa despercebido: os elementos que dão à construção base sólida e personalidade. Houve um momento em que subia as escadas até o último andar de meus edifícios (que podem ser muito altos) apenas para senti-lo. Claro que eu também estava verificando a condição das escadas e tudo o mais, porque tudo é importante — mesmo o que não está aparente. Também nos mantinha, a mim e meus seguranças, em forma.

Os hotéis *Trump* também obtiveram sucesso considerável. Recebemos o prêmio *Mobil Five-Star* para o *Trump International Hotel & Tower*, em Nova York, bem como o prêmio de melhor "Hotel dos Estados Unidos e do Canadá", da revista *Travel + Leisure*, para o *Trump International Hotel & Tower Chicago*. Nosso hotel em SoHo, Nova York — *Trump SoHo* — fez parte da lista dos melhores novos hotéis da mesma revista. O único hotel em Nova York que foi listado.

O que qualifica nossos hotéis a essa condição de excelência? Nosso compromisso com o luxo e, em seguida, o cumprimento desse compromisso observando as pequenas coisas que são importantes para nossos hóspedes. Significa serviço atencioso em todos os níveis e o que há de mais moderno em relação a conforto e conveniência. Nenhum detalhe é demasiado pequeno para nós. Por isso, recebemos grandes prêmios. Sim, os hotéis são grandes, mas o serviço personalizado está muito longe de ser impessoal. Percebemos que nossos clientes esperam por determinado nível de serviço; é o que lhes damos. Muitas vezes, em uma visita de retorno, eles se surpreendem por termos mantido suas informações e assim podermos fazer perguntas adequadas, como a necessidade de uma babá durante sua estadia e outros requisitos pessoais. Temos um padrão-ouro para atender e atendemos. Nenhuma das chamadas pequenas coisas são ínfimas para nós.

As pessoas ficam surpresas ao ouvir que assino meus próprios cheques. É um monte de cheques todas as semanas, pilhas e pilhas deles. É uma das pequenas coisas que podem importar. Eu gosto de saber para onde meu dinheiro está indo.

Eu tinha um projeto que, por algum motivo, parecia muito caro, e estava descontente com os custos. Naquele momento, não estava assinando os cheques para esse trabalho específico. Fiquei muito irritado com as pessoas que executavam o projeto e, finalmente, disse a eles: “De agora em diante, quero assinar pessoalmente cada cheque.” No minuto em que sugeri isso, meus custos automaticamente caíram 15%, sem negociação. Agora assino tudo.

## *Livros e Arranha-céus*

Considerando o alcance de meus projetos, as pessoas às vezes me perguntam por que passo tempo escrevendo livros. Eu não considero que escrever livros seja um pequeno empreendimento porque valorizo a educação, assim como Robert. Escrever livros é essencialmente uma experiência de partilhar. Muita gente não quer compartilhar seus conhecimentos. Aqui é necessário um nível de confiança, mas Robert e eu temos sucesso suficiente para incitar no público a curiosidade em saber como pensamos e trabalhamos. Não me importo de compartilhar minhas dicas para o sucesso porque sei que vou continuar a trabalhar e a ser bem-sucedido. Livros podem ser ferramentas de aprendizado. Eles podem ser mercadorias pequenas se comparados a campos de golfe e arranha-céus, mas podem ser poderosos.

Um bom exemplo disso é o meu primeiro livro, *A Arte da Negociação*, publicado nos Estados Unidos em 1987, influenciando Mark Burnett, Robert e sua esposa, Kim. Mark estava vendendo camisetas em Venice Beach quando o leu. Robert e Kim estavam em dificuldades financeiras quando o leram porque apenas começavam seus novos negócios. Todos disseram que o livro teve impacto sobre eles, conduzindo-os ao sucesso. Esses são apenas três exemplos de como um livro pode afetar positivamente as pessoas.

No outono de 2008, um cidadão no Canadá me enviou, de Kamloops, British Columbia, um exemplar do jornal local. Havia uma fotografia de um sem-teto, cercado por seus pertences, que estava lendo *A Arte da Negociação*. A foto me fez querer ajudá-lo em sua situação imediata.

Disseram ao sem-teto que eu havia lido sua história, e ele brincou a respeito disso, perguntando se "o cheque estava no correio". Ele não sabia ou não acreditava que eu estaria lhe enviando um. Quando o cheque foi entregue, ele disse: "Pela primeira vez na vida, estou sem palavras. Estou completamente sem palavras. Geralmente sou tão tagarela, mas isso? Eu não sei o que dizer."

Minha mensagem para o sem-teto foi: "Dê-lhe meus cumprimentos e diga-lhe que trabalhe arduamente. Sei que não é fácil." Enviar-lhe um cheque foi um pequeno gesto de minha parte, mas pequenas coisas podem significar muito. As pequenas coisas são importantes.

Outro exemplo aconteceu enquanto estava assistindo ao programa *60 Minutes* em uma noite de domingo e havia um segmento sobre a Maytag, uma fábrica de produtos de linha branca, que havia transferido suas instalações da cidade de Newton, em Iowa, para o México, e o efeito devastador que a mudança tivera sobre a cidade americana e seus trabalhadores. Três pessoas foram entrevistadas, e cada uma delas me impressionou de alguma maneira. Uma era um veterano de guerra, a outra era proprietária de uma pizzaria Domino's e o terceiro indivíduo possuía uma empresa de publicidade. Fiquei impressionado com suas éticas de trabalho e vontade de não deixar que os problemas econômicos causados pela saída da Maytag dobrassem seus espíritos. Mais uma vez, como um pequeno gesto, enviei a dois deles um cheque, um para ser usado no fundo para a faculdade da filha de um deles, e o segundo para cobrir problemas na pizzaria. Com o terceiro indivíduo, criei um negócio para que ele me fornecesse continuamente mercadoria de alta qualidade com a marca *Trump*. Foi um pequeno gesto de minha parte, mas, naquele momento de suas vidas, foi positivamente impactante.

## *Visitando Meu Escritório*

Uma surpresa para as pessoas que visitam meu escritório é me ouvir ao telefone negociando o preço das torneiras, cadeiras, lâmpadas, espelhos, lustres e assim por diante. Conheço todos os preços, os fornecedores e os prós e contras de se fazer negócio com eles. Neste momento, tenho aproximadamente 20 espelhos em meu escritório porque estou decidindo quais serão os melhores para um de meus campos de golfe. Outras vezes, você pode ver uma variedade de cadeiras ou até mesmo pias. Sou muito chato com acessórios e preciso sentir algo a mais, além de considerar preço e aparência.

Meu controlador, Jeffrey McConney, aprendeu uma grande lição no início de sua carreira com a *Trump Organization*. Estava comigo havia seis ou oito meses, e toda semana ele fazia um breve relato financeiro da organização. Em uma semana, veio ao escritório e me disse que havia uma queda financeira substancial em relação à semana anterior. Em seguida, o telefone tocou, e atendi. Durante a conversa, olhei para ele e disse: "Você está demitido." Eu o contratei de volta alguns minutos depois, mas o alerta fora dado. Foi uma sacudida. É o meu dinheiro, e o trabalho dele é protegê-lo. Ele está comigo há mais de 25 anos.

## *Nos Bastidores de* O Aprendiz

As pessoas podem pensar que apareço apenas a cada semana na sala de reuniões ou locações de *O Aprendiz* e *O Aprendiz Celebridades*. Há muitos detalhes a serem trabalhados para cada episódio, e eu sou definitivamente uma parte do processo — da escolha do elenco, locações, atribuições de tarefas e assim por diante. A preparação para cada temporada é complexa e envolve muita coordenação entre mim e os produtores. Supervisiono tudo — desde a abertura à comercialização, a lista do elenco e as fitas de inscrição, os testes dos participantes. São meses de envolvimento com a pré-produção e a escolha de elenco. A produção acontece dois meses antes do início das filmagens. A pós-produção continua até que o último episódio vá ao ar.

Sempre há algumas situações esquisitas pelas quais passamos, geralmente na sala de reuniões. Uma vez tivemos uma chamada de emergência às 6h quando um membro do elenco tinha sido pego trapaceando. Às vezes, os encontros da sala de reuniões duram cinco horas, mas são editados para o episódio. Uma vez, apareci na sala de reuniões em trajes *black-tie* porque tinha de participar de um evento formal imediatamente depois. Aprendi a ser multitarefa ao longo dos anos, encaixando reuniões de negócios entre as gravações do programa. Como filmamos muito na *Trump Tower*, posso ir e voltar do meu escritório em instantes. Às vezes, a equipe de filmagem grava dentro da minha sala. Estamos acostumados com eles agora, portanto, virou mais um negócio do escritório.

Há pequenas coisas que exigem tempo e reflexão e que a maioria dos espectadores não sabe, a menos que sejam do setor de entretenimento. Com Nova York como pano de fundo, temos uma maravilhosa seleção de locações, mas há muitos fatores que precisamos levar em conta, como autorizações, condições meteorológicas, tráfego, transporte entre outros. Eu não apenas apareço, mas lido com muitos detalhes em toda a temporada de gravação e trabalho em estreita colaboração com Mark Burnett. Quando a temporada começa, há publicidade a ser analisada, com entrevistas e aparições na televisão. É um processo contínuo e, mais uma vez, nenhum detalhe é pequeno demais para não ser levado em conta.

Uma lição que aprendi com as pequenas coisas foi em uma palestra que dei para cerca de 10 mil pessoas, bem no início da minha carreira como palestrante, e me lembro de casualmente perguntar ao motorista sobre o que eu falaria. Ele ficou surpreso com a pergunta e me perguntou de volta: "Chefe, você não sabe? Há milhares de pessoas esperando por você." Disse a ele que tinha certeza de que pensaria em algo. Ele não pareceu aliviado com a minha resposta.

Decidi pensar na plateia como indivíduos em vez de uma enorme massa de pessoas, e naquilo que eles gostariam de ouvir. Em vez de pensar grande, eu estava realmente pensando pequeno. Como esperado, tudo ficou claro, e o discurso foi um grande sucesso. Foquei o local de origem da plateia, não o meu, e a conexão se tornou tangível. Foi uma boa fórmula para usar em encontros futuros, e é um recurso visual muito bom para aqueles que têm medo de falar em público.

## *Tentando Hastear a Bandeira*

Quando eu terminei meu campo de golfe na Califórnia, o *Trump National Golf Club Los Angeles*, de frente para o Oceano Pacífico, decidi hastear a bandeira americana na propriedade. Pensei que era o cenário perfeito para a bandeira, e era. A comunidade não pensou assim. Eles disseram que ela era muito grande. "Muito grande para quê?", respondi. "Está de frente para o Oceano Pacífico!" Por fim, todos ficaram ao meu lado, e a bandeira agora fica orgulhosamente arvorada no local. Esse foi um caso de grande contra pequeno e pequeno contra grande, no sentido mais clássico possível.

Temos falado sobre grande e pequeno, e frequentemente nos referimos às circunstâncias difíceis como sinais no radar (pequenos) ou catástrofes (grandes). Por um lado, cada detalhe é importante, mas também é prudente perceber que catástrofes incluem guerras, terremotos, tsunamis e ataques terroristas, para que nossa perspectiva permaneça intacta. Parte de nosso QI serve para conseguir identificar qual é qual.

Se eu vir os lucros diminuindo, não será de maneira alguma um detalhe pequeno e terá de preceder as compras de pias. Mas não é um tsunami. Tem de ser administrado e pode ser. Fala-se muito que a capacidade de priorizar é uma habilidade que vale a pena desenvolver.

## *Controle de Cruzeiro*

Eu estava programado para fazer uma pequena aparição em um barco cheio de pessoas que estavam em um cruzeiro noturno em torno de Manhattan. Cheguei ao pôr do sol, fiz algumas observações iniciais, cumprimentei e me apresentei aos convidados a bordo. Eu estava ocupado conversando quando me virei e percebi que havíamos deixado o cais e estávamos navegando em direção ao Rio Hudson. Ninguém me notificou da partida, e eu não gostei. Eu não tinha planejado um cruzeiro de três horas em torno de Manhattan! Mas, uma vez que não havia muito o que fazer, decidi relaxar, desfrutar da fantástica vista da cidade, bem como do simpático grupo a bordo. Foi uma noite muito agradável e inspiradora para mim. Vale realmente a pena ver, do Rio Hudson, Manhattan iluminada à noite. Não ter saído do barco a tempo foi um grande detalhe, mas esse foi um pequeno contratempo com o qual não me importei.

## *Isso Sim É um Detalhe!*

Ser capaz de escolher um local certo também é uma habilidade que vale a pena ter, especialmente se você é um construtor ou empreendedor. Isso sim é um detalhe! Eu me lembro de quando houve uma opção de compra sobre a propriedade onde agora está o *Javits Convention Center*, em Nova York. Fui fundamental na construção do *Javits Center* e sabia que o projeto poderia ser executado por minha empresa a um custo de US$110 milhões. Ele acabou custando à cidade algo entre US$750 milhões a US$1 bilhão.

Eu me ofereci para assumir o projeto a preço de custo, mas minha proposta não foi aceita, o que, em muitos aspectos, foi uma perda enorme para a cidade e seus visitantes. Em primeiro lugar, o custo foi ridículo, mas o resultado foi ainda mais surpreendente. O *Javits Center*, uma das peças imobiliárias principais de Manhattan, repousa sobre uma propriedade de beira-mar, com vista maravilhosa e arrebatadora do rio. No entanto, eles construíram o centro de frente para a rua — não para o rio! Quem quer que tenha feito isso não estava raciocinando com clareza, se é que raciocinou em algum momento. O rio era apenas um pequeno detalhe ou nada significou para eles? Como isso foi esquecido? É inacreditável ver os resultados. Enxergar o escopo de uma propriedade e o que ela tem a oferecer é um detalhe que não pode ser ignorado. Talvez pessoas demais estivessem envolvidas, mas ainda assim é difícil acreditar nesse descuido.

A nomeação da *Trump Tower* é o exemplo de como uma pequena coisa tornou-se uma grande coisa para o edifício que, mais tarde, se tornaria um arranha-céu icônico em Nova York. Como empreendedor, eu estava estabelecendo a minha marca, e esse detalhe provou ser crucial para meu sucesso futuro. Na verdade, um entrevistador uma vez me disse que eu tinha me tornado uma marca e isso na verdade não me incomodava. Por quê? Minha marca é o máximo. Por que ser o máximo iria me chatear?

Como empreendedor, você deve ser fiel a si mesmo. Você deve acreditar em si e em seu produto. Ter confiança, trabalhar arduamente e manter seu foco sobre as pequenas coisas que importam, sem perder de vista o panorama geral. É uma receita que tem funcionado para Robert e para mim. Vai funcionar para você também.

## Destilação: Pequenas Coisas que Contam

Pergunte-se: "O que você faz melhor que todo mundo?" É uma questão importante porque sua resposta é a semente da "pequena coisa que conta" para seu negócio. Para ajudá-lo a mudar o foco — o que não é fácil fazer sozinho — vamos primeiro examinar alguns exemplos de grandes empresas e, em seguida, adicionar alguns exemplos para fins de ilustração. Embora existam muitos casos de pequenas coisas em pequenas empresas que se tornaram grandes vantagens, é mais fácil se identificar com as lições das grandes empresas que conhecemos.

Aqui está uma revisão da pequena coisa de cada grande empresa.

### A Pequena Coisa do Walmart

Como você provavelmente já sabe, Sam Walton construiu o império Walmart sobre o que ele fez melhor que qualquer concorrente — preços baixos. Ele não apenas baixou os preços, mas começou com uma pequena loja de desconto no estado americano do Arkansas e construiu um império global. Tão simples foi esse plano que todos compreenderam facilmente.

Por quase vinte anos, o slogan do Walmart foi: "Sempre preços baixos — sempre." Em 12 de setembro de 2007, eles mudaram o antigo slogan: "Poupe dinheiro. Viva melhor." Slogan diferente, mesma pequena coisa.

### A Pequena Coisa da Domino's Pizza

Robert falou sobre a pequena coisa que virou de cabeça para baixo o negócio de pizza. Em 1960, em um mundo lotado de fornecedores de pizzas, Tom Monaghan comprou a DomiNicks Pizza, uma pequena pizzaria em Ypsilanti, Michigan, por US$75 de entrada e US$500 por mês.

Uma vez que Tom compreendeu o negócio de pizza, ele construiu um negócio em torno da promessa: "Pizza em no máximo 30 minutos ou você não paga." O mundo da pizza se transformou por décadas.

**A Pequena Coisa da Mary Kay Cosmetics**

Mary Kay Ash fundou a Mary Kay Cosméticos porque ela queria empoderar as mulheres. Ela disse: "Meu objetivo na vida é ajudar as mulheres a saber como são realmente fantásticas." Embora Mary Kay fosse mãe solteira, ela conseguiu cursar universidade. Foi bem-sucedida no mundo corporativo dos Estados Unidos, mas ficou frustrada com a forma como as empresas dificultavam o avanço das mulheres.

Em 1960, ela deu início à Mary Kay Cosméticos com seu filho e US$5 mil de suas economias. No momento da sua morte em 2001, já havia 475 mil consultores em todo o mundo, e a receita ultrapassava US$2 bilhões. Famosa por presentear suas melhores vendedoras com carros cor-de-rosa, ela se tornou a maior compradora corporativa de carros, dando 8 mil Cadillacs cor-de-rosa só em 1997. Ela foi citada em documentários e revistas, recebeu inúmeros prêmios, foi incluída na *National Business Hall of Fame* pela revista *Fortune* e foi nomeada "A maior empresária da história" pela Baylor University. Ela também recebeu o prestigioso prêmio *Horatio Alger*. Uma mulher muito religiosa, ela disse: "Deus não tem tempo para fazer um *ninguém*, apenas um *alguém*. Acredito que todos têm talentos dados por Deus aguardando para dar frutos." Sua pequena coisa foi sua capacidade de *empoderar* as mulheres.

**A Pequena Coisa do Facebook**

Mark Zuckerberg lançou o Facebook de seu dormitório da Harvard University, em 2004. Hoje, a empresa vale bilhões de dólares. Ainda no colegial, Mark desenvolveu um programa que batizou de "ZuckNet", que conectava o consultório odontológico do pai à casa da família. Seu interesse declarado é: "Acessibilidade, fazendo coisas que ajudem as pessoas a se conectar e compartilhar o que é importante para elas." Embora haja muita controvérsia em torno da marca e das origens do Facebook, não há nenhuma dúvida de que ele e seu negócio conectam pessoas, permitindo-lhes compartilhar o que consideram importante. Sua pequena coisa é o fato de ele conectar pessoas melhor que todo mundo.

Analise essas empresas. Em todos os casos, elas começaram pequenas no quadrante A. De lá, nunca desistiram até construir um negócio em torno da pequena coisa que foi importante. Em seguida, viraram um império no quadrante D. Quando se mudaram para o quadrante D, os profissionais do quadrante I clamaram pela oportunidade de lhes dar dinheiro.

## *Ganância versus Generosidade*

Como Mary Kay Ash disse: "Deus não tem tempo para fazer um *ninguém*, apenas um *alguém*. Acredito que todos têm talentos dados por Deus aguardando para dar frutos." Em essência, ela está falando para todos nós. Cabe a cada empreendedor olhar para dentro de si e perguntar: "Qual é o meu dom? O que posso dar ao mundo?" O Toque de Midas é algo muito maior que apenas iniciar um negócio para fazer dinheiro ou ficar rico.

Contrariamente à crença popular, os muito ricos não são gananciosos. Para tornar-se muito rico, os empreendedores devem ser muito generosos, doando seus dons aos outros e compartilhando os talentos dados por Deus. Os empreendedores com Toque de Midas não apenas se doam aos clientes. Também levam o dom da riqueza e da prosperidade àqueles que trabalham em seus negócios. Esses empreendedores criam os postos de trabalho e a prosperidade necessários para uma economia e um mundo estáveis.

As crenças religiosas ensinam o princípio: "Dê e receberás." Muitas pessoas não são ricas porque querem receber mais que doar. A maioria das pessoas é treinada para perguntar: "Quanto você vai me pagar? Quais são meus benefícios? Quanto vou receber ao fazer horas extras? Quantos dias de folga terei? Quanto você contribuirá para meu plano de aposentadoria? Como é o seguro saúde?"

Profissionais no quadrante A podem dizer: "Meu preço é US$150 por hora, mais despesas de viagem. Não trabalho nos fins de semana. Não atendo em domicílio. Com todas as horas que trabalhei no projeto, mereço mais dinheiro. Só posso vê-lo em um mês porque estou muito ocupado." Isso é o que acontece quando as pessoas são treinadas para trabalhar por dinheiro em vez trabalhar para atender a milhões de pessoas. Há uma enorme diferença entre essas duas mentalidades. Uma se concentra em receber. A outra, em doar.

## *As Pequenas Coisas que Você Deve Fazer*

Antes de considerar a mudança para os quadrantes D e I, pergunte-se:

- Sou uma pessoa generosa?
- Tenho algo para dar ao mundo?
- Tenho dedicação e motivação para construir um negócio nos quadrantes D e I?
- Estou disposto a enriquecer a vida de outras pessoas?

Se responder sim, você tem a base de caráter para se tornar um grande empreendedor. Se você é dedicado e tem motivação para construir um negócio do quadrante D, a seguir estão algumas "pequenas coisas" que você deve fazer.

**Obrigação #1: Ser um estudioso do setor de negócios a vida inteira.** Muitas pequenas empresas enfrentam dificuldades ou fracassam porque o empreendedor não está realmente interessado no negócio. Em vez disso, estão principalmente interessados na sua área de especialidade. Lembra o proprietário do restaurante que focava a arte do ofício em vez do negócio? Isso é o que estamos falando aqui. Donald está interessado em seus projetos, mas também está intensamente interessado em sua empresa como um todo. O mesmo acontece com Robert.

Muitos empreendedores no quadrante A são técnicos, não empreendedores. Por exemplo, os médicos são técnicos muito bem treinados. Eles podem ter um consultório privado, mas seu foco principal não é administrar o negócio e sim atender os pacientes. Espera-se que os médicos leiam periódicos da área e não revistas de negócios. Muitos rotineiramente participam de congressos para manterem-se atualizados nas práticas e técnicas mais recentes, mas poucos assistem às conferências de negócios ou seminários de investimento.

O aprendizado contínuo significa que os empreendedores devem passar um tempo com outros empreendedores para compartilhar e crescer a partir da troca de experiências.

A *Rich Dad* está desenvolvendo um programa ambicioso chamado GEO (Global Entrepreneurs Organization), cujo foco será treinamento, experiência e habilidades de que os empreendedores precisam para começar um negócio no quadrante A e, em seguida, mover-se para os quadrantes D e I. Uma vantagem em ser um empreendedor é que seu negócio se torna sua escola pessoal de negócios. Você tem a empresa como laboratório, então vá fundo e faça do aprendizado uma experiência duradoura e contínua.

*Fora de série: outliers*, de Malcolm Gladwell, é um livro que todos os empreendedores deveriam ler. Ele explica por que pessoas como Bill Gates e grupos como The Beatles são muito além de bem-sucedidos, e por que há tão poucos sucessos repentinos. Gladwell diz que somos o produto de vantagens ocultas, oportunidades extraordinárias e legados culturais que dão forma a quem somos e ao sucesso que alcançamos. Faz sentido, então, procurar essas coisas em nossas vidas e aprender tudo que podemos com elas. Fique aberto às variadas experiências, torne-se um estudioso de negócios por toda a vida e você será muito mais bem-sucedido que a maioria dos empreendedores.

**Obrigação #2: Descobrir quem você é.**

Os empreendedores são todos singulares. Uma maneira de construir um negócio e transformá-lo em uma marca é saber quem você é.

Outro livro que vale a pena estudar é *O Herói e o Fora da Lei: Como Construir Marcas*, escrito por Margaret Mark e Carol S. Pearson. Este livro dá aos empreendedores um olhar mais preciso sobre si mesmos e seus negócios.

O livro descreve os arquétipos que existem na mitologia e no negócio e sugere que os empreendedores e marcas os representam. Aqui estão os arquétipos com algumas características e seus respectivos lemas. Você pode descobrir qual tipo você é?

- **O Governante** identifica-se com o rei, a rainha, o CEO da empresa, o presidente, o senador, o prefeito e a mãe supereficiente, presidente da associação de pais e mestres. Os soberanos devem assumir o controle. Não se trata de cuidar de pessoas. Os arquétipos do *governante* são "supercontroladores". Eles acreditam que devem criar e impor as regras. A IBM é uma marca governante; a Apple é uma marca fora da lei. Se você se identificar com os governantes, provavelmente se identifica com a IBM. Se você é um fora da lei de coração, você ama a Apple.

  O lema do Governante é: "Poder não é tudo. É a única coisa."

- **O Fora da Lei** encontra identidade fora da estrutura social vigente. Alguns foras da lei são figuras românticas porque são fiéis aos valores mais profundos e mais verdadeiros, mesmo sendo foras da lei. Zorro e Robin Hood são considerados bons bandidos. Os manifestantes na Praça Tiananmen foram considerados bons bandidos por aqueles que amam a liberdade. Para o governo chinês, os mesmos manifestantes foram considerados bandidos ruins. Muitos chamados de foras da lei são rebeldes protestando contra o sistema.

  Os foras da lei Bonnie e Clyde eram gângsteres americanos, populares heróis românticos e, ao mesmo tempo, eram cruéis ladrões de banco. Assim também foram Billy the Kid e Jesse James. John Wilkes Booth achou que seria um herói depois que atirou no Presidente Lincoln. Ao contrário, se tornou o foco de uma das maiores caçadas humanas da história.

  Mark Zuckerberg é definitivamente um fora da lei. Em 2010, Steven Levy, autor de *Os Heróis da Revolução*, escreveu que Zuckerberg "claramente se considera um hacker". Zuckerberg disse: "Não há problemas em se quebrar coisas — para torná-las melhores." Hoje, o Facebook faz "hackathons", competições de programação nos quais os concorrentes resolvem problemas algorítmicos. Há até mesmo uma taça, a Hacker Cup, com prêmios em dinheiro concedidos aos vencedores.

  O arquétipo *fora da lei* gosta de quebrar regras. É provavelmente seguro dizer que a maioria dos empreendedores tem um pouco desse arquétipo em si.

Há um grande filme intitulado *Os Piratas do Vale do Silício*. É a história de dois jovens empreendedores, Bill Gates e Steve Jobs, e como eles "piratearam" os maiores novos negócios de dois governantes do setor: IBM e Xerox. (Procure o nome do filme no Google e encontrará um trecho de vídeo no *YouTube* que vale a pena assistir.)

O lema do Fora da Lei é: "Regras são feitas para serem quebradas."

- **O Prestativo** é o arquétipo para aqueles da área da saúde, que trabalham com lares de idosos, cuidados intensivos, asilos, hospitais, academias, reabilitação física e produtos farmacêuticos. Organizações e empresas como a Cruz Vermelha, Clínica Mayo, United Healthcare e Johnson & Johnson fazem parte desse arquétipo. Empreendedores cujo dom esteja relacionado com saúde e bem-estar criam práticas médicas, empresas na área de saúde, biomédica e instalações para cuidados com idosos.

  O lema do Prestativo é: "Ama o teu próximo como a ti mesmo."

- **O Herói** identifica-se com a coragem e também é chamado de arquétipo do "Guerreiro". Os militares, policiais e bombeiros estão nessa categoria. Os SEALs da Marinha americana estão definitivamente nesse arquétipo, assim como a polícia e os bombeiros de Nova York após o 11 de Setembro de 2001.

  O lema do Herói é: "Onde há vontade, há um caminho."

- **O Inocente** identifica-se com pureza e salvação. Igrejas e pregadores se encaixam neste arquétipo, como faz o Exército da Salvação. A marca Neve busca se identificar com esse arquétipo, de pureza e inocência. O nascimento do Menino Jesus, o Santo Graal, Cavaleiros da Távola Redonda e uma casinha com uma cerca branca, todos se encaixam neste arquétipo.

  O lema do Inocente é: "Livre para ser você e eu."

- **O Amante** identifica-se com romance e sexo. A Victoria's Secret é a marca que mais incisivamente pertence a esse arquétipo nos últimos anos. Em alimentos, marcas como Chocolates Godiva e sorvetes

Häagen-Dazs também cabem nesse arquétipo. Muitos artistas pop como Jennifer Lopez e Beyoncé são marcas clássicas do amante.

O lema do Amante é: "Só tenho olhos para você."

- **O Explorador** é para aqueles que se identificam com independência. Marcas como a empresa de moda Patagonia Clothing Company e The North Face são desse arquétipo. Usuários de mountain bikes, pessoas que gostam de caminhar longas distâncias, marinheiros e fanáticos por viagens se alinham a esse arquétipo.

  O lema do Explorador é: "Não me cerceiem."

- **O Bobo da Corte** se identifica com diversão. Comediantes estão, obviamente, nesse arquétipo. Comerciais de cerveja frequentemente usam o arquétipo do comediante para atrair clientes, anúncios de televisão com jovens agindo de forma boba. As startups da internet — pense no Google e Yahoo! anos atrás — geralmente usam esse arquétipo também.

  O lema do Bobo da Corte é: "Se eu não puder dançar, não quero ser parte da revolução."

- **A Pessoa Comum** identifica-se com a média, o sal da terra. Os políticos com "o toque comum" se relacionam bem com esse tipo. Sarah Palin está usando o arquétipo da pessoa comum para continuar sua carreira dentro e fora da política. Música caipira, festas de bairro e sindicatos apelam para essa pessoa.

  O lema da Pessoa Comum é: "Homens e mulheres são iguais."

- **O Sábio** é o professor. Robert e eu trabalhamos sob o arquétipo do Sábio. Somos professores para o mundo do empreendedorismo e da educação financeira. Outros sábios são George Washington Carver, Albert Einstein, Sócrates, Confúcio, Buda e Oprah. Como você pode perceber, há sábios diferentes para pessoas diferentes. No mundo do quadrante D, no mundo corporativo, Peter Drucker é um dos gurus sábios. No mundo do quadrante I, Warren Buffett é o "Oráculo de

Omaha". Todos nesse arquétipo acreditam que as pessoas possam aprender e crescer de forma a permitir que todos criem um mundo melhor.

O lema do Sábio é: "A verdade vos libertará."

Agora que você conhece os diferentes arquétipos, faça-se as seguintes perguntas:

- Qual é o meu arquétipo?
- Como posso usar meu arquétipo para moldar meu negócio?

É aqui que a "Obrigação #1: Ser um estudioso de negócios a vida inteira" torna-se relevante. *O Herói e o Fora da Lei* é o tipo de livro que a maioria dos empreendedores do quadrante A geralmente não lê, a menos que esteja dentro de sua área de especialidade. Muitas vezes, o estudo de negócios é o estudo de pessoas e liderança, temas principais desse livro. Se você não quiser ler e estudar, evoluir para os quadrantes D e I, pode ficar ainda mais difícil.

**Obrigação #3: Trabalhe para adquirir ativos, não por dinheiro.** Empreendedores que desenvolvem seu Toque de Midas não trabalham por dinheiro, trabalham para criar ou adquirir ativos. Se você aprender uma única coisa com a leitura deste livro, que seja: *foque nos ativos, não em dinheiro.*

A maioria dos empreendedores não percebe que a riqueza não vem do trabalho, mas dos ativos que eles constroem. A maioria das pessoas, por exemplo, conhece Donald por causa de seus bens imobiliários — tais como condomínios de luxo, campos de golfe e cassinos —, que são ativos construídos por ele. Mas bens imóveis não são seu único ativo. O programa de Donald, *O Aprendiz,* é um ativo. Este livro é também um ativo que ele e Robert compartilham. Donald tem muitos outros ativos que não são imóveis.

As empresas de Robert constroem ativos, tais como jogos, seminários e livros, vendidos em todo o mundo. Os ativos imobiliários e petrolíferos geram renda mensal para Robert, trabalhe ele ou não. As operações de investimento de Robert adquirem casas, minas de ouro, prata e cobre, campos de golfe e poços de petróleo. Tudo é ativo.

A maioria dos empreendedores do quadrante A trabalha por dinheiro, razão pela qual eles têm um emprego, não um negócio. Na maioria dos casos, se pararem de trabalhar, o dinheiro para de entrar. Se você está dedicado à construção de um negócio nos quadrantes D e I, deve construir ativos. Ativos são o que separa os empreendedores no quadrante A daqueles no quadrante D.

**Obrigação #4: Não coloque pinos redondos em buracos quadrados.** A maioria das empresas coloca continuamente a pessoa certa na posição errada ou, pior ainda, a pessoa errada em qualquer posição. Na Era Industrial, as pessoas não significavam muito para uma empresa. Tudo o que o empreendedor tinha de fazer era construir uma fábrica com uma linha de montagem, contratar funcionários e treiná-los para apertar parafusos, pendurar pneus e acompanhar a velocidade da linha de produção. Em outras palavras, a linha, não as pessoas, determinava a taxa de produção. Na Era da Informação, as coisas mudaram. Agora as pessoas são importantes. A chave para o sucesso na Era da Informação não é a linha de montagem de alta velocidade, mas pensamentos humanos de alta velocidade e de alta qualidade trabalhando em direção a um objetivo comum.

Na Era Industrial, areia lançada em engrenagens das máquinas poderia desligar uma linha inteira de montagem. Na Era da Informação, areia jogada no pensamento e interação humana pode destruir a produtividade da empresa. Por exemplo, uma virada emocional no negócio é o mesmo que areia lançada nas engrenagens da produtividade.

Aborrecer as pessoas é fácil, especialmente em negócios. É garantido que, se você tiver duas pessoas em uma empresa trabalhando a 100km/h, três pessoas a 20km/h e uma pessoa que já está pensando na hora do almoço, haverá aborrecimentos. Em um projeto, se alguém quiser entrar em ação, mas outros quiserem fazer mais pesquisas preliminares e discutir o projeto mais detalhadamente, haverá distúrbios. Esses ruídos diminuem a marcha dos negócios, e a velocidade do pensamento muda para a velocidade da culpa e da argumentação. Em última análise, esses descompassos podem paralisar o andamento, inclusive seu Toque de Midas.

Os seres humanos não são máquinas. Eles trabalham em velocidades diferentes. Você não pode acelerar alguém pisando em um pedal de acelerador. Na maioria dos casos, se pisar em um ser humano, a produtividade diminuirá. As pessoas devem trabalhar em conjunto para uma empresa prosperar.

Empreendedores com Toque de Midas reconhecem isso. Os mais inteligentes procuram se conhecer bem para que possam montar equipes que não apenas os complementem, mas que trabalhem bem juntas. Se você não tiver isso, a pequena coisa que conta, nada mais importa realmente.

Uma das ferramentas favoritas de Robert para se conhecer e conhecer os funcionários de sua empresa é o Índice de Kolbe, da Kolbe Corp. Embora existam muitos índices de preferência e personalidade no mercado, o índice do sistema Kolbe tem características únicas e é especialmente útil para os empreendedores. Para começar, ele mede as três partes da mente que muitos filósofos antigos e psicólogos modernos dizem que todos temos: pensamento, sentimento e ação.

**Pensamento**
As escolas medem o QI de uma pessoa, um indicador de inteligência.

**Sentimento**
É um reflexo das emoções, desejos, atitudes, preferências e valores de uma pessoa.

**Ação**
Representa instintos, talentos, unidade e energia mental de uma pessoa.

O Índice de Kolbe é exclusivo porque mede a terceira parte da mente — como uma pessoa natural e instintivamente executa as coisas. Ele mede o seu modo de operação, suas motivações e talentos únicos.

O personagem do antigo desenho animado, Popeye, muitas vezes disse: "Sou o que sou." O Índice de Kolbe mede quem você realmente é. Essa consciência permite que você utilize todo seu potencial e que, em seguida, encontre e se envolva com pessoas que o complementem e preencham lacunas. Depois de conhecer os perfis Kolbe dos membros de sua equipe, você pode colocar a pessoa certa na posição correta.

Muitas vezes, as empresas tentam fazer de Popeye alguém que ele não é. Contratam um gerente de projeto e tentam torná-lo um representante de vendas. Contratam uma representante de vendas e tentam transformá-la em administradora. Ou contratam a pessoa completamente errada, e ela é totalmente incompatível com a cultura da empresa. Antes da contratação do Popeye, seria melhor descobrir quem o Popeye realmente é.

Para descobrir quem você é, o que você faz instintiva e naturalmente e quais são seus talentos únicos, basta acessar o site *Kolbe.com* (conteúdo em inglês) e participar da pesquisa Índice de Kolbe A, online. Pagando pouco e em pouco tempo, você aprenderá instantaneamente muito sobre si mesmo. Depois de se tornar mais autoconsciente, convide sua equipe a fazer o mesmo. Isso lançará uma luz valiosa sobre sua empresa como um todo.

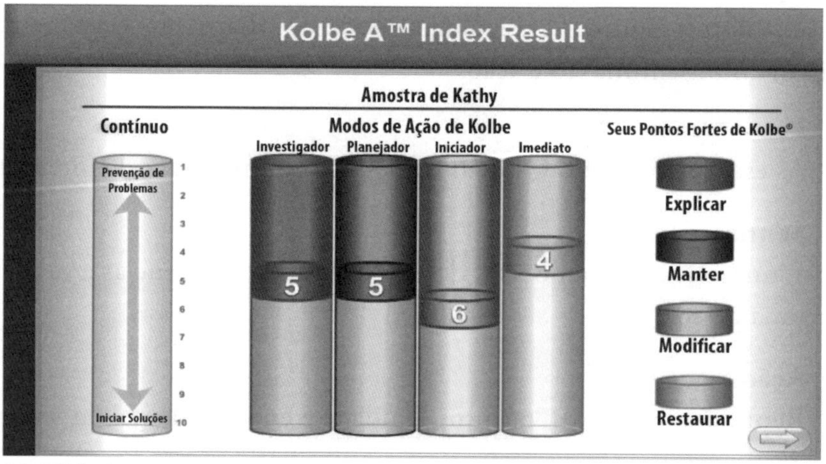


 

Kathy Kolbe, fundadora da Kolbe Corp, diz que todo mundo tem quatro "Modos de Ação" diferentes. Dependendo de nossa pontuação no índice pessoal, podemos descobrir nossos pontos fortes e aprender nossas formas mais instintivas de comportamento. O Índice de Kolbe nos mostra como trabalhar os pontos fortes e desenvolver uma equipe que possa trabalhar bem em conjunto.

Ao contrário dos funcionários, que não têm o luxo de escolher com quem vão trabalhar, os empreendedores podem. É o seu trabalho mais importante. Infelizmente, muitos cometem o erro de contratar pessoas com pontos fortes similares aos deles.

Os empreendedores tendem a ter uma pontuação muito alta no modo de ação conhecido como "Inovador". Um negócio que contrata todas as pessoas do tipo inovador, certamente terá muitas grandes ideias iniciadas, mas raramente finalizadas. Isso pode levar a reclamações de clientes, registros incompletos, atalhos e, se houver muito dinheiro envolvido, investigações criminosas por parte do governo. Por outro lado, um negócio que espera movimento rápido de uma equipe inteira de "Investigadores" ficará muito decepcionado. Eles vão pesquisar e compilar dados sem nunca sentir que têm informações suficientes para acionar o gatilho e tomar uma decisão.

A realidade sobre a pessoa certa para a função certa é que os negócios requerem pessoas dominantes em todos os quatro modos de ação. Além disso, a empresa precisa de pessoas que não tenham nenhuma posição dominante em qualquer um desses modos. Empresas de pequeno porte, especialmente operações unipessoais, muitas vezes são fracas em um ou mais dos quatro modos de ação. Grandes organizações tendem a favorecer um tipo em detrimento de outros. Assim tanto as empresas de grande quanto as de pequeno porte perdem pontos fortes adicionais de que precisam para funcionar bem. Por exemplo, as universidades tendem a valorizar as tendências naturais dos investigadores de pesquisar antes de tomar uma decisão. Elas não valorizam o modo de ação dos inovadores, do tipo pule sem olhar.

## *O Processo do Toque de Midas*

Você aprendeu princípios importantes para o desenvolvimento de seu Toque de Midas. Como qualquer coisa que valha a pena na vida, é preciso grande esforço. Quanto às pessoas que estão procurando o caminho fácil para a riqueza, por favor, escrevam um livro quando vocês o encontrarem. Para nós dois, a construção de riqueza legítima não foi nem simples nem rápida.

Aqui estão quatro passos importantes que você deve dar para evoluir para os quadrantes D e I. Vamos chamá-los de Processo do Toque de Midas.

1. **Torne-se "alavancável".**
   Os empreendedores do quadrante A devem descobrir uma maneira de criar alavancagem em seus negócios. Para sua empresa mudar para o quadrante D, os empreendedores devem alavancar seus dons.

   Veja alguns exemplos:

   - Cantores gravam discos e os vendem.
   - Personal trainers gravam um novo DVD de exercícios físicos e os vendem por meio de comerciais na televisão.
   - Especialistas compartilham seus conhecimentos por meio de podcasts gratuitos para o público, mas patrocinados pelas empresas pagadoras.
   - Programadores criam um novo aplicativo ou um programa de software que licenciam para clientes.

   Seu dom é sua *pequena* coisa que torna o mundo melhor. É seu trabalho passar esse dom para o maior número de pessoas possível. Isso leva à alavancagem. Você não pode fazer sozinho. Há apenas poucas horas no dia e, quanto mais você trabalha, mais impostos paga.

   Pergunte-se: "Como posso aproveitar meu dom para servir a mais pessoas?"

2. **Torne-se expansível.**
   Se funciona em Nova York, em Fênix e em Colombo, é expansível para o mundo. Donald constrói luxo em todo o mundo. Robert ensina sobre o dinheiro para pessoas em todo o mundo. Ambos têm livros que vendem no mundo inteiro. Os As geralmente têm problemas de expansão. Em muitos casos, o A é um profissional licenciado, como um médico, advogado, agente imobiliário ou massagista terapêutico. Essas profissões, e muitas outras, exigem uma licença. Se eles não são licenciados em outra cidade, estado ou país, não podem fazer negócios lá. Se perderem sua licença por qualquer motivo, estarão completamente fora do

negócio. Os As também são limitados pela incapacidade de estarem em dois lugares ao mesmo tempo. Por meio da alavancagem, um verdadeiro empreendedor do quadrante D pode se expandir para ir a qualquer lugar e trabalhar em todos os lugares. Seu lema é: "Se há vontade, há um caminho." Pergunte a si mesmo: "Que devo fazer para tornar meu negócio expansível para o mundo todo?"

3. **Torne-se previsível.**
   Quanto mais previsível o negócio, mais valioso é. As empresas precisam ser capazes de prever receitas, despesas, crescimento e lucros e receitas futuras. Muitas das empresas mencionadas neste livro são mestres em previsibilidade. Em alguns casos, são empresas listadas em bolsas, portanto, as previsões são mandatórias. Previsibilidade é o que você ouve muitas vezes em relatórios de mercado na televisão: "A Apple superou as expectativas, e as ações atingiram o ponto mais alto da história."

   Mas previsibilidade também significa consistência da experiência de marca. Mais uma vez, o McDonald's é mestre nisso. Não importa onde você esteja no mundo, o serviço, o sabor, o controle da porção e o ambiente são muito previsíveis. Um problema com as empresas do quadrante A é que o empreendedor é o negócio, o que torna o negócio muito imprevisível. O que acontece se o empreendedor adoecer, ferir-se, esgotar-se fisicamente ou envelhecer? A capacidade de existência da empresa se torna questionável, e a previsibilidade vai por água abaixo. Imprevisibilidade também atinge empresas As quando elas começam a se expandir. Muitas vezes, perdem o controle da pequena coisa que fazem bem. Consequentemente, a previsibilidade se reduz, e o caos se instala. Não só é recomendado que se tenha previsibilidade, mas é fundamental para assegurar financiamento para seu negócio.

   Pergunte-se: "Quão longe está a minha empresa de se tornar previsível e o que devo fazer para chegar lá?"

4. **Torne-se financiável.**
   Uma vez que uma empresa consiga provar sua capacidade de aproveitar a pequena coisa que faz melhor que todo mundo, os investidores

> começam a prestar atenção. Quando uma empresa prova que pode se expandir e crescer, os investidores tornam-se muito interessados. Uma vez que um negócio atinge previsibilidade, o céu é o limite. É por isso que Walmart, McDonald's, Apple, Microsoft e Google são os queridinhos dos mercados de ações.

Pergunte a si mesmo: "Eu tenho todas as peças necessárias para tornar minha empresa financiável? Se não, que peças estão faltando?"

## *A Coisa Mais Importante*

Considerados todos os dons e as pequenas coisas que os empreendedores podem usar como base para a criação de empresas globais, há uma pequena coisa que todo empreendedor deve ter entre suas habilidades mais prezadas e importantes. A pequena coisa mais importante do empreendedor é ser um empregador que oferece empregos para pessoas com ânsia de segurança, de benefícios e de um futuro mais promissor. É uma enorme responsabilidade, e os empreendedores com Toque de Midas levam isso muito a sério. Compreendemos que perder o emprego tem o poder de estraçalhar o centro emocional de um empregado e, no processo, colocar em perigo o bem-estar de sua família. O aumento do desemprego afeta também as comunidades em que vivemos, nossos países e o mundo.

Os melhores empreendedores acreditam que a verdadeira medida do sucesso tem pouco a ver com sua riqueza ou o tamanho de suas casas. Tem a ver com o número de postos de trabalho que seus negócios criam. Imagine um empreendedor como Steven Jobs. Seu negócio não só criou inúmeros postos de trabalho na Apple, mas estimulou centenas de milhares, senão milhões, de postos de trabalho em todos os setores e empresas que utilizam os produtos da Apple. Esse foi seu Toque de Midas.

Temos de compreender que os governos não podem criar postos de trabalho reais. Só os empreendedores podem fazê-lo. Cabe a todos nós agir e mudar este mundo para melhor.

## Pontos a Lembrar; Coisas a Fazer

- Busque descobrir a pequena coisa em sua empresa que pode ser uma grande coisa para seus clientes. Descubra seus dons.
- Selecione sua tática e escolha estratégias para que a tática aconteça. Mantenha tudo simples e executável.
- Reconheça que seu trabalho é se concentrar na missão e dar vida ao Triângulo D–I.
- O Toque de Midas requer disciplina. Você pode ser rebelde, mas entenda que isso exigirá novos níveis de responsabilidade pessoal, financeira e empresarial.
- Seja generoso com sua energia e sucesso. Compartilhe sua aventura com outros e recompense-os bem. O Toque de Midas não é um esporte individual. É um esforço de equipe.
- Não há pequenas coisas, tudo é importante, então contrate com sabedoria e inspire sua equipe com sua visão. Eles serão os únicos que a realizarão e representarão.
- Pense grande, defina uma visão ambiciosa e corra atrás. Você vai se surpreender com o que pode realizar quando agir.
- Se vale a pena fazer, vale a pena se esforçar. Você encontrará muitas pessoas e muitos obstáculos no caminho. Trabalhe e lute para superá-los.
- Não demore. Todos os dias que você trabalha em seu negócio sem uma visão, sem um plano e sem provar que funciona é mais um dia de atraso para o sucesso.
- Descubra seu verdadeiro "eu" e envolva-se com pessoas que complementem seus dons e modos de operação.
- Comprometa-se a ser um aluno permanente. Ao longo da vida, estude sempre as empresas de sucesso e as pessoas, para compreender as pequenas coisas que contam em seus negócios.

- Projete seu negócio desde o início para que seja alavancável, expansível, previsível e financiável.
- Perceba que o dom mais importante do empreendedor para o mundo é criar emprego, segurança e bem-estar para os outros.
- Reconheça que o mundo precisa de mais empreendedores. Todo mundo está contando com você.

# POSFÁCIO

Durante séculos, a Ellis Island, na Baía de Nova York, saudou e deu as boas-vindas às "multidões ansiosas por liberdade" — homens e mulheres de todas as partes do mundo atraídos pelo farol de esperança e liberdade, que representava "a Terra da Oportunidade".

Fugindo da opressão ou atraídos pelo sonho americano, a maioria desses imigrantes via na Terra da Oportunidade um lugar para se estabelecer, deixar sua marca e criar uma vida de liberdade e felicidade para si e seus filhos. Esses imigrantes fortes, ambiciosos, estavam dispostos a fazer quase qualquer coisa para ganhar uma posição, um começo humilde, que se tornaria a base para os sonhos que iriam construir.

Muitos fatores afetam o rumo da vida, a forma como ela se revela de uma geração para outra e os padrões que inevitavelmente surgem. Muitos imigrantes de primeira geração estão dispostos a pagar qualquer preço, aceitar qualquer trabalho, assumir quaisquer encargos, se houver uma possibilidade que lhes dê uma situação estável, um começo. Eles fazem o que tiver de ser feito, pois foram em busca da oportunidade de construir a vida dos sonhos, para dar às suas crianças algo que eles próprios nunca tiveram. E para isso, não importa se o preço for muito alto, se o desafio for muito grande ou o encargo, muito pesado.

Com os filhos nos braços e o sonho da vida que esses filhos possam vir a desfrutar, eles instintivamente desejam poupá-los das dificuldades, do preço muitas vezes demasiadamente alto da liberdade. Os filhos da primeira geração desfrutam de um tipo diferente de liberdade, a liberdade e a força que vêm da segurança. Eles sabem que os pais sobreviveram, até mesmo prosperaram, e escancararam as portas da oportunidade. Normalmente é essa segunda geração, os filhos de imigrantes, que desfruta dos méritos da verdadeira liberdade ao perseguir seus sonhos, os sonhos dos empreendedores. Eles abarcam todos os fatores empresariais e imaginam construir a vida que quiserem.

À medida que essa primeira geração empresarial vê os frutos de seu trabalho, passa a querer para os filhos algumas das coisas que eles e seus pais nunca tiveram. Veem seus filhos ganhando diplomas e desfrutando do status e do prestígio de se tornarem profissionais, como médicos e advogados. À medida que o ciclo continua, os empreendedores incentivam seus filhos a se tornarem os empregados com altos graus de educação formal e altas remunerações que eles mesmos nunca foram. Rapidamente, o anseio por liberdade se transforma em desejo de segurança e na hipótese de aceitação e respeito.

Sempre cíclico, os filhos e netos desses médicos e advogados frequentemente anseiam pela promessa de oportunidade e liberdade de que desfrutam os empreendedores. Eles desafiam o *status quo* e, muitas vezes, seus pais e avós, em busca de seus sonhos.

Onde a maioria vê obstáculos, os empreendedores vislumbram promessa e possibilidade. Em vez de se agarrarem à segurança, optam por abraçar a oportunidade — a todo custo e, muitas vezes, contra todas as probabilidades.

Hoje, o mundo inteiro está aberto para os negócios. A tecnologia nivelou o campo do jogo e acelerou o progresso. As barreiras geográficas que desafiaram as gerações anteriores praticamente desapareceram, e o ambiente se ampliou, possibilitando oportunidades sem precedentes. O mundo de hoje é fantástico para aspirantes a empreendedores que acreditam poder criar e moldar o futuro.

Empreendedores, motivados por suas paixões e visões, são testemunhos para o fato de que a livre iniciativa e o capitalismo estão vivos e bem. Em um mundo desafiado pela mudança e abalado pelas incertezas, procuramos pelos empreendedores de hoje e de amanhã que possam liderar a mudança.

## *Donald J. Trump*

Donald J. Trump, presidente e CEO da *Trump Organization*, é a própria definição da história americana de sucesso, estabelecendo continuamente padrões de excelência ao expandir seus interesses em ativos imobiliários, esportes e entretenimento. Ele é um proeminente incorporador de imóveis de qualidade em todo o mundo, transformando a marca Trump em sinônimo de padrão-ouro.

Seu compromisso com a excelência estende-se das suas participações no mercado imobiliário até a indústria de entretenimento. Seu discernimento empresarial é incomparável, seja no papel de estrela e coprodutor da série *O Aprendiz* e *O Aprendiz Celebridade* na *NBC* ou em seus premiados campos de golfe e arranha-céus.

Escritor talentoso, Trump é autor de mais de 10 *best-sellers*, e seu primeiro livro, *A Arte da Negociação*, é considerado um clássico do mundo dos negócios. Ele recebeu uma estrela na Calçada da Fama de Hollywood em 2007. Trump é o arquétipo do empresário — negociador ímpar e filantropo ardente.

## *Robert T. Kiyosaki*

Mais conhecido como o autor de *Pai Rico, Pai Pobre* — o livro nº 1 de finanças pessoais de todos os tempos — Robert Kiyosaki tem desafiado e mudado a forma com que dezenas de milhões de pessoas em todo o mundo pensam sobre dinheiro. Ele é um empreendedor, educador e investidor que acredita que o mundo precisa de mais empreendedores. Com perspectivas sobre dinheiro e investimento que muitas vezes contradizem a sabedoria convencional, Robert ganhou a reputação de falar sem rodeios, com irreverência e coragem.

O primeiro livro de Donald Trump e Robert Kiyosaki juntos — *Why We Want You to Be Rich* (*Nós Queremos que Você Fique Rico*, no Brasil) — conquistou o primeiro lugar na lista de *best-sellers* do jornal *New York Times* e vendeu 500 mil exemplares só nos Estados Unidos.

Este livro foi impresso nas oficinas gráficas da Editora Vozes Ltda.,
Rua Frei Luís, 100 – Petrópolis, RJ.